"十四五"职业教育国家规划教材

"十三五"职业教育国家规划教材

新目录·新专标数字商贸专业群系列丛书

市场营销实战系列教材

市场调查实务——项目教程
（第3版）

主　　编　　黄慧化　陈学忠
副 主 编　　樊晓英　欧阳梅　姚　哲
组织编写　　中国职业技术教育学会智慧
　　　　　　财经专业委员会

电子工业出版社
Publishing House of Electronics Industry
北京·BEIJING

内 容 简 介

本书以市场调研工作流程为主线，融"教""学""做""评"为一体，以"工学交替""任务驱动""项目导向"的形式编写。全书精心设计了"进入市场调查""设计市场调查方案""实施市场调查""形成市场调查结果"四个工作流程项目，以及一个"市场调查综合应用"项目；针对每个项目，按实际操作步骤和内容设置了若干任务和相关实训。

本书适合作为高等职业院校、成人高校及应用型本科院校市场营销专业和其他财经大类相关专业学生的教材，也可作为教师的教学指导书和企业产品营销与推广人员的自学参考书。

未经许可，不得以任何方式复制或抄袭本书之部分或全部内容。
版权所有，侵权必究。

图书在版编目（CIP）数据

市场调查实务：项目教程 / 黄慧化，陈学忠主编．—3 版．—北京：电子工业出版社，2022.6
ISBN 978-7-121-43682-6

Ⅰ．①市… Ⅱ．①黄… ②陈… Ⅲ．①市场调查－高等职业教育－教材 Ⅳ．① F713.52

中国版本图书馆 CIP 数据核字（2022）第 097685 号

责任编辑：张云怡　　　　特约编辑：田学清
印　　刷：天津千鹤文化传播有限公司
装　　订：天津千鹤文化传播有限公司
出版发行：电子工业出版社
　　　　　北京市海淀区万寿路 173 信箱　　邮编 100036
开　　本：787×1092　　1/16　　印张：16.75　　字数：429 千字
版　　次：2014 年 3 月第 1 版
　　　　　2022 年 6 月第 3 版
印　　次：2024 年 3 月第 6 次印刷
定　　价：59.00 元

凡所购买电子工业出版社图书有缺损问题，请向购买书店调换。若书店售缺，请与本社发行部联系，联系及邮购电话：（010）88254888，88258888。
质量投诉请发邮件至 zlts@phei.com.cn，盗版侵权举报请发邮件至 dbqq@phei.com.cn。
本书咨询联系方式：（010）88254573，zyy@phei.com.cn。

前 言

随着我国市场经济的不断发展和市场竞争的日趋激烈，市场调查已成为获取准确市场信息、提高企业经营决策能力和管理水平、合理整合企业内外资源、提升企业综合竞争力的重要手段。因此，市场调查能力的培养，已成为以"满足社会经济发展对高素质技术技能型人才需要"为目标的高职院校经贸类专业教育教学的基础性任务。

"市场调查实务"是市场营销专业的核心课程之一，也是工商管理类、经济类专业的重要专业课程或专业选修课程。该课程的专业性和操作性较强，要求学生将所学的关于市场调查与预测的理论知识在实践中灵活运用，并对市场前景做出科学预测。

本书是"以'349能力链'为基础的高职'市场调研'课程教学模式研究"课题成果（此课题获湖南省教育教学改革发展优秀成果二等奖）的一部分。研究课题以"349能力链"为基础，探讨"市场调研"课程的教学模式，从课程的定位和职业岗位的能力需要出发，以"能力形成"为核心，确定了课程教学的"三大目标"和应培养的"四项专业技能""九方面社会能力"；以市场调研的工作过程为主线设计课程内容，形成了"四大项目"和"九个工作任务"；并以市场调研的"四个完整工作过程"为依托，与"三课堂形态""九维度评价体系"相结合，以任务驱动的方式实施教学，实现了立体化、全方位培养职业人才的目标。

在课题研究成果的基础之上，教材结合中级市场调查分析师与助理营销师等职业资格证的要求，在进行大量社会调研的基础上，与企业专业调查和营销人员一起开发并完善整个课程内容，彻底打破传统学科系统化的束缚，通过教学实践，使"市场调研"课程的改革逐步完善。

本书以市场调研的工作流程为主线，将"教""学""做""评"融为一体，以"强化学生素质、强化职业技能、强化创新创业能力"为目标，以"理论必需、够用"为原则，以"工学交替""任务驱动""项目导向"的形式编写，精心设计了"进入市场调查""设计市场调查方案""实施市场调查""形成市场调查结果"四个工作流程项目，以及一个"市场调查综合应用"项目；针对每个项目，按实际操作步骤和内容设置了若干任务和相关实训。

在整个教学过程中，在"第一课堂"主要由四个完整的市场调查项目并行贯穿教学始终。教师在每个点评环节指出并纠正学生任务完成过程中所存在的问题，使学生在学习中去设计，在设计中去体验，在体验中去完成，从而在完成中具备了市场调查技能。

这样,当"第一课堂"的教学结束时,也是四个市场调查项目完成之时。之后,为了使学生对市场调查的工作流程有一个更加深入、全面的认识,进一步巩固"第一课堂"的学习成果,设计了一个"市场调查综合应用"项目。该项目要求学生以组为单位到校外承接市场调查项目,按照市场调查的相关流程,自行设计、分析,集中完成。通过这"五个完整工作过程"的层级式学习与训练,学生从了解、熟悉到共同参与,再到自行操作,最后独立承接并完成调查项目;从一步步地边学边做,到完全独立地、集中地、系统地完成实际的市场调查项目,步步为营,层层推进,最终达到完全掌握市场调查相关知识和技能的目标。

本教材具有以下主要特点。

1. 提出了"三化"思路

"三化"是指工作过程系统化、教学内容任务化和任务实施层级化。

(1)工作过程系统化。工作过程系统化是指紧紧围绕市场调查过程的串行思维,以实际工作过程为主线组织教学内容,设计了"三个完整工作过程"的教学情境并贯穿整个教材,保证了内容学习的逻辑性、整体性和系统性。

(2)教学内容任务化。教学内容任务化是指在具体内容的安排上,将整个市场调查岗位技能要求细化为4个项目、13个工作任务;每个工作任务以"任务单"的形式下发,按照"目标—任务—准备—行动—汇报讲评"五步教学法的思路,具体设计了"任务布置""案例导入""理论补给""案例演示""职业道德培育"等学习步骤,实现了"工学交替""任务驱动""项目导向""教、学、做、评"的合一。

(3)任务实施层级化。任务实施层级化是指在教学组织及任务的实施完成上,以"三个完整工作过程"的教学情境为依托,阶梯式层层递进。其中,第一个过程情境(某市居民轿车需求与用户反馈调查)主要在课堂上作为"案例演示",目的是让学生初步了解市场调查各项任务的执行情况,提供一个示范;第二个过程情境(本学院手机市场调查)以"课堂操作"的形式,由学生和老师在课堂上共同讨论完成,目的是锻炼学生的动手能力,进一步提高学生的认知;第三个过程情境(每个团队自行选择不同的市场调查项目)则以"市场调查综合应用"的形式进行,由学生分组成立的调查团队独立完成,教师点评。

2. 实现了两个"三相融"

两个"三相融"分别指"三大标准相融"和"三大目标相融"。

(1)三大标准相融。三大标准相融是指本书内容与助理营销师职业资格标准相融、与市场调查分析师职业资格标准相融、与专业职业技能抽考标准相融。本书在内容选取、分析实际市场调查各工作岗位要求的基础上,参照了助理营销师职业资格标准、市场调查分析师职业资格标准和湖南省高职院校营销专业技能抽考标准,将"应知、应会"的内容渗透、融入其中,实现了三大标准相融。

(2)三大目标相融。三大目标相融是指有效地将知识学习、职业能力提升和社会能力提升三大目标融为一体。本书融"教""学""做""评"为一体,要求学习者以团队的形式外出承接项目并合作完成任务。同时,在每个任务的"拓展提高"中设计了"职业道德培育"环节,在提升技能的同时,培育学生的职业素养。将学习过程、工作过程与学生的能力和个性发展联系起来,让学生在工作中学习、在学习中工作,这样,学生既学会了学习,又学会

了工作，也学会了做人，即实现了三大目标的相融。

3. 完成了项目情境与工作岗位的接轨

如果前四个项目还只是边学边做，那么通过第五个项目"市场调查综合应用"，可以让学生完成从了解、熟悉到共同参与，再到自行操作，最后到独立承接和完成市场调查项目这一质的飞跃。

4. 配套"立体化"的课程教学资源

为了更好地满足信息化教学的需要，本教材对54个核心知识点配套制作了微教学视频，学生可以通过扫描相应的二维码进行在线学习。此外，每个项目还设计了专门的技能检测，利用手机扫描二维码，即可在线答题、查看解析，从而使本教材成为智慧型教材。

5. 融入了大数据市场调查内容和职业道德培育

本教材紧跟社会前沿理论和企业实际，融入了最新的大数据市场调查的相关内容，体现出前瞻性和适用性。为了践行立德树人的育人使命，本教材紧扣价值塑造和技能提升的育人目标，在任务中设置了专门的"职业道德培育"环节，全方位、多角度地引导学生不断进步。

此外，本教材有效地将教学设计、教学组织、教学手段和教学方法呈现其中，使其不仅仅是一本简单的教材，更是一本教学指导书和自学引导书。

本教材大纲的设计、全书正文内容的撰写、总纂定稿，以及本次修订由湖南商务职业技术学院黄慧化、陈学忠共同完成，樊晓英、欧阳梅完成了部分视频资源的建设并参与了审稿。浙江经贸职业技术学院的姚哲也参与了本书的编写工作。

本书是编者多年的课程实践教学成果的结晶，在撰写过程中，参考了很多专家、学者的研究成果，同时也得到了电子工业出版社编辑的大力支持与热情帮助。在此，谨向各位致以最诚挚的谢意！

虽然本书在语言运用、内容取舍、结构安排、特色创新上进行了有效的尝试，但由于编者水平有限，书中难免存在疏漏和不妥之处，恳请各位同行和读者批评指正。

编　者

目 录

项目 1　进入市场调查 ... 1
　任务 1.1　认知市场调查 ... 2
　　1.1.1　市场调查的概念和作用 ... 4
　　1.1.2　市场调查类型 ... 6
　　1.1.3　市场调查基本原则 ... 8
　　1.1.4　市场调查流程 ... 9
　任务 1.2　组建调查团队 ... 18
　　1.2.1　市场调查的历史与现状 ... 22
　　1.2.2　市场调查机构 ... 23
　　1.2.3　市场调查的从业人员 ... 25
　　1.2.4　市场调查任务的承接 ... 26

项目 2　设计市场调查方案 ... 30
　任务 2.1　确定市场调查主题 ... 31
　　2.1.1　市场调查方案概述 ... 33
　　2.1.2　确定市场调查主题 ... 34
　　2.1.3　确定调查目的 ... 40
　任务 2.2　确定调查内容与对象 ... 42
　　2.2.1　调查项目和主要内容 ... 43
　　2.2.2　市场调查对象和调查单位 ... 46
　任务 2.3　确定调查方式 ... 50
　　2.3.1　普查 ... 52
　　2.3.2　重点调查 ... 52
　　2.3.3　典型调查 ... 53
　　2.3.4　抽样调查 ... 54
　任务 2.4　确定调查方法 ... 63
　　2.4.1　文案调查法 ... 66
　　2.4.2　询问法 ... 72
　　2.4.3　观察法 ... 81
　　2.4.4　实验法 ... 86
　　2.4.5　网络访问调查法 ... 93
　　2.4.6　大数据市场调查方法 ... 98
　任务 2.5　设计调查表 ... 103
　　2.5.1　调查问卷的概念 ... 105
　　2.5.2　调查问卷的结构 ... 105
　　2.5.3　问卷的主体设计 ... 108
　　2.5.4　问卷的定稿 ... 117
　任务 2.6　撰写和提交调查方案 ... 124
　　2.6.1　市场调查方案书的结构 ... 127
　　2.6.2　撰写注意事项 ... 131
　　2.6.3　调查方案可行性分析的方法 ... 132
　　2.6.4　调查方案的总体评价 ... 133

项目 3　实施市场调查 ... 137
　任务 3.1　组织与培训市场调查人员 ... 138
　　3.1.1　访问员队伍的组建 ... 140
　　3.1.2　访问员的培训 ... 142
　任务 3.2　管控市场调查现场 ... 158
　　3.2.1　现场督导 ... 160
　　3.2.2　调查项目执行手册 ... 163
　　3.2.3　市场调查项目控制 ... 164
　　3.2.4　市场调查人员控制 ... 164

项目 4　形成市场调查结果 ... 171
　任务 4.1　整理市场调查资料 ... 172
　　4.1.1　市场调查资料整理的含义 ... 173

4.1.2　调查资料审核........................... 173
　　4.1.3　资料的编码与录入................ 176
　　4.1.4　数据的分类与汇总................ 179
　　4.1.5　数据的陈示........................... 186
任务 4.2　分析预测市场信息 193
　　4.2.1　市场调查资料分析概述......... 195
　　4.2.2　定性分析方法....................... 197
　　4.2.3　定量描述性分析方法............. 199
　　4.2.4　市场预测............................... 214
任务 4.3　撰写与提交市场调查报告 236

　　4.3.1　市场调查报告的基本结构...... 241
　　4.3.2　市场调查报告撰写的程序...... 242
　　4.3.3　调查报告撰写的原则.............. 243
　　4.3.4　市场调查报告的撰写............. 244
　　4.3.5　市场调查报告的写作技巧...... 249
　　4.3.6　撰写市场调查报告的
　　　　　注意事项............................ 251
　　4.3.7　市场调查报告的口头汇报...... 254
市场调查综合应用.. 257
参考文献.. 260

项目 1 进入市场调查

管理好的企业总是单调乏味,没有激动人心的事件,那是因为凡是可能发生的危机早就被预见,并已将它们转化为例行作业了。

——德鲁克《卓有成效的管理》

项目 1　进入市场调查

目标	德育培养目标	培养学生敬业、理性、尊重他人、关心他人、与人为善的市场调查职业道德素养,让学生学会尊重被调查者的个人隐私,遵守行业自律准则,维护网络被调查者的知情权
	知识学习目标	(1)了解市场调查在市场营销中的地位。 (2)理解并掌握市场调查的含义、作用、原则、类型和步骤。 (3)了解市场调研行业和主要市场调研机构。 (4)了解市场调研机构的内部组成和组建方法
	职业能力目标	(1)让学生对市场调查有一个基本的认知,理解市场调查在企业经营实践中的地位和作用,使学生具有基本的市场调查意识。 (2)使学生能根据任务要求成立虚拟调查公司,明确岗位职责,设计团队形象,制定团队制度
	职业素养目标	培养学生的合作意识与团队精神,增强学生的逻辑思维能力、创新能力、自我管理能力、口头表达能力与计划组织能力,培养学生捕捉经济社会热点问题的能力,锻炼学生分析与理解问题的能力
任务	任务 1.1　认知市场调查 任务 1.2　组建调查团队	
重点	市场调查的原则、类型和步骤	
难点	理解市场调查的 4 种类型	
方法	项目教学法、任务驱动法、情境教学法、角色扮演法、头脑风暴法、案例教学法	

任务 1.1 认知市场调查

任务布置

	任 务 单	
	任务 1.1 认知市场调查	
任务描述	某公司一位新上任的市场调查部经理,为了加强公司员工尤其是管理人员对市场调查部门重要性的认识,增加公司对市场调查部门的资源支持,准备拟定一个宣传提纲(300字左右),并发表5分钟的关于市场调查重要性的演讲。 如果你是该公司市场调查部的经理,请拟定一个关于市场调查重要性的宣传提纲,并做5分钟的演讲	
任务目标	(1)对市场调查员进行素质训练,增强市场调查员对市场调查及其重要性的认识。 (2)理解并掌握市场调查的含义、必要性、原则、类型和步骤,形成对市场调查的基本认知,理解市场调查在企业经营实践中的地位和作用,具有基本的市场调查意识	
实施指导	任务分析	通过背景资料分析、收集资料,形成对市场调查的初步感性认知,然后通过相关理论知识的学习,从理性的角度进一步认识市场调查,达到任务的完成
	理论补给	(1)市场调查的概念和作用。 (2)市场调查类型。 (3)市场调查基本原则。 (4)市场调查流程
	实施过程	(1)阅读背景资料。 (2)组建团队,小组讨论设计演讲稿。 (3)每组推举一名同学在全班进行演讲。 (4)老师点评
	拓展提高	分享"调查者的职业操守"文件资料,了解社会调查者应当具备的敬业精神、社会责任感,坚持理性、客观、实证的精神,注重提高诚实守信、关心他人和与人为善的道德修养
执行记录	执行团队	
	任务执行	
	任务汇报	
	教师点评	
成绩评定	个人自评	
	小组互评	
	教师评价	
	总 评	

案例导入

宝洁公司的"全民"调研

一般在早晨7点,敲开调研样本顾客的家门,观察他们如何刷牙——这是陈洁刚加入宝洁公司时的工作内容。当时,陈洁刚大学毕业,接触的第一个项目是做中国消费者刷牙习惯的调查。

宝洁公司单独设立一个专门的产品调研部,目的就是更有效地衔接产品研发工作和市场消费者。事实上,产品调研部的工作就是从消费者需求出发,提炼、归纳创新的想法,再用这些创新的想法引领技术研发方向。这样一来,宝洁公司一方面非常了解消费者的需求,另一方面可以把需求转化成产品设计上的要求。

宝洁公司调研的方法分两大类。一类是定性的,比如入户访谈,到消费者的家里看其真实使用产品的情况;团队访谈,可能会与至少5位消费者一起进行访谈;还有一种方法是"shopping along",员工和消费者一起到商场,员工观察消费者平常的购物习惯是什么样的。"这样不仅能帮我们了解消费者平时的使用情况,同时还可以了解消费者在超市里的一些行为,比如如何选择产品,这能够帮助我们做产品的沟通和定位。"陈洁表示,"这是我们现在主要的定性手法。"另一类是定量的,比如一些大型的定量测试,在产品初期的模型出来时,让一百至几百位消费者去试用并反馈,然后用统计方法分析。

陈洁和她的团队调研的重点是宝洁公司的"两个真理时间"。宝洁公司前首席执行官雷富礼在其参与撰写的《游戏颠覆者》一书中写道:"第一个真理时间是在货架旁,也就是消费者决定购买宝洁品牌还是竞争对手品牌的时候。""如果我们在第一个真理时间获胜,就有在第二个真理时间获得胜利的可能。第二个真理时间是指购买产品的消费者使用该产品的时候,他们要检验宝洁公司是否兑现了品牌的承诺。"

宝洁公司的调研团队成员经常一起到消费者家里了解消费者对其产品的使用情况。每个部门的技术背景、专长都不一样,综合各个部门了解的信息,会产生不同的创新想法。确定品牌的目标消费者是品牌建设中最为关键的一步。这不仅涉及最基本的人口统计及其心理特征,还需要深入了解影响消费者的情感因素。这就要求宝洁公司的决策者不仅要了解消费者的需求,还要了解消费者的愿望。

高强度调研意味着更高的成本。事实上,宝洁公司每年在对消费者与购物者的研究方面的投入超过了10亿美元,这一数字远远超过了业内其他任何一家竞争对手,几乎超过了行业平均水平的两倍。

思考 结合上面的案例分析什么是市场调查,以及市场调查在企业生产经营中的作用。

1.1.1 市场调查的概念和作用

1. 市场调查的概念

市场调查的含义与作用

市场调查又称市场调研，其概念可以从两个方面来阐述，即市场调查起到的作用和市场调查的过程。

从市场调查的作用看，市场调查是营销人员与消费者、客户或公众之间信息沟通的桥梁，可以为企业解决营销中存在的问题、帮助企业寻找进入市场的机会、评估监测市场运行状况、预测市场未来发展趋势等提供信息资料。比如，某企业要向市场推出新的产品，需要对消费者的行为、态度、观念等进行研究，了解消费者在消费过程中对同类产品品牌的选择，以及消费者对口味、色彩、包装、形状等方面的偏好和对新产品的可能接受程度，并由此预测未来市场需求的潜力，从而制订有效的市场营销计划。

从市场调查的过程看，市场调查是为解决一个具体的市场营销问题而进行的数据收集过程，包括调查目标的确定、调查方案的设计、数据资料的收集与整理、调查结果的分析与展示、提出相应的营销建议等多个工作环节。

综上所述，市场调查是指以科学的方法、客观的态度，明确市场营销有关问题所需的信息，系统地收集、记录、整理、分析有关市场资料，从而了解市场发展变化的现状和趋势，为决策部门制定更加有效的营销战略和策略提供基础性的数据和资料的活动过程。

在理解市场调查的概念时应注意以下问题：

① 市场调查并非盲目地对市场营销的所有问题进行调查，而是对某项市场营销决策进行调查。

② 市场调查是既服务于市场营销又监控营销管理过程的主要手段，是制定具体营销决策的前提和重要环节。

③ 市场调查是一个系统的过程，包括系统地对有关资料进行收集、记录、整理、分析、研究和报告等活动。

2. 市场调查的作用

市场调查是协助企业完成决策的最佳工具之一。企业管理者只有在通过市场调查收集到相关资料以后，才会根据本企业的实际状况，确定营销活动的最佳方案，并做出决策。市场调查的作用主要表现在以下4个方面：

① 为企业经营决策提供依据。"没有调查，就没有发言权"，企业要想做出正确的市场营销决策，就必须通过市场调查，及时准确地掌握市场情况，使决策建立在坚实可靠的基础之

上。市场调查对决策的重要作用主要包括两个方面的内容：一方面，唯有通过科学的市场调查，才能减少不确定性，降低企业经营决策的风险程度；另一方面，在企业经营决策的实施过程中，企业可以通过市场调查检查决策的实施及其发展变化情况，及时发现决策中的失误和外界条件变化的影响，起反馈信息的作用，为进一步调整和修改决策方案提供新的依据。

② 有利于企业发现市场营销机会。在市场竞争激烈的情况下，企业对市场信息掌握不及时，从而错失良机或销售受阻的情况比比皆是，及时发现市场营销机会或问题，是企业经营管理的重要内容之一。市场营销机会与市场营销环境的变化密切相关，通过市场调查，可以使企业随时掌握市场营销环境的变化，并从中寻找发展机会，为企业带来新的发展机遇。

③ 有利于提高企业的市场竞争能力。现代市场的竞争实质上是信息的竞争，谁先获得并成功利用信息，谁就能在市场竞争中立于不败之地。通过市场调查摸清竞争对手的市场占有率等情况，才能做到知己知彼。因此，只有坚持不懈地进行市场调查，不断收集和反馈市场信息，才能正确把握经营策略的制定和调整，从而在市场上立于不败之地。此外，通过市场调查，可以对企业的综合竞争力进行评估和研究，挖掘企业最具竞争优势和发展潜力的生产经营项目，培育和创造新的市场，从而将企业的核心竞争力转化为市场竞争优势。

④ 有利于帮助市场解决经营决策问题。企业在经营过程中，会遇到销售额下降、获利不足、新产品得不到市场认可、促销效果平平等一系列问题。只有通过深入的市场调查，分析现有产品及包装的消费者认可度、价格的接受度、促销手段运用的社会反应度及效果等各方面信息，找出产生这些问题的原因，才能对面临的困境采取针对性的措施。在20世纪90年代，海尔发现其洗衣机在上海的销售情况不太好，其市场占有率远低于其他地区。经过深入的市场调查，发现上海人不喜欢海尔洗衣机的真正原因——既不是质量问题，也不是服务问题，而是当时上海的住房非常拥挤，那时的海尔洗衣机只有大规格品种，部分上海居民的家里根本摆放不下。根据市场调查反馈的情况，海尔技术部门专门为上海地区的居民设计了一款新产品——小神功，这款洗衣机不仅满足了上海居民的需要，还开辟了我国南方地区的夏季小型洗衣机市场。

案例分析 1.1　电影票房监测与应用

电影票房监控公司 Rentrak Corporation 与美国好莱坞的联合人才经纪公司合作开发了 PreAct 服务，通过网络论坛与社交媒体所获得的调查数据资料，为电影公司即将推出的影片按相关言论的规模、好感度和性质等项目进行评分，以协助电影公司或演员随时了解消费者的评价与喜好。

在此之前，电影票房的预测数据多是在电影公司举行完宣传活动后，通过电话、线上问卷等方式调查得出的。电影公司在取得调查结果后，再对宣传片或营销策略进行微调。然而，通过这种方式的调查时间与人力往往所费不赀。此外，在调查结果出炉时，影片通常即将于一个月内上映，而消费者的观赏态度已成定局，电影公司经常只能被动地接受，并无法做有效的补救。

在社交媒体与大数据工具发展逐渐成熟的情况下，新形态的娱乐媒体跟踪调查与数据分析服务随之兴起，并引领许多新形态的电影监测公司问世。近年来，许多电影监测公司通过网络博客或社交平台等追踪、调查与电影相关的言论内容，进而分析大众对于电影的评价、好感度与票房预测等，让电影公司可以随时调整营销策略与预算决策。

PreAct对社交媒体资料的收集与应用，拉近了Rentrak Corporation、电影公司与消费者之间的距离。对于Rentrak Corporation而言，通过广泛的社交网络与博客资料收集，增加了从业者与目标族群的接触机会，有利于更精确地掌握市场信息；此外，相较于传统的电话访问，PreAct调查花费的时间与人力成本相对精简，因此可让监控时程从电影上映前拉长至一年，并让监控遍及每一次的营销活动或影片发布宣传活动。对于电影公司与相关营销人员而言，较长的监控时程与立即的市场回馈，有助于后续的营销策划，甚至是电影内容的微调；适时的因应处理，不仅可以协助电影公司节省不必要的营销支出，还有助于增加电影票房。反观国内现状，娱乐媒体产业相关的调查，至今仍多依赖电话访问及线上访问方式，来追踪消费者的动向与喜好，然而受限于资金与时间成本，调查效果往往不甚理想，参考价值亦备受争议。随着国人对社交媒体的使用渐趋普及与活跃，社群平台上的信息已越来越丰富，倘若国内的调查单位能将社群数据资料充分利用，相信将可协助从业者掌握更完整与即时的市场趋势，以利于国内娱乐媒体产业发展。

企业经营好坏，与企业经营决策者和企业管理水平直接相关。企业要通过多种方法进行调查，获取消费者的需求、生活习惯等多方面的信息，才能立于不败之地。

1.1.2 市场调查类型

市场调查的目标与内容不同，所采取的调查方式与方法也不同。不同调查类型，最终的结果及所起的作用差别较大，为了便于分析和研究、选择适当的调查方法和技术，有必要对各种不同的市场调查进行系统分类。

市场调查的类型

1. 按市场调查功能划分

根据市场调查的功能，可以分为探索性调查、描述性调查、因果性调查和预测性调查。

（1）探索性调查

探索性调查是指在市场情况不十分明晰，不能肯定问题或范围不明确时，为了找出问题的症结，进一步深入明确调查的具体内容和重点而进行小规模的非正式调查活动。这种调查活动有助于把一个大而模糊的问题表达为小而准确的子问题，并识别出需要进一步调研的信息。比如，某公司上一年的市场份额下降了，公司无法一一查明原因，就可用探索性调查来发掘问题：是经济衰退的影响吗？是广告支出的减少吗？是销售代理的效率低，还是消费者的习惯改变了？等等。

探索性调查不如正式调查严密、科学，一般不需要制定详细的调查方案或调查问卷，尽量节省时间以求迅速发现问题。它主要利用现成的二手资料或邀请熟悉业务活动的专家、学者、专业人员等，对市场有关问题做初步的分析研究。总之，探索性调查具有灵活性的特点，适合调查那些我们知之甚少的问题。

（2）描述性调查

描述性调查是寻求对"谁""什么事情""什么时候""什么地点"这样一些问题的回答。它主要描述调查现象的各种数量表现和有关情况。比如，可以描述不同消费者群体在需求、态度、行为等方面的差异，为市场研究提供基础性资料。描述的结果，尽管不能对"为什么"给出回答，但也可用作解决营销问题所需的全部信息。比如，某商店了解了该店67%的顾客主要是年龄在18～44岁之间的女性，她们经常带着家人、朋友来购物。这种描述性调查提供了重要的决策信息，使商店特别重视向女性开展的促销活动。描述性调查主要在对有关情形缺乏完整的知识时采用，解决"是什么"的问题。

案例分析1.2　市场调查要了解消费者的具体细节

对于一些大公司来说，知道顾客买什么、在哪里买、为什么买和什么时候买的情况，是开展有效营销的奠基石。

可口可乐公司通过对美国本土市场的多次调查，发现人们在每杯水中平均放2.3块冰，每年看到69个该公司的商业广告，喜欢自动售货机放出的饮料的温度是35℃，100万人在早餐中喝可乐，美国每人每年消费156个汉堡包、95个热狗、283个鸡蛋等。

中国台湾某纸业公司通过调查了解到，台北市民喜欢450克塑胶卫生纸，台南市民则喜欢300克包装卫生纸；台北市每人每天卫生纸的消耗量为6.97克，台南市则为4.91克；台北市的消费者重视卫生纸的品质，台南市的消费者则以习惯来决定其购买的品牌。

某一跨国快餐公司了解到，美国的消费者重视快餐店停车位的多少；日本的消费者关心的是快餐店的用餐时间；中国香港的消费者则更留意快餐店卫生间的面积；中国内地的消费者更喜欢快餐店的环境和座位的舒适程度。这些都是吸引消费者、满足消费者的基础信息。

（3）因果性调查

因果性调查又称相关性调查，是结论性调查的一种，是调查一个因素的改变是否引起另一个因素改变，探索有关现象或市场变量之间的因果关系而进行的调查研究活动。它回答的问题是"为什么"，目的是识别事物变化的原因和现象间的因果关系，找出影响事物变化的关键因素，如预期价格、包装、广告、促销等哪个因素对销售额起主导作用；为什么增加广告开支，销量会增加；为什么赠送礼品，销量会增加等。这项工作要求调研人员对研究的主题有比较丰富的知识储备，能够判断一种情况出现了，另一种情况会接着发生，并能说明其原因。

（4）预测性调查

预测性调查是指为了预测市场供求变化趋势或企业生产经营前景而进行的具有推断性的调查。它回答的问题是未来市场前景如何，其目的在于掌握未来市场的发展趋势，为企业经营决策提供依据。预测性调查可以充分利用描述性调查和因果性调查的现成资料，掌握其发展变化的规律，运用一定方法估计未来一定时期内市场对某种商品的需求量及其变化趋势的调查。它主要解决"会怎么样"的问题。

在实践中，这4种调查研究方法并不是相互独立的，可以是一个完整的市场调研的4个不同阶段，也可以是其中几种方法的结合运用。如果对调查的问题一无所知，就要从探索性调查开始，在大多数情况下，探索性调查只是整个调查框架中最初的一步，还应继续进行描述性调查或因果性调查。但不是所有的方案设计都要从探索性调查开始，如果调查者对调查问题很明确，则可以直接采取描述性调查。

2. 按调查时间划分

（1）一次性调查

一次性调查（也称临时性市场调查）是在一个相当长的时期内只进行一次市场调查，一般是为了对总体现象在某一时间点上的状态进行研究。

（2）定期性调查

定期性调查是指企业针对市场情况和经营决策的要求，按一定时间定期进行的市场调查。

（3）经常性调查

经常性调查（也称不定期市场调查或连续调查）是指根据实际需要对市场现象的发展变化过程进行合理组织的连续调查。其目的在于获得某一经济现象发展变化过程及其结果的连续的信息资料，掌握这一经济现象发展变化的规律和趋势。

3. 按调查基本方法划分

（1）文案调查法

文案调查法（又称资料查阅寻找法或间接调查法）是利用企业内部和外部现有的各种信息、情报，对调查内容进行分析研究的一种调查方法。文案调查法一方面收集和获取有效的二手资料；另一方面根据调查主题的要求对文献资料进行去伪存真、由表及里的分析研究。

（2）实地调查

实地调查（也称一手资料调查）是在制定详细的调查方案的基础上，由调查者直接向被调查者收集第一手资料，再进行整理和分析，从而写出调查报告。一手资料是由调查者从市场中直接获得且没有经过任何处理的大量个体资料组成的。实地调查的方法又可以具体分为访问法、观察法和实验法。

（3）网络调查

网络调查是指在互联网平台上对网上现有资料、数据、信息的收集和整理，或者通过网络空间开展问卷调查来收集被调查者的信息和资料。网络调查既可收集二手资料，也可以收集一手资料，是一种基于网络时代的新的调查方法。

1.1.3 市场调查基本原则

市场调查的目的是为企业经营决策提供信息支持，因此，市场调查信息的质量直接影响决策依据的正确性。为了提高市场调查的效率和信息的质量，市场调查应遵循以下原则。

1. 科学性原则

市场调查不是简单地搜集情报、信息的活动，为了在时间和经费有限的情况下，获得更

多更准确的资料和信息,就必须对调查的过程进行科学的安排。调查者应当采用科学的方法设计方案、定义问题、采集数据、分析数据,从中提取有效的、相关的、准确的、可靠的、有代表性的、当前的信息资料。

2. 客观性原则

客观性原则要求市场调查人员自始至终都应以客观的态度去寻求反映事物真实状态的准确信息,去正视事实,接受调查的结果。不允许带有任何个人主观的意愿或偏见,也不应受任何人或管理部门的影响或"压力"去从事调研活动。市场调查人员的座右铭应该是"寻找事物的本来面目,揭示并说出事物的本来面目"。

3. 时效性原则

市场调查的时效性表现为及时捕捉和抓住市场上任何有用的情报、信息,及时分析、及时整理和及时反馈,为企业在经营过程中适时地制定和调整策略创造条件。

4. 系统性原则

市场调查的系统性表现为全面收集有关企业生产和经营方面的信息资料。由于很多因素之间的变动是互为因果的,如果只是单纯地了解某一事物,而不考察这一事物如何对企业发挥作用和为什么会产生这样的作用,就不能把握这一事物的本质,也就难以对影响经营的关键因素做出正确的结论。

5. 准确性原则

市场调查的准确性原则体现在对调查资料的分析必须实事求是,尊重客观事实,切忌以主观臆断代替科学的分析。同样,片面、以偏概全的做法也是不可取的。要使企业的经营活动在正确的轨道上运行,就必须有准确的信息作为依据,这样才能瞄准市场,看清问题,抓住时机。

6. 经济性原则

市场调查是需要耗费时间、人力、财力的活动。在调查内容不变的情况下,采用的调查方式不同,费用支出及产生的效果也不同。因此,市场调查也要讲求经济效益,力争以较少的投入取得最好的效果。

7. 保密性原则

保密性原则主要体现为两点:一是为客户保密,由于许多市场调查是由客户委托市场调查公司进行的,所以市场调查公司及从事市场调查的人员必须对调查所获得的信息保密,不能将信息泄露给第三者;二是为被调查者提供的信息保密,不管被调查者提供什么样的信息,也不管被调查者提供信息的重要性程度如何,如果被调查者发现自己提供的信息被暴露出来,一方面可能会给他们带来某种程度的伤害,另一方面也会使他们失去对市场调查的信任。

1.1.4 市场调查流程

案例分析1.3 湖北区域互联网水果市场调查

随着互联网的快速发展，线下购物逐渐转向线上发展。2021年，湖北某企业以疾病预防为宗旨，加强大众疾病预防和保健的健康理念，守护人们的身体健康，搭建线上水果销售平台。为了了解目标消费者线上平台的使用意愿，找到线上程序优化和线下营养搭配的方法，拟开展一次市场调查。

市场调查的基本流程

由于企业处于高校周边，考虑可以从高校及周围市场入手逐渐拓展，因此，企业确定了本次市场调查对象为高校在校大学生和周围部分商家、居民；确定本次市场调查的主要目标为：

（1）调查现阶段大学生对校园线上程序需求及了解程度。

（2）调查男女大学生对校园内部购物及其线上便捷程序的需求程度。

（3）调查以高校为主体的线上程序市场和战略规划，决定线上水果超市小程序的发展方向。

本次调查采用随机抽样法，男女生比例控制在1:1，商家均为个体工商户自营商家。由研究人员设计问卷调查表，采取匿名的形式展开调研。其中，问卷总共设计了四部分的内容，包括被调查者的基本信息、被调查者对线上程序的使用程度和接受程度、被调查者对线上程序的使用习惯、被调查者对拟开发软件的使用意愿。

通过对抽样调查问卷的回收，共计采集402份样本。通过数据整理、筛选和分析，发现大部分学生对于互联网的认可度高，互联网与人们生活紧密联系，除了购物还可以与身心健康联系起来，减少大学生的亚健康现象；主要的目标人群为高校大一、大二女生。对于线上程序，被调查者大部分倾向于使用微信小程序和微信公众号，并提出了四方面建议：第一，完善配送和售后；第二，拓展零食品类；第三，设置健康膳食搭配建议；第四，使互联网页面更加简洁，加强与其他商家的合作，增加优惠力度。

通过本次市场调查，企业拟推行校园微信小程序，将大一、大二女生作为第一批次宣传对象，大三、大四女生作为第二批次发展对象，男生作为第三批次发展对象。在小程序的优化中，力争做到：第一，使程序页面和操作更加简洁优化，方便目标受众找准需求目标；第二，根据目标受众需求，设置零食板块和小吃板块；第三，针对亚健康问题，提供水果搭配和营养方面的建议，以改善熬夜、缺少运动造成的亚健康问题，提高消费群体的身体素质。（熊子谦等，基于统计分析的互联网水果市场调查，黑龙江科学，2022年8月）

思考 请归纳上述案例的市场调查流程。

市场调查是科学、系统、客观地收集、整理、分析与营销有关的各类信息，帮助企业决策者制定有效的营销决策。因此，市场调查必须按照一定的步骤进行，循序渐进，尊重客观规律，认真落实、完善每一个环节。尽管市场调查有多种不同的类型，但总的流程是一致的，基本可分为 3 个阶段、10 个步骤，具体如图 1.1 所示。本项目通过任务导向，依据市场调查的基本流程，相应设计了 3 个项目、10 个任务，来学习与训练市场调查的基本技能。

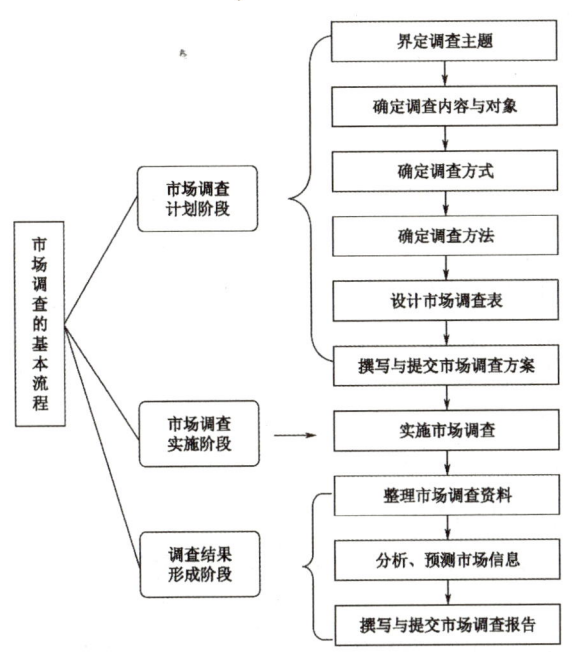

图 1.1 市场调查的基本流程

1. 市场调查计划阶段

市场调查计划阶段也叫作市场调查方案设计阶段，是从同客户洽谈、接受调查任务到提出完整的市场调查方案为止的过程。

市场调查的启动一般从调查研究需求开始，之后，调查人员一方面要通过深入的交流、沟通，了解调查的目的、意图及信息需求；另一方面要收集、分析相关的二手资料，必要时还要进行探索性调查和小规模的定性研究，以明确需要解决的问题，从而确定调查目标。

在明确了问题、确定了目标之后，下一步的工作就是做一个调查计划，即设计市场调查方案。方案中需要对市场调查的目的、内容、对象、时间、期限、方式、方法，以及调查质量控制、统计分析、调查组织安排、调查费用预算等做出具体的规定与设计。调查方案设计是否合理，计划组织是否周密，直接影响整个市场调查是否顺利开展和调查质量的高低。市场调查计划是衡量一个调查团队研究水平的标准，也是调查团队能否得到客户信任的主要依据。因此，设计市场调查方案在整个市场调查活动中十分重要。

2. 市场调查实施阶段

市场调查的实施阶段是市场调查过程中的核心工作，包括调查人员的选聘及培训、调查的实施与督导。市场调查方案在得到企业决策层的批准之后，按其设计要求，组织调查人员深入调查单位收集数据和有关资料（包括一手资料和二手资料），在访问调查的过程中可能会遇到调查对象不在、拒绝合作、回答不诚实或者外界干扰等问题，调查人员应该根据不同的情况做出应对策略。在整个市场调查过程中，资料的收集是定性认识过渡到定量认识的起点，是信息获取的阶段，关系市场调查的质量和成败。为此，必须科学细致地组织实施调查，严格控制调查过程，使数据的收集做到准确、及时、全面、系统，确保调查的质量。

3. 调查结果形成阶段

调查结果形成阶段包括整理市场调查数据、分析与预测市场信息、撰写与提交市场调查报告三部分。

（1）整理市场调查数据

在市场信息的收集结束后，进入数据的整理与分析阶段，由调查人员对调查表进行逐份检查，剔除不合格的调查表，然后将合格调查表统一编号，以便于调查数据的统计。在统计调查数据时可将调查数据输入计算机，利用 Excel 电子表格或 SPSS 软件来完成，并用相关的图表陈示出来。

（2）分析与预测市场信息

对市场调查资料进行分析研究是市场调查的重要环节，要求使用统计分析方法，比如交叉频率分析法、描述分析法、相关与回归分析法、方差分析法、聚类分析法、判别分析法和主成分分析法等，对大量数据资料进行系统的分析与综合，借以揭示调查对象的情况与问题，掌握事物发展变化的特征与规律，找出影响市场变化的各种因素，提出切实可行的解决问题的对策。

（3）撰写与提交市场调查报告

当需要的数据齐备，对数据所反映的规律、问题有比较清楚的了解时，调查者就可以着手撰写调查报告。调查报告一般由标题、开头、正文、结尾及附件等几部分组成，基本内容有：交代市场调查的基本情况、调查结论和主要内容的阐述，包括情况与问题、结果与原因、启示与建议等，具体内容的确定应视调查项目的性质、内容和要求而定。

调查报告写好并打印出来之后，还有一个重要的步骤就是举行调查结果汇报会。会议由调查公司的研究人员与客户参加。由调查公司的研究人员向客户介绍、说明调查得到的结果及结果的由来。客户在阅读完报告及听完研究人员的介绍之后，对不清楚的问题可以在会上提出质疑，研究人员必须对客户的质疑做出令人满意的解释。调查结果汇报会结束，针对客户提出的问题，研究人员还要对调查报告做进一步的补充、修改，直至客户满意并接受调查报告为止。最后，按照协议规定提交给客户书面报告及光盘资料。

市场调查报告的提交并不代表调查的结束。花费了大量人力和物力所获得的市场信息是否有价值，这是调查委托方比较关心的事，同时也是衡量市场调查公司的调查质量的一个重要指标。因此，调查方必须对客户使用调查报告中的信息的情况进行跟踪，发现问题并及时处理，做好调查的跟踪反馈工作。

综上所述，我们分析了市场调查的基本流程，但在实际中市场调查的步骤不是严格按程序进行的，有时可能个别步骤的顺序发生调整，也可能几个步骤进行合并。因此，在实际操作中要灵活运用。

雀巢咖啡市场调查

一、市场调查计划阶段

1．确定主题

雀巢公司正研制一种新口味的咖啡,并打算尽快打开市场,为进一步了解消费者的实际需求,保证新产品产销对路,同时也为了推广企业和产品的形象,特组织本次市场调查。

2．确定调查对象

（1）中高收入阶层。该阶层收入水平较高,既是产品定位的主要消费对象,也是本次调查的重点。

（2）工薪阶层。该阶层收入水平不高,目前尚不具有长期的购买能力,但这一阶层人数众多,对生活方式的改善意愿很强烈,是潜在的发展对象。

（3）大学生阶层。该阶层是社会最前沿、追求时尚的阶层,而且人数众多,加上对咖啡独特风味的喜爱,将是一个非常大的消费群体。

3．确定调查项目与内容

（1）被调查者的年龄、性别、职业、文化程度、月收入等。

（2）被调查者是否有饮用咖啡的习惯,如果有,经常喝什么品牌的咖啡。

（3）被调查者是否有意愿购买咖啡,其动机和想法是什么。

（4）被调查者注重咖啡的哪些用处。

（5）被调查者对本本公司新研制的咖啡有什么要求。

（6）被调查者对公司推出的咖啡可以接受的价格是多少。

（7）被调查者是否经常饮用雀巢咖啡。

4．确定调查时间和地点

时间：11月18日至11月25日

地点：福州市各大超市及各大广场

5．调查方法及样本量

拦截式访问、邮寄访问及问卷调查。其中拦截式访问100人,邮寄访问400份,问卷调查2000份。

6．设计问卷

雀巢咖啡市场问卷调查

亲爱的女士/先生：

您好！为了更好地满足广大消费者对咖啡的需要,我们特进行此市场调查。请您先仔细阅读问题及答案,再根据您对问题的看法,逐题填写。本问卷的各项答案无所谓好坏、对错,且问卷所得结果只做团体性分析,不做任何个别呈现。对外绝对保密,请您按照实际情况和真实想法填写问卷,并将答案的选项写在题后的括号里。对您的合作与支持,我们表示衷心的感谢！

（1）性别：（　　）

A．男　　　　　　　B．女

（2）年龄：（　　）

A．10岁以下　　　　　　　　　B．11～17岁

C．18～24岁　　　　　　　　　D．25～31岁

E．32岁以上

（3）您是否有喝咖啡的习惯？（　　）

A．是　　　　　　B．否

（4）您最喜欢的咖啡品牌是？（　　）

A．邦德　　　　B．雀巢　　　　C．蓝山

D．力神　　　　E．德维　　　　F．其他

（5）购买咖啡时，您会优先考虑哪里的品牌？（　　）

A．国内品牌　　　B．国外品牌　　　C．无所谓，好喝就行

（6）您是否喝过雀巢咖啡？（　　）

A．是　　　　　　B．否

（7）您觉得雀巢咖啡的包装怎么样？（　　）

A．很好　　　　B．一般　　　　C．不好看

（8）您觉得雀巢咖啡的口感怎么样？（　　）

A．很好　　　　B．一般　　　　C．不知道

（9）您觉得雀巢咖啡的哪种口味最好喝？（　　）

A．雀巢咖啡1+2原味　　　　　　B．雀巢咖啡1+2特浓

C．雀巢100%纯咖啡　　　　　　D．雀巢卡布奇诺咖啡

E．雀巢即饮咖啡

（10）您购买咖啡前最可能从下列哪些信息渠道中进行选择？（　　）

A．上咖啡厂商相关网站查询　　　B．电视广告

C．报纸广告　　　　　　　　　　D．海报传单

E．朋友介绍　　　　　　　　　　F．营业员推销

（11）您觉得雀巢公司新研制的咖啡在福州市有没有市场？（　　）

A．有　　　　　B．没有　　　　C．不知道

非常感谢您！您的建议是我们公司巨大的财富，衷心祝福您和您的家人健康、快乐！

7．经费预算（略）

二、市场调查实施阶段

本次调查由雀巢公司的市场调查部和某学院的老师具体实施，工作内容包括调查提纲和问卷调查的设计、问卷人员的安排、组织和培训、调查工作的实际开展、调查数据的统计、调查报告的撰写等。雀巢公司市场部对全过程实施有效的监控。

三、调查结果形成阶段

1．调查数据分析方法

按所调查的不同项目、实施调查的不同地点，以及被调查者的不同年龄、职业、收入等情况进行分析，然后汇总整理，比较不同地点和消费群体对雀巢咖啡的期望、态度、要求的差异，分析确定即将推出的雀巢新口味咖啡的主要目标群体。

2．效果预期

福州市是福建省省会，其中5个市辖区经济水平较高，人口分布集中，密度大。仓山区拥有35万人口，晋安区拥有24万人口，台江区拥有30万人口，鼓楼区拥有44万人口，马尾区拥有15万人口。这里汇集了许多高等院校，据不完全统计，福州市现有在校大学生约25万人，有人口必然有需求。就学生市场来说，据调查，每位学生每月平均消费750元左右，且75%以上的学生拥有手机，30%以上的学生拥有笔记本电脑，这充分反映了学生市场的广阔。

福州市的白领阶层也高达数万人，其消费能力更胜一筹。

福州市的繁华地段，例如安泰街道、宝龙城市广场、中亭街、学生街等每天的客流量高达几十万人。这里汇集着各类时尚人士，信息资源丰富。咖啡是香醇与美味的结合，走的是一条休闲、典雅的品牌道路，正符合当今消费者的生活风格。如今，咖啡已进入各家各户，但面对市场上琳琅满目的咖啡品牌消费者又该如何选择，他们的需要是什么？关注的是什么？这些信息对于一个生产咖啡的企业来说，是有必要了解的。我们有理由相信这里会有广阔的消费市场和广阔的消费群体。

3．调查结果

主流产品——速溶咖啡

数据：在受访者中，绝大多数的人喝过速溶咖啡，这个比例高达92.2%，过半数者（58.4%）喝过三合一袋装咖啡，16.8%的人喝过焙炒咖啡，29.4%的人喝过其他咖啡饮料。在问及受访者对于某一类咖啡的消费频率时，每天喝速溶咖啡的占6.0%，经常喝的占38.4%，在"偶尔喝"的咖啡种类中，三合一袋装咖啡和速溶咖啡的消费频率很接近，而表示经常喝三合一袋装咖啡的只占13.1%。

分析 喝过速溶咖啡和三合一袋装咖啡的百分比最高，在"偶尔喝"的调查里这两者的百分比也是最高的，这说明速溶咖啡和三合一袋装咖啡在初级消费者领域是具有很大发展潜力的。

目前，尽管市场上的咖啡饮料具有口味纯正、饮用方便等优点，但由于其价格相对较高，饮用时缺乏咖啡文化的高雅、温馨情调，因此，大部分消费者只是偶尔喝一喝。

主要人群——中青年人

数据：各年龄段对咖啡的喜爱程度不同，在表示非常喜欢咖啡的人群中41～50岁的人占了24.0%，20～30岁的人占了18.0%。进一步调查表明，喜欢喝咖啡的男性比例高于女性比例。在所有受访者中，喝咖啡的男性占55.1%，女性占44.9%。

分析 咖啡作为一种口味独特的饮品深受青年消费者的喜爱，中年人和青年人是咖啡的主要消费群体。同时男性消费者人数远远超出女性消费者人数，购买者中也以男性居多。其原因在于咖啡属于烟糖类产品，更多为男性所关注。而且作为一种嗜好品，更易受到男性的青睐。

主要因素——味道诱人

数据：消费者在选购咖啡时哪些因素是他们所要考虑的呢？本次调查采用10分制，让消费者对各种购买考虑因素打分，分数越高，代表其重要性越高。调查结果显示，味道以8.3分位居第一，其次，饮用方便为7.4分，保存期、品牌知名度等各项分值也较高。

分析 消费者对于咖啡的味道是很重视的，毕竟咖啡是一种饮品，好味道的咖啡才会广受欢迎。同时作为一种饮品，饮用的方便性与否对消费者来说也是购买时考虑的一大要素，咖啡的生产厂家在生产时可以多考虑如何不断改进其味道、如何使咖啡更便于携带，使消费者在饮用时更方便。

主要信息——电视广告

数据：在众多获得咖啡信息的渠道中，电视广告以86.4%的比例成为消费者获取咖啡信息的首要渠道。另外，促销活动、广播、杂志、报纸等一系列的传播渠道也是消费者获得信息的重要来源。

进一步调查消费者想通过哪些渠道获取咖啡的信息，发现有37.3%的人想通过传媒报道来获取信息，免费试用、传媒广告、朋友推荐等渠道也占有较高的比例。

分析 电视是众多媒体中传播覆盖率最广的一种，电视广告属于立体广告，而在广播、杂志、报纸中投放的广告属于平面广告，两者相比，后者不如前者生动、形象，不易给人留下深刻印象，这也是为何消费者普遍认为电视广告是获取咖啡信息的主要渠道的重要原因。

促销活动是许多商家喜欢使用的一种宣传方式，也是消费者了解咖啡信息的一个渠道。从数据来看，免费品尝或者试用这一类的直接获取信息的方式还是很受咖啡消费者欢迎的。

结论及建议

1. 速溶咖啡是目前咖啡的主流，口味是咖啡的关键

目前咖啡市场上的主流产品为速溶咖啡和三合一袋装咖啡，它们以方便、经济等一系列的优点成为新兴阶层的主要选择。对绝大多数消费者来说，口味是选择咖啡的主要依据，在此方面速溶咖啡明显优于三合一袋装咖啡。值得注意的是，三合一袋装咖啡的主流消费者不是咖啡的稳定消费群体，他们的消费不确定性较大。因此，应该兼顾速溶咖啡和三合一袋装咖啡这两大市场。

2. 广告起着影响消费的重要作用

广告对于消费者选择咖啡品牌有很大的影响力，而调查结果显示，咖啡的价格、原料产地、工艺技术并不为大多数消费者所看重。一方面消费者认为咖啡的口味是极为重要的，另一方面消费者并不知道决定咖啡口味的因素有哪些。这种认识欠缺对于厂家来说是一种市场机会，在广告策略中既有渲染情调的内容，也有宣传产地、工艺等决定咖啡口味的内容。建议两种

内容应在不同主题的广告中出现，但共同点是强调品牌，以形成广告优势。

3．瞄准都市上班族

中国咖啡市场的升温源于一定的需求空间。据调查，咖啡的主要消费群体为都市上班族。这部分消费群体也是社会时尚的引领者，他们对国外的饮食文化感兴趣并易于接受。就其经济实力而言，他们也能够承担这部分花销。伴随着咖啡消费，咖啡文化也应运而生，咖啡馆成了咖啡文化的孕育场所。在一定程度上，咖啡文化也促进了咖啡消费，吸引了越来越多的消费人群。因此，生产企业的目标应该瞄准这一主要市场消费人群。

4．咖啡产品的推广应该富含"文化气息"

咖啡作为一种饮品，对中国人来说，每天饮用的人毕竟还是少数，对于绝大多数消费者来说并不是生活必需品。新兴消费阶层（如年轻白领、学生）对其有很大的兴趣，但他们属于消费较不稳定人群，也就意味着不太会形成持久的消费。咖啡的稳定消费者主要还是以中年男性知识阶层为主，但他们的品牌忠诚度较高，对新品牌的选择机会较小。事实上，对于国内大多数消费者来说，咖啡并不只是一种饮料，更大程度上还是一种品位的象征。因此，针对国内咖啡市场的消费者更应该耐心地进行咖啡文化的教育和传播，宣传咖啡的历史文化，这样才能在国内拓展市场。

5．提高产品的市场竞争力

咖啡市场表面上看似稳定，极少出现大的变动，但事实上，这一市场不仅存在行业内部各咖啡品牌的竞争，还面临着与碳酸饮料、茶饮料、果汁饮料等相关产品的竞争。一方面，在大型超市中，我们可以看到咖啡专柜上只有雀巢、麦氏、摩卡、哥伦比亚等几个国外品牌，相比碳酸饮料、果汁饮料专柜的庞大阵容显得略为单薄。另一方面，市场价格也在很大程度上影响了咖啡的销量。我国咖啡成品90%是从国外进口的，需交纳进口关税，而剩下10%的国内生产的咖啡由于种植面积少，总产量很低，无形中提高了咖啡成品的市场价格。据调查，三合一袋装咖啡平均每消费一次最低需要1元，速溶咖啡最低需要2～3元，至于炒磨咖啡，最低也要10元。在高档咖啡馆，一杯咖啡最少也要20元。而果汁和碳酸饮料的价格相对于咖啡要便宜得多。所以，对于相当一部分消费人群来说，可乐、果汁和茶饮料成了他们的首要之选。因此，要提高咖啡的市场竞争力，价格也是一个因素。

【职业道德培育】调查者的职业操守

（一）伦理道德原则是社会调查研究中非常重要而又经常被很多研究者忽略的原则。社会中的任何一个职业都有其特有的、从业者必须遵循的伦理道德原则，社会调查研究也不例外。社会调查涉及调查者与被调查者之间的商谈与交往，有些调查主题本身就存在涉及人身的问题，有时还会和其他社会活动的基本原则产生冲突，社会调查研究的伦理道德规则往往就是从这些矛盾性中产生的。伦理道德原则的贯彻，不仅可以使被调查者的人格尊严得到尊重，还能使调查更加人性化，达到更好的调查效果。社会调查研究的伦理道德原则主要体现在以下方面：

① 调查者与被调查者的关系。调查者要做到：被调查者自愿参与；不伤害参与者。

② 社会调查者本身的职业操守。社会调查者本身应当具备一些必备的素质，除高度的敬业精神、高度的社会责任感，坚持理性、客观、实证的精神，掌握高超的调查研究技术，还必须注重提高自己的诚实、守信、关心他人、与人为善等道德修养。这种素质的训练是一个长期的过程，是一个从理论到实践的过程，是一个贯穿调查过程始终的过程。只有具备了高水准的职业道德，才能提高调查研究的质量。

（二）品德问题是任何行业在挑选员工时必须重视的问题，但我们感觉到，在社会调查者的挑选过程中，坚持品德第一的标准仍然是最需要予以强调的。当然，明白用人标准是一回事，但如何确保品德差的"社会调查者"不蒙混过关又是一回事，而且后者比前者更为关键，也更难操作。根据我们的经验，以下做法的实际效果还是相当有效的：第一，在正式录用员工前，在合同中明示违约处罚条款；第二，事先声明每个人交回的问卷都将按一定比率进行抽查；第三，在招聘社会调查者的广告中尽量将调查者的工作描述成一种既辛苦、报酬又低的工作，而不要像别的行业那样，在招聘员工时极力声称工作轻松、报酬优厚。总之，通过较低的工作期望与高昂的舞弊成本，一般可使少数好逸恶劳、品德不佳者自动退出社会调查者的应聘队伍。

任务 1.2　组建调查团队

任务布置

任务单	
任务 1.2　组建调查团队	
任务描述	（1）组建市场调查团队。按每组 4～6 人进行分组，组建调查团队，并通过竞选产生组长。在组长领导下进行团队 CIS 设计，确定团队名称和团队理念，制定团队管理制度。 （2）了解所在城市现有的调研机构情况。 （3）每个调查团队承接一个市场调查项目（可以是企业实际的，也可以是模拟的）
任务目标	（1）全面了解我国市场调查行业，加深对市场调查工作或职业的认知与认同，能够按从业人员应该具备的素质去要求和锻炼自己。 （2）能够按要求组建一个市场调查团队，并设计团队形象、名称，制定团队制度，明确岗位职责
实施指导	任务分析　根据调查团队应配备的人员结构，在教师指导或自愿选择的基础上，按每组 4～6 人进行分组，组成调查团队，并通过团队分工与协作，完成任务

续表

实施指导	理论补给	（1）市场调查的历史与现状。 （2）市场调查机构。 （3）市场调查的从业人员。 （4）市场调查任务的承接
	实施过程	（1）组建团队。 （2）设计团队名称，制定团队制度和岗位职责。 （3）确定市场调查项目。 （4）小组汇报展示。 （5）老师点评
	拓展提高	解读《中国市场信息调查业自律公约》，理解调查业协会制定的自律公约，掌握调查业的基本方针、自律条款和公约执行规则，培养学生良好的职业道德和个人品格
执行记录	执行团队	
	任务执行	
	任务汇报	
	教师点评	
成绩评定	个人自评	
	小组互评	
	教师评价	
	总　　评	

零点研究咨询集团

一、公司简介

零点研究咨询集团是中国专业研究咨询市场的早期开拓者与当前领导者之一。它运用现代社会调查手段、管理诊断和政策分析技术，融合多年研究所积累的对中国市场运作和社会文化的深刻理解，组合旗下的"零点调查"（专项市场研究）"前进策略"（转型管理咨询）"指标数据"（共享性社会群体消费文化研究）和"远景投资"（规范的投资项目选择与运作管理服务），"前进策略"（转型管理咨询）"指标数据"（共享性社会群体消费文化研究）和"远景投资"（规范的投资项目选择与运作管理服务）侧重为植根于大中华市场的杰出本土企业和国际化企业提供专业调查咨询服务。零点研究咨询集团依照国际惯例，通过持续地研发投入、与国际服务机构的合作和有力度的人力资源组合，成为兼容国际视野和本土经验的调研咨询的知名服务品牌。"HORIZON"（零点）为受中国法律与《马德里国际公约》保护的国际注册服务商标。

二、公司业务

"零点调查"接受海内外企事业、政府机构和非政府机构的委托，独立完成各类定量与定性研究主题。多年的发展经验使本公司更了解客户的需求，从而为客户提供更有针对性的服务，"零点调查"研究领域涉及食品、饮料、公共事务、房地产、汽车、医药、服装、家电、

IT、金融保险、媒体、商业服务、娱乐、旅游等20多个行业,其中房地产、汽车、金融保险、公共事务、烟草行业是公司目前重点的研究领域。

三、公司客户

零点调查为一切需要发现事实真相的企业和机构提供专业服务,客户主要包括跨国公司、中国知名企业、中国政府部门、外国学术机构和联合国机构。

零点调查服务过的主要国际客户有美国摩托罗拉、美国微软公司、美国宝洁公司、美国金佰利公司、美国可口可乐公司、美国占边威士忌、英国BP石油公司、英国联合利华、欧洲前景集团、瑞典爱立信公司、韩国LG集团、韩国三星电子、韩国SK集团、美国惠普、日本精工爱普生公司、荷兰皇家飞利浦公司、日本伊奈集团、法国施耐德电气有限公司、美国福特基金会、世界银行等。

零点调查服务过的主要中国客户有万科地产、万通地产、北辰集团、和记黄埔、中国电信、中国移动、中国联通、联想电脑、实达电脑、海信集团、德隆集团、丝宝集团、健力宝集团、乐百氏集团、喜之郎集团、红牛饮料、光明乳业、蒙牛乳业、完达山乳业、李宁体育用品、北汽福田、东风汽车、平安保险、中国人保、太平洋保险、昂立集团、桂林三金药业、汇仁制药、哈尔滨制药六厂、中国工商银行、中国建设银行、中国民生银行、北京市对外经济贸易委员会、北京市旅游局、中国标准化研究院、精品购物指南、《南方周末》等。

四、研究部门

零点调查集中其在专业调研、策略咨询、背景数据方面的优势,借助透过长期协作关系确立的行业资源协作网,建立了公共事务、金融、IT电信、汽车、房地产、烟草、媒体娱乐、快速消费品8个研究事业部,透过与对应事业部主力机构建立战略伙伴关系,零点的专业研究部与相当一部分客户建立了频密的信息、经验、业务发展、能力建设的互动关系。零点在相应的领域迅速积累起在人才、信息、技能、研究咨询模型、实战经验方面的资源优势。

五、特色服务

1．零点CATI快车

零点CATI快车为设立于上海的全国性计算机辅助电话调查系统,目前已具备32线同时调查能力,使真正的快速调查成为可能。目前该系统广泛使用于快速民意测验和商务调查。

2．网上调查

"零点调查"开发了网上调查系统,零点网上调查的特点:增强调查公司在受访者选择方面的控制力,将受访者自由参与变为调查公司按抽样条件有选择地挑选受访者参与。

根据项目需要对受访者做出限制和筛选,并对其填写的问卷进行即时的逻辑检查,从而保证调查数据的真实性和有效性。

3．多客户调查服务系统(Homnibus)

零点调查每年开设包括全国城乡居民、大都市市民、农村居民、小镇居民、城乡中学生、大专院校学生、流动人口、商务人士在内的约12轮Homnibus。Homnibus也称搭车调查,其特点是帮助客户用最低的成本获得即时的信息(指有34个或78个问题可加入这种多客户调查服务，和其他客户一起分担调查费用）。

4．调查结果发布服务

自1993年开始不定期地以名为《第一手》的内部刊物形式向传媒发布有关社会问题、市场动态、行业发展方面的独立的调查结果。每周以传真、E-mail和网络3种形式向超过1500组传媒和我们的订阅客户发送。客户也可直接浏览指标网站的网页了解最新公布的结果。

5．企业内部培训

"零点调查"受邀为位于市场前沿的知名企业、"零点调查"的长期客户、专业学术交流活动，提供有关市场调查方法、分析技术、营销理念、品牌管理、组织转型、消费文化、投资管理、行业发展动态等方面的专项支持性培训服务。这种培训服务可以是调查咨询的延伸，也可以是专项的培训服务。

"零点调查"每年通过论坛、研讨会和沟通会的形式，为更广范围的企业、社会组织提供专业技术和最新管理进展信息的分享服务。

6．客户报告

每年投资进行多项自主版权的专项研究（Syndicate报告）。

7．行业研究

"零点调查"和政府行业主管部门及其所属研究院建立长期的资源协作关系，为实地研究、策略咨询和投资判断提供强有力的行业信息支持，使得零点调查的研究结果和策略设计，兼有一手和二手信息的多元论证。

六、领航雁计划

领航雁计划是针对应届毕业生的招募、选拔和培养计划，意在为零点研究咨询集团吸纳更多具有研究咨询潜质并且具备多种特质的有为青年，将传统调研咨询依托于互联网产业，并且为多个行业及互联网产业链中的各个环节提供服务。招聘信息如下（见表1.1）。

表1.1 领航雁计划招聘信表

开放岗位	工作职责
研究咨询类岗位	完成项目资料的收集、整理分析，参加定量及定性研究的设计、实施环节。 参与多部门沟通及合作，辅助项目管控。 完成研究分析及研究报告撰写、参与项目陈述等工作
数据分析类岗位	负责调研项目前期的抽样技术的把握。 负责项目过程中的数据库建立，以及项目的数据分析模型建造。 协助项目经理从数据分析的角度实现研究目的
营销/销售岗位	负责新媒体、新产品营销工作。 参与客户沟通及开拓等工作。 参与线上、线下营销及销售活动
设计师岗位	能将艺术与商业结合，擅长平面设计、工业设计、网页设计、UI设计、动漫设计其中之一即可。 参与重要项目的创意设计、提案文件的创意设计。 为公司项目的延续性进行设计与维护制作

思考 如何理解零点研究咨询集团名称中"零点"的含义？通过阅读以上资料，你如何看待我国市场调查行业的发展？

1.2.1 市场调查的历史与现状

市场调查是随着商品生产和交换的发展而产生的，并且市场调查的发展和市场经济的发展密切相关。美国是市场经济发展比较早且比较成熟的国家，20世纪初，市场调查的形成首先在美国发展起来。

在美国，市场调查的历史可以追溯到1824年，这年美国进行了第一次民意测验。市场调查的发展初期是1890年—1920年，以第一个正式的市场调查部门的建立为标志。1920年—1950年，问卷调查方法得以广泛使用。市场调查的成熟期始于1950年并持续到现在。随着通信、扫描仪和计算机技术的不断成熟，定量和定性调查方法在数量和先进性方面均得以长足发展。

自1923年美国人尼尔逊创建专业的市场调查公司后，市场调查工作成为营销活动不可分割的有机体。1929年经济危机的爆发，改变了企业以产定销的传统观念，企业开始重视生产之前的市场调查活动，进一步推动了市场调查的快速发展。1929—1939年，美国政府和有关地方工商团体共同配合，对全国进行了一次商业普查，这次普查是美国市场调查发展的一个里程碑。这次普查揭示了美国全国市场结构的全部情况，收集和分析了各种各样的商品如何从生产者到消费者手中的过程、各种类型的中间商和分销渠道的作用，以及各种中间商的营销成本，提供了关于各种市场营销机构和商品大类的详细销售数据，还提供了改进市场营销活动和减少浪费的依据，并规定每隔5年定期进行一次调查，以观察市场变动的规律。

20世纪30年代以后，随着心理学家的加入和统计方法的进步，市场调查的手段和方式更加丰富，市场调查结果更加科学可信，市场调查的范围扩大到有关市场营销问题的各个方面。科学家将新技术应用到市场调查中，比如实验设计、意见调查等用于研究家庭的消费行为；有些心理学家将心理学的研究方法引入产品的消费者测试领域，这些研究也进一步促进了市场研究技术的发展。20世纪40年代，"焦点小组"方法在罗伯特·蒙顿的领导下被开发出来。随机抽样的广泛应用，使抽样技术和调查方法进步飞速。同时，市场调查理论也得到了较快的发展。在美国先后出版了不少关于市场调查的专著，其中1937年美国市场营销协会组织专家集体编写的《市场调查技术》一书对市场调查学科的发展起到了重要作用。市场调查逐渐成为一门新兴的学科，并带动了市场调查业的兴起，市场调查的理论与实践得到了进一步的结合，推动了企业生产与经营的快速发展。

1950年以来，市场调查与市场预测结合起来，随着计算机在企业中的广泛应用，一个新型的现代企业信息系统逐渐形成，市场调查和市场预测已成为这一信息系统的重要组成部分，在现代企业经营管理中发挥着重要作用。

到20世纪50年代中期，出现了根据人口统计特征进行市场细分研究和消费者动机研究，市场细分研究和消费者动机研究的综合调查技术又进一步促进了心理图画和利益细分技术的发展。进入20世纪60年代以后,伴随着描述和预测的数学模型的发展及计算机科学的快速发展,调查数据的分析、储存和提取能力大幅度提高,市场调查也走向成熟。市场调查进入了一个快速发展的时期,消费者行为(价值观和生活方式)成为消费者定性与定量研究的重要组成部分。消费者调查研究是以个人和家庭为消费对象,为更好地理解其生活方式与态度,为企业广告的有效诉求提供依据。同时,利用计算机进行的大量抽样调查和统计软件的开发、使用,使市场调查业成为一个具有发展前景的新兴产业,诞生了兰德公司、斯坦福国际咨询研究所等一批著名的调查公司。目前在美国和其他发达国家,市场调查研究已经相当普遍,市场调查业已经成为经济生活的一个重要领域。

市场调查在我国的历史是非常短暂的。市场调查一度没有受到国内企业的重视。在20世纪80年代中期至90年代初,全国的专业化市场研究公司还寥寥无几。在邓小平同志南方谈话和党的十五大以后,我国经济由"计划经济"向"市场经济"过渡,市场调查开始受到人们的重视,专业化市场研究公司相继成立,到1998年,我国已有专业化市场研究公司800多家。2001年4月,中国信息协会市场研究业分会在广州宣告成立。2003年12月,中国市场学会也在北京召开第三届会员代表大会,从不同侧面阐述党的十六届三中全会提出的"关于完善社会主义市场经济体制"的精神,紧密结合我国经济社会改革与发展中重大的体制与政策问题及我国营销理论与实践中的重要问题,并重申了WTO与市场营销调研的紧迫性。经过十几年的发展,我国市场调查业的年度营业额从1995年的3.5亿元达到2007年的近52亿元。这种变化及发展速度在世界调研业中应属可观。与中国经济的快速增长相伴随,我国的市场调查咨询行业一直扮演着积极的角色。据估计,目前我国以市场研究为主的调查咨询机构总量约1500家,形成一定规模的有400多家,其中,年营业额在1000万元及以上的公司主要集中在北京、上海、广州三地,这些公司的年总营业额占到了全行业营业额的80%。

1.2.2 市场调查机构

市场调查是一种有条不紊、规范化的活动,包括一系列烦琐、复杂的操作步骤,依靠个别人的工作是难以完成的。市场调查通常是一种组织行为,必须由一定形式的组织机构来完成。

市场调查组织结构

市场调查机构是指专门或主要从事市场调查活动的单位或部门。对于在企业(或公司)里设立的主要从事市场调查活动的有关部门,称为企业市场调查机构(或公司),即市场调查内部提供者;对于专门从事市场调查活动的单位,称为专业市场调查机构(或公司),即市场调查外部提供者。市场调查内部提供者和市场调查外部提供者都是进行有效市场调查的组织保证,如图1.2所示。

1. 市场调查内部提供者

市场调查内部提供者是指企业市场调查机构,即企业内部策划、组织、协调或承担市场调查任务的职能部门,它包括专职和兼职两种。企业市场调查专职机构主要设立在一些大中型企业中，特别是那些产品市场竞争力强、市场范围广，并且具备相应资金、人员等条件的大中型企业。在一些发达国家，一般较大型的企业如美国福特汽车公司、柯达公司、宝洁公司等，都有自己的市场调查部门。这一类型的市场调查机构主要为本企业搜集各种商业信息，为公司的生产、经营决策提供各个方面的参考资料。它们也可能组织各种大规模的市场调查活动，但每一项调查活动通常都与本企业的生产、经营和营销决策有关，这是一种非独立性的机构，服务对象是所属企业或公司，主要是为企业提供市场调查的内部信息。目前，我国许多大中型企业、公司也设有市场调查部，比如上海家化、上海日用化学品二厂等企业。

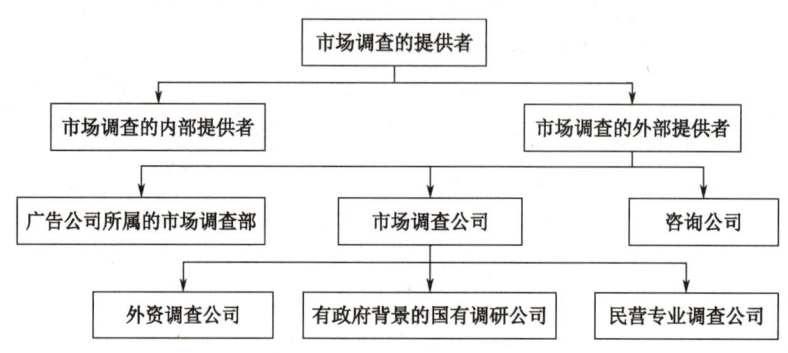

图 1.2 市场调查提供者和服务机构

企业市场调查专职机构一般隶属于企业市场部或企划部，经常命名为市场调查处或市场研究室。企业市场调查专职机构的内部设置通常由方案策划组、项目执行组、信息处理组、研究分析组等构成，其人员配备及分工视具体情况而定。

企业市场调查兼职机构是企业内部在主要职责外兼管全部或承担部分企业市场调查任务的某个或某些职能部门。相对而言，企业市场调查兼职机构较多集中于市场部、企划部、公关部、广告部、销售部等企业职能部门，并且在上述部门有着数量不等的专职或兼职市场调查人员。

非独立性调查机构的职能比较有限，它们很少直接从事第一手资料的调查研究。它们的主要职责是搜集第二手商业情报资料，与专业化的调查公司联络，建议企业进行某些适当的市场调研。当企业需要进行第一手资料的调查时，它们要为企业选择合适的专业化调查公司，同时参与、监督、审查接受委托的市场调查公司的工作。

2. 市场调查外部提供者

企业的市场调查机构（或公司）通常需要依托市场调查外部提供者，即专业市场调查公司来开展市场调查活动。专业市场调查机构的核心职能是服务，也就是根据国家、企业或自身业务的要求，开展相关市场调查活动，收集并提供社会和企业所需的各种数据、资料、信息、建议，为国民经济和企业生产经营服务。专业市场调查机构也称社会市场调查机构，是企业之外接受各方委托从事市场调查的主体，是进行市场调查的独立组织。专业市场调查机构在我国起步时间不长，就目前来看，其主要类型有以下3种：

① 市场调查公司。市场调查公司专业市场调查机构中数量最多的类型之一，也是专门从事市场调查事务的机构、顾客或广告研究公司。从主办者角度看，它主要包括中外合资合作

创办的市场调研公司、政府机构（或研究机构、大专院校、学术团体）设立的市场调研公司、私人合作（民营）的市场调研公司等。

② 广告公司所属的市场调查部。科学化的广告活动策划都是在市场调查的基础上进行的，所以在广告公司内部要设立市场调查部门。国内外的一些大型广告公司都设有市场调查部门，由于主要任务是经营广告业务，市场调查部门只是一个辅助性的部门，人员的配备、技术条件都无法与专业的调查公司相比，所以这类机构与专业化的市场研究机构的职能有所不同。

20 世纪 90 年代以后，随着专业化市场调查公司的不断增多，广告公司的市场调查部的职能也发生了转变。目前，它们的职能是承担广告制作前期调查和广告效果调查两大任务。首先，为广告公司本身的客户负责，接受客户市场调查的委托；其次，为客户选择一家优秀、合适的专业化市场调查公司，或者直接向专业化的市场调查公司购买资料；最后，为自身制作或改进广告所需，参与、监控所委托的专业化市场调查公司的业务运作。

③ 咨询公司。咨询公司的主要任务是为企业的生产与经营活动提供技术方面、管理方面的咨询服务。咨询公司在咨询业务活动中，很多方面需要进行市场调研，市场调研结果将是咨询目标分析与建议提出的重要依据。咨询公司一般由专家、学者和富有实践经验的人员组成，其中前者侧重于咨询的前期设计及最终研究报告的撰写，后者侧重涉及咨询目标的具体调研工作。从目前我国的情况来看，咨询公司的规模差别很大，小的仅有几名员工，咨询范围也相对狭窄；大的则有数百名员工，其专业人员的数量多、素质高，业务范围广泛，内部的组织与管理比较正规，比如广州的华南市场研究有限公司等。

1.2.3 市场调查的从业人员

在发达国家，特别是美国，市场调查业是很吸引人的行业，许多人有机会从事市场调查这一职业。在设有调查部的商业性公司、非商业性公司和政府内部机构也有同等吸引人的职位。广告公司也做市场调研，并雇用这一领域的专业人员。不同的市场调查机构，组织机构的形式结构可能不同，但其人员的构成与素质能力要求却大同小异。

1. 管理人员

管理人员是指公司的总经理、副总经理和各部门的经理。他们的职责是组织、控制整个调查运作，协调下属各部门之间的关系；制定公司的管理规则、人员的职责。管理人员要对市场调查业务运作的各个方面十分熟悉，要有从事市场调查、社会调查或民意调查的经验，并具有较强的组织管理能力。

2. 研究人员

研究人员包括高级研究人员和一般研究人员。高级研究人员的职位通常是项目经理、客户经理或研究总监。研究人员的职责是制定调查方案和数据处理计划，进行抽样设计、问卷设计、数据分析，撰写调查报告。此外，还负责向客户汇报调查结果、提供咨询服务。他们通常是经济学、市场营销学、社会学、心理学、数理统计学、管理科学等领域训练有素的专家、学者或博学人士等。

3. 督导

督导就是监督指导。督导是访问员的管理者，负责访问员的招聘、访问员的培训，以及对访问员的工作进行指导、监督和检查。

4. 访问员或调查员

访问员通常包括专职访问员和兼职访问员。访问员的工作就是采集资料，对指定的受访者进行调查访问，以获取原始数据资料。专职的访问员是指公司聘用的全日制工作人员，他们的职责除了进行调查访问，还要协助督导对新招聘的访问员进行培训工作，执行一般访问员难以胜任的调查访问，对某些被抽到的受访者进行复访或回访。

兼职访问员是公司临时聘用的访问员，他们在公司需要实施调查时，执行调查访问。目前国内的兼职访问员大多数是在校大学生，也有居委会工作人员。招聘大学生做兼职访问员比较方便，这些人素质较高，容易培训，但是不便于管理，而且访问的质量深受大学生责任心的影响。一个调查公司一般招聘一两个专职的访问员即可，但兼职访问员有时则要几十个甚至几百个。

5. 电脑录入员

电脑录入员的主要职责是对收集到的问卷资料进行编码，并将数据资料输入电脑，以便研究人员做统计分析处理。此外他们通常也要负责一般资料性文件的电脑编辑、打印工作。电脑录入员要比较熟悉各种计算机软件的使用，键盘操作速度比较快。一个调查公司通常需要一个以上的电脑录入员。

6. 资料员

资料员负责各种一般性的商业资料的搜集、分类、整理和归档，以便研究人员查询。资料一般来自各种媒体，包括报纸、杂志、邮函或其他出版物等。一个公司一般要有一个或一个以上的资料员。资料员通常要具有档案管理方面的经验。

1.2.4　市场调查任务的承接

市场调查是整个市场营销领域中一个十分重要的元素，它把公众、消费者、客户和营销者通过信息联系起来。这些信息有这些功能：识别、定义市场机会和有可能出现的问题，制定、优化营销组合，并监测、评估其效果。市场调查的目的是为管理部门提供决策依据，可能是为了制定长远的战略规划，也可能是为了制定某个阶段或针对某个问题的具体政策或策略。市场调查的部门可以是企业、公司、团队等任何一切企事业单位的管理决策层或个人。虽然市场调查的内容十分广泛，但在具体实施中是根据客户实际情况"量体裁衣"的。

市场调查产生于市场决策需求，这种需求有时是显现的，有时是隐蔽的，隐蔽到有时连需求者自身也无法发现。所以，承接市场调查任务需要团队主动跟现实的或潜在的客户进行广泛的接触与交流，了解顾客、市场状况，了解需求，发现需求，并让他们明白需求。

本书遵循任务导向，工学结合，边学边做，需要每个团队以市场调查任务为载体开展学习。要求每个团队自行选择不同市场调查项目，在教师的指导下研究分析设计，按照项目流程和"任务书"要求，细化、落实调研任务，按教学进程一步步进行。因此每个团队必须选择、承接一个市场调查任务，可以外出承接实际的调查项目，也可以选择模拟的市场调查项目。下面列出一些模拟的市场调查项目，以供各团队学习时选择。

① 本市大学生消费状况调查。
② 本市大学生上网情况调查。
③ 本市居民使用国产家用电器意愿情况调查。
④ 大学生对学校后勤服务满意度调查。
⑤ 本市居民对电视台某个广告的认知度调查。
⑥ 大学生眼镜消费的调查。
⑦ 大学生电脑市场情况调查。
⑧ 大学生手机市场情况调查。
⑨ 大学生服装品牌消费情况调查。
⑩ 大学生旅游市场情况调查。
⑪ 某品牌家电的市场情况调查。
⑫ 大学生洗发用品市场情况调查。
⑬ 大学生基本生活费用调查。
⑭ 欲在我院周围开一家餐馆，请以此做一个市场调研。
⑮ 某公司欲投资进入"去厨房重油污"洗涤品市场，请为这家公司做个市场调研，为企业投资经营决策提供参考。
⑯ 欲在我院周围开一家小超市，请以此做一个市场调研。
⑰ 大学生对目前所学专业认同度情况调查。
⑱ 大学生课余时间支配情况调查。
⑲ 某品牌洗衣机的市场调查。
⑳ 大学生就业意向及职业选择调查。
㉑ 随着网络的日益发展，高校网络建设的逐步完善，网络与大学生的关系也越来越密切，与此同时也带来了诸多问题。网络其实是一把"双刃剑"，在给大学生提供便捷的交流平台和及时收集所需信息的工具的同时，也使不少缺乏自制力的大学生整日沉迷网络，很容易使大学生产生"网瘾"。针对大学生网络成瘾的问题展开调查。
㉒ 2008年年初，我国南方许多地区遭遇了历史罕见的低温雨雪冰冻天气，"雪灾"严重影响了当地群众的正常生活。在抗击这场特大自然灾害的过程中，中央空调不仅成为医院、商场、办公楼等大型公共建筑和普通居民家庭中最重要的取暖设备之一，还给受灾地区的群众送去了浓浓暖意和温馨关怀。在恶劣的天气条件下，中央空调充分显示了其制热速度快、制热量大等优点。但是，据用户反映，部分中央空调品牌的表现并不尽如人意，还存在制热效果差和售后服务滞后等问题。请就中央空调的使用满意度进行调查。
㉓ 每一个大学生似乎都有自己的"考证生涯"，其实如何正确区分和选择自己所需要的证书考试，是大学生们需要理性思考和冷静面对的，请就大学生考证问题进行调查。

【职业道德培育】中国市场信息调查业自律公约

第一章 总则

第一条 遵照"服务会员、服务行业、服务社会"的基本方针,为建立我国市场信息调查业行业自律机制,规范行业从业者行为,为市场信息调查业的发展创造良好的环境,依法促进和保障市场信息调查业健康发展,制定本公约。

第二条 本公约的适用范围是中国市场信息调查业协会的所有会员。

第三条 中国市场信息调查行业自律的基本原则是爱国、守法、公平、诚信。

第四条 倡议全行业从业者加入本公约,从维护国家安全和全行业整体利益的高度出发,积极推进行业自律,创造良好的行业发展环境。

第五条 中国市场信息调查业协会作为本公约的执行机构,负责组织实施本公约。

第二章 自律条款

第六条 自觉遵守国家有关的法律、法规和政策,宣传科学理论,传播先进文化,弘扬中华民族优秀文化传统和社会主义精神文明的道德准则,弘扬社会正气,倡导科学精神。积极推动市场信息调查行业的职业道德建设。

第七条 弘扬职业精神,恪守职业道德,鼓励、支持开展合法、公平、有序的行业竞争,反对弄虚作假、见利忘义采用不正当手段进行行业内竞争。反对狭隘偏见、恶性竞争。

第八条 自觉维护用户和被调查者的合法权益,保守用户和被调查者信息秘密;不利用用户和被调查者提供的信息从事任何与向用户和被调查者做出承诺无关的活动,不侵犯用户和被调查者的合法权益。

第九条 自觉遵守国家有关管理的规定,自觉履行行业自律义务:

(一)不发布或传播危害国家安全、社会稳定、违反法律法规的信息,自觉抵制有害信息的传播。

(二)在涉外调查和涉外交往中不泄露国家机密、损害国家尊严,严守法纪,严格纪律。

(三)发布或传播调查信息时,要遵守有关保护知识产权的法律、法规,确保调查信息内容的合法、真实、客观、公正,实事求是,出以公心,树立强烈的社会责任感,增强市场信息调查业道德意识。

第十条 自觉维护国家信息安全,拒绝调查有害信息,消除有害信息对国家安全、社会稳定的不良影响。

第十一条 尊重他人的知识产权,反对制作侵犯他人知识产权的信息产品,不抄袭、剽窃他人劳动成果。

第十二条 团结协作,友爱互助,同行间相互尊重,相互学习,加强沟通协作,研究、探讨我国市场信息调查业发展战略,对我国市场信息调查行业的建设、发展和管理提出政策和建议。

第十三条 支持采取各种有效方式,开展市场信息调查行业科研及服务等领域的协作,共同创造良好的行业发展环境。

第十四条 积极参与国际合作和交流,参与同行业国际规则的制定,自觉遵守我国签署的国际规则。

第十五条　自觉接受社会各界对本行业的监督和批评，共同抵制和纠正行业不正之风，切实加强行业自律。

第三章　公约的执行

第十六条　中国市场信息调查业协会负责组织实施本公约，负责向公约成员传递市场信息调查行业管理的法规、政策及行业自律信息，及时向政府主管部门反映成员的意愿和要求，维护成员的正当利益，组织实施市场信息调查行业自律，并对成员遵守本公约的情况进行督促检查。

第十七条　本公约成员应充分尊重并自觉履行本公约的各项自律原则。

第十八条　公约成员之间发生争议时，争议双方应本着互谅互让的原则争取以协商的方式解决争议，也可以请求公约执行机构进行调解，自觉维护行业团结，维护行业整体利益。

第十九条　本公约成员单位"涉嫌"违反本公约的，任何其他成员均有权及时向公约执行机构进行检举，要求公约执行机构进行调查。公约执行机构可以直接进行调查或授权委托第三方机构进行调查。根据调查结果，对于违犯规则的成员，根据情节轻重分别采取批评、内部通报和公开曝光的措施，对于影响特别恶劣，或坚持不改的，将解除其成员资格。

第二十条　各成员应对违反规则的成员形成舆论压力，对其不正当行为进行公开抵制。

第二十一条　本公约所有成员均有权对公约执行机构执行本公约的合法性和公正性进行监督，有权向执行机构的主管部门检举公约执行机构或其工作人员违反本公约的行为。

第二十二条　协会通过开展"重信誉、守诚信、创优质服务"等活动促进行业自律的实施和逐步深化。

第二十三条　本公约执行机构及成员在实施和履行本公约过程中必须遵守国家有关法律、法规。

第四章　附则

第二十四条　本公约经公约发起单位法定代表人或其委托的代表签字后生效，并在中国市场信息调查业协会网站公布。

第二十五条　本公约生效期间，经公约执行机构或本公约十分之一以上成员提议，并经三分之二以上成员同意，可以对本公约进行修改。

第二十六条　我国市场信息调查行业从业者接受本公约的自律规则，均可以申请加入本公约；本公约成员也可以退出本公约，并通知公约执行机构；公约执行机构定期公布加入及退出本公约的成员名单。

第二十七条　本公约由中国市场信息调查业协会负责解释。

第二十八条　本公约自公布之日起施行。

技能检测：扫描二维码进行在线测评

项目1 技能检测

项目 2 设计市场调查方案

把创意写成经营计划是一种创造的过程,是一段艰巨的孕育过程。为一项重要的投资方案拟定一份经营计划,也是如此。

项目 2　设计市场调查方案

目标	德育培养目标	(1)培养学生诚实守信、求真务实、勤奋踏实的品格,在市场调查中客观、真实、公正地开展调查工作,不弄虚作假,不诱导被调查者。 (2)培养学生客观严谨的工作作风和正确的工作态度,理性、正确对待调查中的虚假数据、虚假信息和错误结论
	知识学习目标	(1)掌握市场调查方案撰写的基本格式、每一部分的编写要领与内容要求,以及评价标准。 (2)理解市场调查主题、调查目的、调查任务、调查对象、调查单位、调查项目和调查内容的含义,掌握调查项目和调查内容的确定步骤和方法。 (3)了解市场信息收集的步骤,掌握普查、重点调查、典型调查、抽样调查等4种基本调查方式的含义、特点及其具体运用。 (4)掌握文案调查法、访问调查法、观察法、实验调查法、网络调查法的含义、特点及其具体运用。 (5)理解市场调查表的概念,掌握调查问卷的基本结构、问卷问题与答案设计的基本技巧
	职业能力目标	(1)能根据接受的实际调查任务,确定调查主题、确定调查目的与任务、确定调查对象、确定调查项目与具体内容。 (2)能根据实际情况选择合适的调查方式,并确定调查对象,能够正确选择合适的市场调查方法。 (3)能够根据实际调查需要合理设计调查表。 (4)能按要求设计撰写一份完整的市场调查方案,能进行合理的解释、说明汇报
	职业素养目标	培养学生口才表达、协调沟通、团队协作、理解、逻辑思维、创新、决策、自我管理能力
任务		任务 2.1　确定市场调查主题 任务 2.2　确定调查内容与对象 任务 2.3　确定调查方式 任务 2.4　确定调查方法 任务 2.5　设计调查表 任务 2.6　撰写和提交调查方案
重点		市场调查的方式、方法,调查表的设计
难点		市场调查的4种调查方式和5种调查方法
方法		项目教学法、任务驱动法、情境教学法、角色扮演法、头脑风暴法、案例教学法

项目 2 设计市场调查方案

任务 2.1 确定市场调查主题

任务布置

任 务 单		
任务 2.1　确定市场调查主题		
任务描述	笔记本电脑、手机和平板电脑悄然成为大学生进入大学校园的流行装备"三件套",其中手机更是成为人手一部的必备单品,市场容量巨大。为评估某品牌手机在本学院的营销环境,手机生产商要求市场调查部门组织一次关于本学院手机市场情况的市场调查。 以自己所在学院为背景,开展小组讨论,确定"本学院手机市场调查"的调查主题和调查目的	
任务目标	(1) 理解市场调查主题和目的的含义,掌握确定的步骤和方法。 (2) 能根据调查任务,确定调查主题;能根据主题确定调查目的和任务	
实施指导	任务分析	通过对资料搜集和分析,了解企业的历史背景、营销环境和未来发展,明确市场调查意图和任务,从而确定调查主题和调查目的,达成任务
	理论补给	(1) 市场调查方案概述。 (2) 确定市场调查主题。 (3) 确定调查目的
	实施过程	(1) 搜集资料,了解企业的历史背景和营销环境。 (2) 通过企业市场部负责人进行了解,明确市场调查意图。 (3) 小组讨论,确定市场调查主题和目的。 (4) 小组汇报展示。 (5) 教师点评
	拓展提高	分析"数据获取"案例,准确分析数据来源,理解虚假数据的危害,端正工作态度,健全诚实守信的人格
执行记录	执行团队	
	任务执行	
	任务汇报	
	教师点评	
成绩评定	个人自评	
	小组互评	
	教师评价	
	总　　评	

案例导入

养老市场调查方案

一、摘要前言

随着中国经济社会的快速发展,人口老龄化是一个很严峻的问题,所以养老问题很重要。我们应该怎样让自己的父母和亲人能够老有所依、老有所乐是现在应当考虑的问题。所以,"银发经济"在当前社会有很好的市场前景。

二、背景

在这个快速发展的社会,我们的生活中貌似没有什么特别欠缺的东西。但我们有一个不得不考虑的问题就是等我们老的时候该怎么办,怎么才能像年轻时那样去享受人生、享受生活。从调查研究来看,我国的人口老龄化很严重,也就是说,我们的养老问题是一个大问题。现在养老需求服务面对的问题很多,比如,养老机构的有效需求和有效供给不足、相应的管理人员专业水平较低、老年人活动场所少等。在这样的背景下我们研究养老市场很有必要。

三、调查目的和意义

通过调查养老市场的现状并对其进行分析、研究,我们充分了解养老市场的发展空间和需求,为更好地开发养老市场、合理制订养老计划提供有用的资料。做此调查有利于我们充分了解老人的需求,然后更好地服务社会上有养老需求的人们。不仅从物质上,还从精神上让更多的老人们能够老有所依、老有所乐,从而保障老年人的生活质量。

四、调查内容

宏观市场的调查:①宏观经济及政府规划;②养老市场现状。

需求市场调查:①市民的住房要求;②市民的生活质量需求;③市民价格支付能力;④购买人群;⑤购买决策;⑥购买偏好。

竞争市场调查:①竞争者的项目情况;②竞争者的市场营销策略;③竞争者的市场细分的依据及方法。

项目自身情况调查:①项目自身的整体研究及特性;②项目的地理位置及费用问题;③项目公司的组成。

五、调查范围

选择某地区,在这一区域内对一些与养老行业相关的商家、厂商、业务销售员及客户进行访谈,从中获得自己所需要的资料。

六、调查采用的方式和方法

调查的方式、方法有很多,比如文献法(通过书面材料、统计数据等文献对研究对象进行间接调查)和观察法(现场观察,凭借感觉搜集数据资料),而我们常用的一种方法就是问卷调查法,即向有关人员发放调查问卷,然后回收,根据有关人员的回答进行分析研究。当

然调查中我们应当注意的问题有很多，比如调查老人的一些喜好、习惯，还有我们调查过程中的经费等。

七、资料分析及结果提供形式

进行资料分析的方法也有很多，通过对相关人员的访问调查，资料搜集，我们可以采用表格等方式进行分析，进而得出结论，然后才能够帮助我们做好下一步工作。资料分析的结果可以用表格、图形等方式表达出来，也可写一份调查报告。

八、调查进度安排和经费预算表

项　　目	时间安排（天）	经费预算（元）
搜集调查所需资料	2	1000
设计调查问卷	2	1000
问卷的分发收取	5	3000
对问卷进行分析整理	3	2000
得出最后结论	1	1000

九、附件：养老需求调查问卷

思考 根据以上案例，讨论什么是市场调查方案，以及一份市场调查方案应该包括哪些内容。

【理论补给】

2.1.1　市场调查方案概述

1. 市场调查方案的含义

市场调查方案又叫市场调查计划书、市场调研策划书，是根据调查研究的目的和调查对象的性质，在进行实际调查之前，经过对调查工作各方面、各阶段任务的通盘考虑和安排，提出的实施方案。它不仅制定出合理的工作程序，还是整个调查项目的构架和蓝图，使所有调查人员统一步调、统一标准，保证调查工作有秩序、有步骤地顺利进行。

调查方案的设计是整个调查过程的开始，其地位十分重要。在调查方案的设计中，需要把已经确定的市场调查问题转化为具体的调查内容，通过调查指标的方式表现出来，并对调查指标做出明确定义。调查方案的设计能体现调查人员对所研究的问题在认识方面的广度和深度，同时，调查方案的设计还会面临一些具体的选择。例如，研究一个相同的问题，可以采用不同的调查方式，可以采用随机抽样，也可以采用非随机抽样；可以采用入户问卷调查，

市场调查方案的含义

也可以采用实验法和观察法等不同的数据采集方法。不同的选择方式和不同的数据采集方法在反映问题的数量特征方面是有差异的,有时可能还会导致结论的改变。此外,在调查过程中,许多因素会影响调查结果的准确性,但是,对于不同的问题和不同的调查方法,因素的影响程度是不一样的,要对问题进行判断、权衡。所以,市场调查方案对设计人员提出了很高的素质要求,不仅要求设计人员具有丰富的市场调查专业知识,还要求设计人员具有丰富的调查实践经验,能够根据实际情况,选择最佳的方法组合。

市场调查方案的基本内容与设计流程如图 2.1 所示。本项目通过任务导向,设计了确定市场调查主题、确定调查内容与对象、确定调查方式、确定调查方法、设计调查表、撰写和提交调查方案等任务。

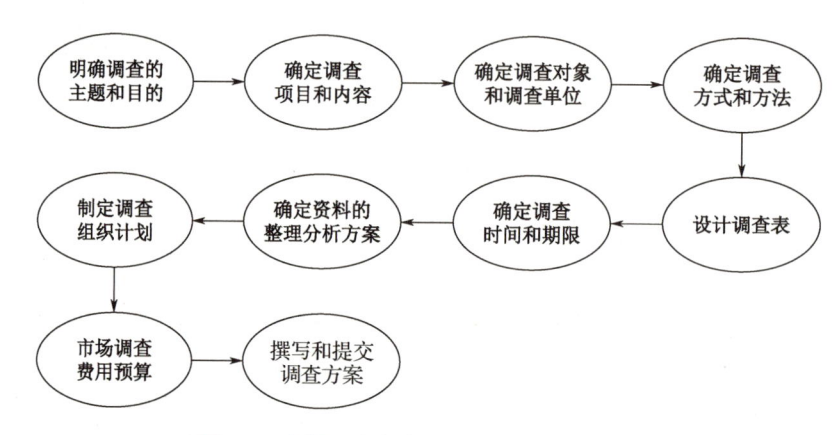

图 2.1 市场调查方案的基本内容与设计流程

2. 案例背景

为了更好地完成本项目任务,保证任务执行操作流程的整体性,本教材设计了一个实际的市场调查方案"情境"案例,贯穿本项目的全过程。

某轿车经销商 A 在某市从事轿车代理经销多年,有一定的经营实力,商誉较好,知名度较高。但近两年,某市又有了几家轿车经销商,这对经销商 A 的经营造成了一定的冲击,经销商 A 的轿车销售量有所下降。为了应对市场竞争,经销商 A 急需了解某市居民私家车的市场普及率和市场需求潜力,了解居民对轿车的购买欲望、动机和行为,了解现有私家车用户有关轿车使用方面的各种信息,以便调整公司的市场营销策略。为此,经销商 A 要求市场调查部门组织一次以"某市居民轿车需求与用户反馈"为主题的市场调查。

2.1.2 确定市场调查主题

1. 市场调查主题的含义

调查主题就是调查的主要问题。市场调查是一项有意识、有目的地收集信息资料的活动,主要目的是为决策者提供决策所需信息。

在企业每天的经营活动中,各个部门可能会面临这样或那样的问题,例如,经过千辛万

项目 2　设计市场调查方案

苦开发出来的新产品没有得到市场的认可，销售局面迟迟不能打开；由于企业缺乏知名度，产品在国际市场上的竞争能力弱；产品研发部门刚刚立项，准备新的开发计划，突然传来市场上已有同类产品的消息……遇到这些令人烦恼的问题，很自然就会问"怎么办""如何才能加以改正"等。

如果你是专业公司的一名市场调查人员，当遇到这样的问题时，你会怎么办呢？调查人员不要急于制订市场调查计划，应该先围绕问题，与相关人员进行充分的研究分析，以问题为基础，从分析中找出原因，这样才能清晰地确定调查意图，最终调查才会有意义。

例如，某公司发现其产品销售量已连续 6 个月下降，管理者想知道真正原因究竟是什么，是经济衰退、广告支出减少、消费者偏好改变，还是代理商推销不力。市场调查人员应先分析有关资料，然后找出问题并进一步做出假设、提出研究目标。假如调查人员认为上述问题是因为消费者偏好改变，再进一步分析，提出若干假设，例如，消费者认为该公司产品的设计落伍、竞争产品品牌的广告设计较佳等。

因此，开展市场调查首先要明确企业为什么开展市场调查，要解决的问题是什么，最终确定调查目标。

确定市场调查主题应当包括经营管理决策主题和具体的市场调查主题这两个层面的内容。经营管理决策主题是指企业在经营管理中所面临的问题，主要回答决策者需要做什么，关心的是决策者可能采取的行动，属于行动导向型的主题。例如，如何进一步提高市场占有率、是否向市场推出系列产品、是否需要利用广告进行促销，等等。

市场调查主题是信息导向型的主题，它以信息为中心，它的主要内容是确定需要什么信息，以及如何有效地获取信息。在实际情况中，只有确认好经营管理者想做何种决策后，我们才能最后确认市场调查的主题。

例如，经营管理决策主题是"应该推出新产品吗"，将它转化为市场调查主题则是"确认顾客对计划推出新产品的偏好和购买意愿"。又如，经营管理决策主题是"应该改变广告促销方式吗"，将它转化为市场调查主题则是"确认现有广告促销方式的效果"。

案例分析 2.1　卡西欧公司的市场调查

日本卡西欧公司自成立之初，便以产品的新、优而闻名世界，其新、优主要得力于市场调查。卡西欧公司的市场调查主要是销售调查卡，该卡只有明信片大小，但考虑周密，设计细致，调查栏目中各项内容应有尽有。第一栏是对购买者的调查，包括性别、年龄、职业等。第二栏是对使用者的调查，包括购买者本人、家庭成员及其他相关人员。每一类人员中，又有年龄和性别之分。第三栏是对购买方法的调查，包括个人购买、团体购买及赠送等。第四栏调查购买者是如何知道该产品的，从商店橱窗、报纸杂志广告、电视台广告看见，还是朋友告知或看见他人使用等。第五栏调查为什么选中该产品，所拟答案有"操作方便""音色优美""功能齐全""价格便宜""商店介绍""朋友推荐""孩子要求"等。第六栏调查使用后的感受，所拟答案有"非常满意""一般满意""普通满意""不满意"。另外几栏还分别对机器性能、购买者所拥有的乐器、学习乐器的方法和时间、所喜爱的音乐、希望有哪些功能等方面做了详尽的设计，为企业提高产品质量、改进经营策略、开拓新市场提供了可靠的依据。

思考 ① 卡西欧公司市场调查的主题是什么？

② 卡西欧公司的市场调查涉及哪些内容？

2. 确定市场调查主题的方法

（1）与企业决策者进行充分的交流，明确市场调查意图

① 选择恰当的时机和方式，对企业决策者进行访问。为了发现管理方面的问题，调查者必须擅长与决策者接触，选择恰当的时机和方式，对企业决策者进行访问。应注意的是，一家企业可能不止一位关键决策者，无论是单独见面还是集体见面，都可能有困难。调查者应该根据企业面临的问题，有意识地首先选择与直接相关的决策者见面，进行访谈。

② 对问题进行初步分析。这时的问题分析是一种为了找到营销问题的实质和产生原因而进行的全面综合检查。对问题的分析主要包括以下内容。

a. 导致企业必须采取行动、进行决策转变的事件，或者问题的演变过程。例如，某企业产品的销售在短期内突然出现市场份额急剧下降的情况。

b. 针对以上问题，分析最有可能的影响因素，以及决策者可以选择的不同措施，包括近期措施和长远措施。例如，某产品市场份额短期内大幅下降，主要原因是"产品陈旧""价格过高""消费者偏好发生转移"，还是"广告不新颖"等。

c. 企业决策者希望的市场情况。

d. 评价有关新措施的不同选择标准。例如，对生产新的产品，可以用销售额、市场份额、营利性、投资回报等标准进行评价。

e. 与制定新措施有关的企业文化。了解企业文化有利于市场调查工作的组织与实施、调查结论的提交。

③ 与决策者沟通时的注意事项。

a. 调查人员与决策者自由地交换意见在调查活动中是非常必要的。决策者应与调查人员相互合作、相互信任。

b. 营销调查是一项群体活动，在调查人员与决策者的接触中，双方必须坦诚，不应该有任何隐瞒，必须开诚布公。

c. 调查人员与决策者的关系必须友善、密切。决策者与调查人员应保持持续接触，而不是偶尔接触。

d. 作为专业调查人员，与决策者的接触应具有创新性，而不能模式化。

（2）与产业专家进行交流

作为专业调查公司的一员，在确定调查目标时，与决策者的访谈告一段落后，紧接着应该与对公司和产品制造非常熟悉的产业（行业）专家进行交流。这里所称的专家包括委托单位内部的专家和外部的专家。在对专家进行访谈的时候，调查人员一定要全神贯注，专家的知识与经验可以从随意的个人交谈中获得，调查人员也无须制作正式的调查问卷。

① 进行专家访谈，先列出访谈提纲。在与专家见面之前，应该事先将访谈内容列一个提纲，但是访谈时无须严格按照提前准备的题目顺序和问题进行，可以对计划进行随机调整，只要达到获得专家知识的目的即可。与专家会面，只是为了确定调查问题，不要期望马上找到解决问题的方法。

② 要善于甄别专家，有选择地吸收其经验。与专家交流这种方法更多适用于为工业公司或产品技术特性而进行的营销调查，这种方法也适用于没有其他信息来源的情况。例如，对一个全新的产品进行调查，专家对现有产品的改造和重新定位可以提供非常有价值的建议。

（3）了解企业背景因素

任何问题或机会的产生都存在于一定的背景之中，了解背景有助于更准确地认识和把握调查主题。为了了解市场调查主题的背景，调查人员必须首先了解客户的公司和产业，尤其应该了解对确定调查主题会产生影响的各种因素，例如购买者的行为、法律环境、经济环境，以及公司营销手段和生产技术等。

① 了解企业的历史资料和发展趋势。了解企业的销售量、市场份额、营利性、技术、人数及与生活方式有关的历史资料和未来发展趋势，能够帮助调查人员理解潜在的调查主题，对历史资料的分析应该在产业和公司的层面上进行。例如，一个公司的销售业绩下滑，而同时整个产业的销售业绩却在上升，这和整个产业销售业绩同时下滑是完全不同的问题，前者可以具体到这个公司。了解企业的历史资料和未来发展趋势对于发现潜在的问题和机遇很有价值，尤其是在公司资源有限或面临其他限制条件的时候。

② 了解企业的各种资源和调查面临的限制条件。作为专业调查公司，如果想要恰当正确地确定调查主题的范围，必须要考虑公司可以利用的资源（如公司和调查技术），以及面临的限制条件（如成本和时间）。任何调查项目都必须考虑经费支持的限度。如果一个大规模的调查项目需要花费10万元，而公司的预算经费只有4万元，显然这个项目不会被企业管理者批准。在很多时候，市场调查主题范围不得不被压缩以适应预算限制。比如，在对公司的客户进行调查时，就会将调查范围从全国压缩到几个主要的区域市场。

一般情况下，在市场调查计划中只增加少量成本，就会使调查主题的范围大幅度扩展，这会显著增强调查项目的效用，也容易获得委托单位管理者的批准。

③ 分析决策者的目标。在确定经营管理决策主题时，必须分清两个目标：组织目标和决策者个人目标。组织目标有时比较概括和抽象，对它的描述常常是笼统的，而不是准确的，如"改善企业的形象""增强企业的竞争力"等。调查人员必须有能力把概括性的目标分解，找出具体目标。一个经常使用的方法就是，就一个问题当面告诉决策者各种可行的思路，然后问决策者愿意采取哪种解决思路，如果决策者回答"不"，就进一步寻找新的目标，使调查服务于组织目标和决策的需要。

（4）了解企业环境因素

① 了解消费者的行为。消费者的行为是市场环境调查的一个重要组成部分。在大多数的营销决策中，所有的问题都会回到预测消费者对营销者具体行为的反应上来。理解潜在的消费者行为对于理解市场调查问题非常有用，预测消费者行为应考虑以下因素。

a. 消费者和非消费者的人数及地域分布。

b. 消费者人口统计和心理特征。

c. 产品消费习惯及相关种类产品的消费。

d. 传播媒体对消费行为和产品改进的反应。

e. 消费者对价格的敏感性。

f. 零售店主要光顾人群。

g. 消费者的优先选择。

② 了解企业所处的法制环境。法制环境包括公共政策、法律、政府代理机构。重要的法律领域包括专利、商标、特许使用权、交易合同、税收、关税等，法律对营销的每一个组成部分都有影响。

案例分析 2.2　康泰克的代价

康泰克是中美天津史克公司于 1989 年推出的一种治疗感冒的药物，通过这些年的广泛宣传，已家喻户晓，成为很多消费者治疗感冒的选择。"当你打第一个喷嚏时，康泰克 12 小时持续效应"的广告已成为广告界的佳话。11 年间康泰克在市场的累计销量已经超过 50 亿元（截止到 2000 年年底），年销售额高达 6 亿元，在感冒药市场中占据较高的市场份额。但是 2000 年 10 月份国家药品监督管理局颁布禁止销售含有 PPA（苯丙醇胺）的药物通告，不仅让使用过该药的患者感到担心和失望，对中美天津史克公司更是当头一棒，还使中美天津史克公司面临着销售额、利润下降等多方面的沉重打击。据 2001 年 9 月 6 日的《市场报》报道，在康泰克退出市场不到一年的时间里，中美天津史克公司的直接经济损失就高达 6 亿元。

与此同时，其他竞争者迅速进入感冒药市场，瓜分康泰克退出的市场。作为国内外闻名的医药生产者，中美天津史克公司难道从未想到过会有这一天吗？

其实早在 3 年前，美国食品药品监督局就委托哈佛大学某药物研究所对 PPA 造成的副作用进行跟踪及研究。对于这一信息，美国史克公司总部不会不知道，中美天津史克公司也不会不晓得。但他们都没有考虑此研究结果对康泰克将造成什么样的不利后果，并没有积极准备补救措施，没有及时研究市场的需求状况，更没有及时开发不含 PPA 的替代产品，致使在康泰克被禁止销售后，中美天津史克公司无法在短期内生产出不含 PPA 的感冒药。而美国一些生产含有 PPA 的感冒药厂家在得知哈佛大学某药物研究所正在对含有 PPA 的药物进行研究调查后，就迅速开始寻找替代品，掌握了药品市场的主动权。

虽然在沉寂了 292 天之后，中美天津史克公司终于推出用盐酸伪麻黄碱取代 PPA 的"新康泰克"，但中断 292 天生产造成的市场空隙已很难迅速填补，即使得以填补，其代价也是相当惨重的。

思考 发生这些问题的原因是什么？其他企业该从中得到哪些启示呢？

③ 了解企业所处的经济环境。市场调查主题的环境内容的另一个重要组成部分是经济环境，包括购买力、收入总额、可支配收入、价格、储蓄、可利用的信息及总的经济形势。

④ 了解企业的营销及技术手段。一家企业的营销及技术手段会影响营销项目和战略的实

施。从更大的范围来说，技术环境的其他组成部分也应被考虑在内。技术的进步，如计算机的持续发展对营销调查产生了深刻的影响。

例如，计算机的结账系统，使超级市场经营者能够每天了解消费者对产品的需求，并能随时向调查者提供相关的数据。这样，零售的信息就能随时获得，这不仅包括公司品牌，还包括其他竞争性的品牌。数据收集的快速性和精确性使调查者能够对复杂的问题，如改进产品带来的市场份额的每日变化进行研究调查。

（5）确定市场调查主题

通过与企业决策者沟通、与产业专家交流，进行资料分析，了解营销问题背景的一系列工作，实际上是调查者对企业做了一个摸底调查。在此基础上，可以根据项目要求确定市场调查主题，明确调查方向。

例如，零售商店最近 6 个月的销售额同比下降了 20%，这种情况可能是竞争加剧引起的，也可能是营销策略制定不当所致，如果是后者，则需要说明是哪项策略，具体原因是什么。

调查主题的确定是一个从抽象到具体、从一般到特殊的过程。调查者首先应确定调查的范围，找出企业最需要了解和解决的问题；然后分析现有的与调查问题有关的资料，如企业销售记录、市场价格变化情况等，在此基础上明确本次调查需要重点收集的资料，明确目标。在确定调查主题的过程中，调查者应避免两种错误：一是过于空泛，以至于不能为整个调查方案提供清晰的指导。例如，探寻企业的营销策略问题、企业形象影响因素问题等，都过于宽了，使调查无从下手；二是主题被确定得过于狭窄，如研究"消费者最喜欢产品的哪种口味"问题，由于研究的主题过于狭窄，限制了研究者的视角，妨碍调查真正经营决策所需要的重要信息。因此，为了避免犯这两种错误，主题的确定既要考虑管理信息需求，又要考虑获取信息的可行性及信息的价值，以保证所确定的调查主题具有价值性、针对性和可操作性。

案例分析 2.3　市场调查主题的错误确定

背景与情境：在一项为某消费品公司进行的调查中，管理决策主题是"如何对付某竞争对手发动的降价行动"，由此，调查人员确定的市场调查主题为：做相应的减价以应对该竞争者的价格；维持原价格但加大广告力度；适当减价，不必与竞争者相适应，但适当增加广告量。事实证明，以上述调查主题为中心的调查并没有给公司带来令人满意的结果。后来，这家公司请来调查专家展开专业调查，才真正改变了公司的面貌。首先，专家将调查的主题确定为"扩大市场份额，加强产品线的生产能力"，其次，通过定性研究，结果表明：在双盲试验中，消费者并不能区分不同品牌的产品，而且，消费者将价格当作指示产品质量的一个因素。这些发现就导出了另一条有创造性的备选行动路线：提高现有品牌价格的同时引进两个新品牌，一个品牌的价格与竞争者相适应，另一个品牌将价格降得更低些。

思考　在该公司调查中，为什么围绕背景所述的起初的调查主题开展的调查，并没有给公司带来满意的结果？该公司的第二次调查是如何确定调查主题的？

分析提示　在该公司的调查中，起初的调查主题太具体，以至于成了备选行动，而备选行动可能都没有什么希望。后来经过向专家咨询，对所要调查的主题重新进行确定，第二次将调查主题确定为"扩大市场份额,加强产品线的生产能力",主题确定得既不过于空泛,又不过于狭窄,并且经过定性调查后,对所要调查的主题更加清晰、准确了。

案例演示 2.1

提出问题:某企业牛奶销量逐年下降

第一步:确定调查研究任务,建立理论假设。

理论假设可以根据实践经验提出,根据以往理论推出,从推测中提出。提出假设如下:

① 销量减少是因为本公司一直在推行全脂牛奶,而人们越来越多地消费低脂牛奶。

② 销量减少是因为本公司的促销活动太少,而其他公司却经常进行促销活动。

③ 由于社会上流传着牛奶油脂含胆固醇并使体重过重的说法,全脂牛奶、奶油等的销量已经减少,普通奶酪和低脂牛奶的销量已有增加。

④ 代用品销量的增加,使牛奶制品销量减少。

⑤ 竞争者在低价销售他们的产品,抢走了销售机会。

⑥ 由于增加了工资导致价格提高,使本公司失去了家庭订户的销量。

第二步:非正式调查。

① 公司的历史和现状——了解公司过去和现在是如何经营管理的。

② 公司的产品和劳务——目前正在销售的产品是否有代用品?如果有,它们有什么优点?有什么特性的产品容易销售?

③ 公司与整个行业的关系——了解其他牛奶公司是否存在同样的问题,它们的规模、产品、利润、场址、设备和财力如何?

④ 销售渠道——研究本公司的销售渠道和销售策略。

⑤ 市场情况——测定人们对本公司的消费需求是否改变,并把本公司的销售情况与竞争者的相比较。

⑥ 促销活动——研究本公司与竞争者的广告、包装、宣传等促销活动。通过调查否决①④⑤⑥ 4 个假设,进一步加强对②和③两个假设的资料搜集,得出答案:本公司的产品销量一直在下降,是由于消费者看法、购买行为和选择牛奶制品的使用者的改变。

第三步:对②和③假设正式调查,并确定调查主题和重点。

① 怎样用最经济的促销技术,既提高公司的奶制品的销量,又不增加产品成本。

② 如何用广告活动吸引顾客,并使关于牛奶油脂含胆固醇且使体重过重这种说法的影响降到最低。

2.1.3 确定调查目的

调查目的根据调查的主题来确定。确定调查目的,就是明确在调查过程中要解决哪些问题,通过调查要取得什么样的资料,取得的资料有什么用途,能给企业带来哪些决策价值、经济效益、社会效益,以及在理论上的重大价值等

确定调查目的

问题。只有确定了调查目的，才能确定调查的范围、内容和方法，否则就会列入一些无关紧要的调查项目，漏掉一些重要的调查项目，无法满足调查的要求。

市场调查从总的方面来看，其目的是提供市场信息，研究市场发展和经营决策中的问题，为市场预测和经营决策服务，衡量一个调查设计是否科学的标准，主要是看方案的设计是否体现调查目的，是否符合客观实际。

例如，在天天健口服液电视广告效果调查方案中，其调查目的就十分明确，调查目的为"分析现有的各种广告媒介的宣传效果，了解现行的广告作品的知晓度和顾客认同度，了解重点销售区域华南和华东地区市场的消费特征和消费习惯，为天天健口服液2016年度的广告作业计划提供客观的事实依据，并据此提供相应的建设性意见。"

实际上，有的客户对市场调查比较熟悉，所提要求也十分明确。比如德国汉高化学品公司委托西安菲伦市场研究公司所做的建筑用螯合剂的中国市场调查，提出包括市场、需求、竞争对手、未来发展趋势四方面的各种指标60个。而有些对市场调查还不熟悉的客户，提出的问题未经考虑，范围广泛，这就需要调查人员针对企业本身和企业想要了解的问题进行调查、访问，熟悉企业背景，讨论企业的生产、销售情况，明确企业调查的目的和内容。比如"凯迪牌山地车的市场调查"，就是为山地车进行广告宣传，从方式到内容提供决策依据，确定了目标顾客、需求特点、竞争对手情况三方面调查内容。

实际写作的基本格式是：了解或收集……（指调查的主要内容或任务）等方面的信息，为……（指调查主题）决策服务（或提供信息支持）。

案例演示 2.2

"某市居民轿车需求与用户反馈调查"的调查目的如下：

调查目的是了解或收集居民轿车需求与现有用户使用等方面的各种信息，为公司调整、完善市场营销策略提供信息支持。调查任务为准确地系统地搜集该市私家车市场普及率、市场需求潜力、购买动机与行为、用户使用状况等方面的信息。

【职业道德培育】数据获取案例

背景与情境：几个月前，一个做家用电器的公司花钱从一家市场调查公司买了一组数据，这组数据非常有利于他们公司的销售；十几天前，他们又从这家公司获取了一组数据，但不是买的，情况就大不一样了，新数据非常有利于其竞争对手。

问题 针对上面案例所述情况，你有何感想？

分析提示 该情况说明在市场调查数据背后存在着不光彩的金钱交易。本应成为激烈竞争中企业的导航灯的市场调查业，由于利益的诱惑，自身已有偏离方向的危险。市场调查公司向客户提供虚假数据，这是严重背离职业道德的。

任务 2.2 确定调查内容与对象

任务布置

任务单		
任务 2.2 确定调查内容与对象		
任务描述	笔记本电脑、手机和平板电脑悄然成为大学生进入大学校园的流行装备"三件套",其中手机更是成为人手一部的必备单品,市场容量巨大。为评估某品牌手机在本学院的营销环境,手机生产商要求市场调查部门组织一次关于本学院手机市场情况的市场调查。 以自己所在学院为背景,开展小组讨论,确定"本学院手机市场调查"的调查项目与内容,调查对象和调查单位	
任务目标	(1) 理解、掌握调查项目、调查内容、调查对象与调查单位的含义。 (2) 能根据调查任务、调研主题和目的,正确确定调查项目与内容、调查对象与调查单位	
实施指导	任务分析	从调查目的出发,确定调查项目与内容,然后确定调查对象与调查单位。调查内容决于调查目的和任务,在明确调查目的后,为了达到调查目的需要收集哪些方面的信息,这些信息就是调查内容,即调查任务的进一步具体化、明确化。而不同的调查内容需要到不同的人或组织中去获取,这些在调查目的限定范围内的人或组织就是调查对象
	理论补给	(1) 调查项目和主要内容。 (2) 市场调查对象和调查单位
	实施过程	(1) 小组讨论,根据调查目的确定此次调查的宏观环境、竞争者、消费者、产品策略、价格策略、促销策略等调查项目。 (2) 综合考虑信息数据的可获得性,确定每个调查项目的具体调查内容。 (3) 根据调查目的和任务,确定调查的范围及所要调查的总体和个体单位。 (4) 小组汇报展示。 (5) 教师点评
	拓展提高	讨论"小乔职业事件"的启示,端正工作态度,健全诚实守信的人格,形成认真敬业的工作作风
执行记录	执行团队	
	任务执行	
	任务汇报	
	教师点评	
成绩评定	个人自评	
	小组互评	
	教师评价	
	总 评	

案例导入

大学生消费市场情况调查

大学生是一个独特的消费群体，其知识水平相对较高，愿意尝试且容易接受新鲜的事物和理念。虽然他们的消费能力相对偏低，但人数庞大，消费领域集中。更重要的是，现在的大学生在不久的将来是整个中国社会的中坚力量和消费主体，谁抓住了他们，谁就抓住了未来的市场，所以，国内、国外的众多厂商纷纷把目光投向大学校园，比如飞利浦公司放弃赞助中国足球协会杯赛，转而赞助中国大学生足球联赛，就是一个很好的例子。现在，我们对自己所在校园或周边的大学校园内的商业推广活动进行调查，以深入了解大学生这个特殊的消费群体，挖掘其中蕴含的商机，为商家提供决策依据。针对此调查主题，我们设计了如下调查内容：

① 大学校园内的主要媒介。
② 大学校园中最常规、最普遍的商业推广形式。
③ 大学生对商业推广活动的态度。
④ 最适合在大学校园中推广的产品类型。
⑤ 大学生最喜欢的推广形式。
⑥ 几个商业推广形式的影响效果比较。
⑦ 大学生的消费观。

思考 根据以上案例，你认为应该如何确定调查内容？本案例的调查内容除了以上几个方面，还应该有哪些？

【理论补给】

2.2.1 调查项目和主要内容

调查项目和主要内容就是向被调查者了解哪些问题，收集哪方面的信息资料。调查项目是主要内容的概括，主要内容是调查项目的具体化。调查项目和主要内容的确定取决于调查的目的和任务，以及调查对象的特点与数据资料搜集的可能性。

市场调查的内容比较广泛，企业面临的营销问题不同，调查的内容也不同。企业可以根据市场调查的目的确定市场调查的内容，市场调查的内容大致可分为市场宏观环境调查、市场行业环境调查和企业内部环境调查。市场调查内容的分类、具体项目及详细内容如表2.1所示。

表2.1　市场调查内容分类表

调查大类	具体项目	详细内容
市场宏观环境调查	自然环境	气候条件、地理条件、自然资源等
	政治法律环境	对市场产生影响和制约的各种政策、法规、法律制度。如进出口贸易、信贷政策、产业政策、利率政策等
	经济发展环境	工农业发展水平、人均可支配收入、国民生产总值、科技发展水平等
	社会文化环境	宗教信仰、文化结构、思想意识、思维方式、艺术创造力、价值观念、受教育程度、社会地位、生活习惯、审美观念、家庭组成、风俗习惯、传统文化、消费习惯、消费者的审美标准、消费者对商品的理解和判断
	科技环境	与产品和服务有关的科技发展状况，如最新发明、技术更新、新材料使用、科技攻关方向等
市场行业环境调查	市场需求	市场知名度、占有率、市场现有规模及发展潜力、产品需求发展趋势、同类产品销售状况、营销策略、销售渠道等
	市场供给	产品货源质量、供货商、货源渠道、供货能力、货源竞争格局；货源供给的来源渠道、价格、可信度、供货能力；供货商的商品设备、资金、员工的工作能力等
	分销渠道	竞争对手的销售渠道选择；企业现有销售渠道的发展状况对企业业绩的影响；各代理商、批发商、零售商的信誉程度，销售者对产品的了解程度，企业对分销渠道的控制能力；分销渠道的成本及发展状况；销售网的分布及其合理性；运输网络；企业的分销能力
	市场竞争者	整个市场竞争者的状况，含销售状况、分销渠道、营销策略等；竞争者商品市场的占有率，产品设计、性能、类型，以及对本企业产品的威胁程度；竞争者的定价策略、产品价格、利润状况；竞争者提供的销售服务和质量保证；主要竞争者占有的市场份额；主要竞争者的未来发展策略、营销手段、市场定位；主要竞争者的优势、劣势、竞争方式、发展势头
	市场消费者	人口数量结构：年龄结构、性别结构、家庭状况结构、教育程度结构等；消费结构：食品、住房、衣服、娱乐等各大类消费比例关系；消费者的消费行为：购买动机、消费的时间和地点、购买量、购买方式、获取商品信息的渠道、期望的商品价格、消费水平、消费者的消费习惯、影响消费者消费行为的因素、消费者的特殊爱好等
企业内部环境调查	产品	产品的设计、制造、质量、原材料供应等情况；影响产品生产的技术、工艺、材料；市场上是否存在潜在的替代品，消费者对产品质量、性能、外形、包装有何需求；产品目前所处的生命周期，产品是否具有较强的生命力；消费者对产品的满意程度，竞争对手对该产品采取何种改进和反营销策略
	价格	产品定价策略、价格水平；消费者对商品价格的敏感程度；市场上影响商品价格变化的主要因素；价格变化对销售量的影响，不同定价策略对产品销售量、销售利润的影响
	营销手段	各种营销手段的操作难易程度、效果；消费者对营销手段的认同程度；营销手段实现的费用与收益比
	广告	广告主题、广告媒体的收视率与收听率、广告效果、广告费用与收益比、竞争对手的广告策略
	商品服务	商品的销售服务和用户使用商品后的反馈意见；用户购买商品后的满意程度；自身的商品服务和竞争对手的商品服务对比；用户期望的商品服务
	品牌和企业形象	商品品牌、商标和企业标志，顾客的理解接受程度；关于商品品牌和企业形象的评价；品牌和企业的知名度、美誉度；商品品牌和企业在市场、同行业中的影响力

案例分析2.4　步步高超市开展消费者调研

步步高超市是一家规模较大、具有30年经营历史的本土商业企业，在多年的经营过程中，保持了较好的商誉，深受当地消费者的欢迎。但是，自从步步高超市的正对面开了一家与其规模相当的超市后,尽管步步高超市同类商品价格低于竞争对手,但其客流量还是不断减少,效益明显下降,为此步步高超市的高层人员与市场调查部门充分沟通后,确定以"消费者对本超市的看法和购物态度"为主题进行市场调研,以便发现问题,并采取针对性措施,提高竞争力,增加客流量。

根据调查主题与调查目的可以确定步步高超市此次调查的内容为:①了解消费者的基本情况;②了解消费者在购物时选择超市的主要因素;③了解竞争对手吸引消费者的主要原因;④了解步步高超市在消费者心中的地位与形象。具体调查项目和内容如下(见表2.2)。

表 2.2　步步高超市调查项目和内容

类　别	项　目	选　项
个人基本情况	年龄	20岁及以下、21~30岁、31~40岁、41~50岁、51~60岁、60岁以上
	性别	男、女
	文化程度	大专以下、大专及以上
	职业	学生、教师、公司职员、工人、政府机构人员、商人、其他
个人收入情况	个人月收入	1000元以下、1000~2000元、2000~3000元、3000元以上
家庭情况	家庭年收入	50000元以下、50000~60000元、60000~70000元、70000~80000元、80000元以上
	家庭人口	1人、2人、3人、3人以上
	家庭住房面积	40 m^2及以下、40.01~60m^2、60.01~80m^2、80.01~100m^2、100.01~130m^2、130.01m^2及以下
	家庭主要支出	生活用品、购房、储蓄、证券、其他
购物情况	去竞争对手超市购物	日用品、食品、耐用品、服装、其他
	去步步高超市购物	经常去、偶尔去、从来不去
	购物方式	网上购物、电话送货、自选购物
	超市促销活动	非常感兴趣、有兴趣、一般、不感兴趣
	超市购物影响因素	价格、品牌、质量、服务态度、环境、信誉、其他
其他情况		

思考 上述案例调查了哪些内容?还有哪些内容可以调查呢?

在确定调查项目和内容时,应注意以下几点:

① 确定的调查项目应当既是调查任务所需,又是能够取得数据的,包括在哪里取得数据和如何取得数据,凡是不能取得数据的调查项目和内容,应当舍去。

② 一般来说,调查项目包括调查对象的基本特征项目、调查主题的主体项目(回答"是什么")、调查主题的相关项目(回答"为什么")。

例如,消费者需求调查,既要有消费者的基本特征项目(年龄、性别、职业、文化程度、家庭人口等),又要有消费者需求量、购买动机、购买行为等需求调查的主体项目,还应有消费者收入、消费结构、储蓄、就业、产品价格等引起需求变动的相关项目。

③ 调查项目和内容的含义要明确、肯定,要使答案具有确定的表示形式,一般用陈述性的短语,必要时可附加调查项目解释。否则,会使被调查者产生不同理解,从而做出不同的答案,造成汇总困难。

④ 确定调查项目应尽可能做到项目之间相互关联，使获得的资料相互对照，以便了解现象发生变化的原因、条件和后果，便于检查答案的准确性。

案例演示 2.3

在"某市居民轿车需求与用户反馈调查"中，根据调查的目的和任务，确定了六大调查项目，并在此基础上进一步细化为各具体调查内容（见表 2.3）。

表 2.3　某市居民轿车需求与用户反馈调查的项目和内容

序号	调查项目	调查内容
1	被调查家庭的基本情况	户主的年龄、性别、文化程度、职业；家庭人口、就业人口、人均年收入、住房面积、停车位等
2	居民家庭私家车拥有情况	是否拥有私家车，拥有私家车的类型、品牌、价位、购入时间等
3	用户车况与使用测评	主要包括节能性能、加速性能、制动性能、外观造型、平稳性、故障率、零件供应、售后服务等项目的满意度测评
4	私家车市场需求情况调查	包括第一次购车或重新购车的购买意愿、购买时间、购买品牌、期望价位、购买目的、选择因素、轿车信息获取等
5	经销店商圈研究	包括本经销店顾客的地理分布、职业分布、收入阶层分布、文化程度分布、行业分布及商圈构成要素等
6	竞争对手调查	包括竞争对手的数量、经营情况和策略等

2.2.2　市场调查对象和调查单位

1. 调查对象和调查单位

① 调查对象。调查对象是指根据调查目的、调查任务确定调查的范围及所要调查的总体，它是由某些性质相同的许多调查单位组成的。

② 调查单位。调查单位是指所要调查的社会经济现象总体中的个体，即调查对象中的一个一个具体单位，它是调查中要调查登记的各个调查项目的承担者。

例如，为了研究某市各广告公司的经营情况及存在的问题，需要对全市的广告公司进行全面调查，那么，该市所有的广告公司就是调查对象，每一个广告公司就是调查单位。又如，在某市职工家庭基本情况一次性调查中，该市全部职工家庭就是这一调查的调查对象，每一户职工家庭就是调查单位。

可见，确定调查对象和调查单位，要根据调查目的确定我们想调查何种群体、何种人，经过细分，包括人口特征、社会特征、心理特征、生活方式、个性、动机、知识、行为、态度和观念，判断调查对象是不是合适的人选及他们未来的消费倾向。

2. 确定调查对象和调查单位时需要注意的问题

① 由于市场现象具有复杂多变的特点，因此，在许多情况下，调查对象是比较复杂的。我们必须以科学的理论为指导，严格规定调查对象的含义，并指出它与其他有关现象的界限，

调查对象与调查单位的确定

以免在调查登记时由于界限不清造成差错。

例如，以城市职工为调查对象，就应明确职工的含义，划清城市职工与非城市职工、职工与居民等概念的界限。

② 调查单位的确定取决于调查目的和调查对象，调查目的和调查对象变化了，调查单位也要随之改变。

例如，在调查城市职工本人基本情况时，调查单位就不再是每一户城市职工家庭，而是每一个城市职工。

③ 调查单位与填报单位是有区别的，调查单位是调查项目的承担者，而填报单位是调查中填报调查资料的单位。

例如，对某地区工业企业设备进行普查，调查单位是该地区工业企业的每台设备，而填报单位是该地区每个工业企业。

但在一些情况下，两者又是一致的。例如，在对职工基本情况进行调查时，调查单位和填报单位都是每一个职工。在调查方案设计中，当两者不一致时，应当明确从何处取得资料，并防止调查单位重复和遗漏。

④ 不同的调查方式会产生不同的调查单位。如果采取普查方式，调查总体内包括的全部单位都是调查单位；如果采取重点调查方式，那么，只有选定的少数重点单位是调查单位；如果采取典型调查方式，只有选出的有代表性的单位是调查单位；如果采取抽样调查方式，则用各种抽样方法抽出的样本单位是调查单位。

例如，在"关于某品牌专营店商业选址的调查"中，先根据一定的标准与条件（如是不是治安黑点、基本商业环境是否完备等标准）筛选一定的商业区域并将其作为调查对象，然后确定以各区域的消费群体为调查单位，以非随机抽样方式选择调查对象。

一般情况下，调查对象的选择是根据消费品的种类及其分销渠道来确定的。也就是说，产品由生产者到消费者手中经过了哪些环节，那么消费品的调查对象也就是哪几种人。

相对于耐用消费品，如电视、冰箱、空调，由于其价格昂贵，体积、重量较大，技术复杂等原因，一般分销渠道短，常采取"生产者—消费者"或"生产者—经销商—用户"的分销渠道模式。例如黄河机电股份有限公司的家用空调市场调查，其选择对象主要为消费者。在1000份问卷中，消费者调查问卷890份、经销商110份，比例悬殊，重点突出在消费者上。而对于一般消费品，如自行车，价格一般在几百元左右，它的分销渠道要比上述耐用品长一些，一般采用"生产者—经销商—用户"或"生产者—代理商—经销商—用户"的分销渠道模式，因此，调查对象的选择主要为消费者、经销商。而那些价格低廉、形态较小的日用消费品，由于消费者随用随买，以方便为宜，故它的零售商较多，分销渠道更长，调查对象也就增加了零售商，如大大泡泡糖的市场调查。

案例演示 2.4

案例：某超市的市场调查背景

随着我国经济的快速发展，"超市"这一名词在人们心目中越来越亲切，超市成为生活中不可缺少的组成部分，更是消费者日常生活购物的首选之处。据宏观预测，该市场成长曲线呈上升的趋势。

某品牌超市欲进军某市高校园区市场,为此评估该品牌行销环境、制定相应的广告策略及营销策略,预先对某城市高校园区市场进行调查显然大有必要。请你为该市场调查进行分析,确定其调查目的、调查项目及主要内容。

业务分析 对于接到调查项目后的调查公司来说,在客户提出调查要求后,要先弄清楚3个问题:第一,客户为什么要调查,即调查的目的与意义;第二,客户想通过调查获得什么信息,即调查的内容;第三,客户利用已获得的信息做什么,即通过调查所获得的信息能否解决客户面临的问题。

业务程序

(1)分析调查背景和目的。

(2)列出调查项目。

(3)列出调查内容。

业务操作

在本案例中调查的目的和内容如下:

一、调查目的

1.为该超市进军某城市高校园区市场进行广告策划提供客观依据。

2.为该超市连锁经营和销售提供客观依据。

3.为该超市连锁经营服务策划提供客观依据。

二、调查项目

1.了解该城市高校园区的市场状况。

2.了解该城市高校园区消费者的消费特点、习惯、偏好等,预测市场容量及潜力。

3.了解该高校园区便利店、杂货店、超市的消费情况。

4.了解竞争对手的广告策略及销售策略。

5.了解目标市场消费者所需的相关服务。

三、市场调查内容

(一)消费者

1.消费者统计资料(性别、籍贯、所在院校)。

2.消费者日常消费形态(花费、习惯、看法等)。

3.消费者购买形态(购买地点、购买什么、选购标准等)。

4.消费者对理想中的连锁超市的描述。

5.消费者对连锁超市的产品广告、促销活动的反应。

6.消费者对连锁超市服务质量的反馈。

(二)市场

1.该城市高校园区连锁超市、便利店、杂货店的数量,其品牌、销售状况。

2.该城市高校园区目标市场消费者需求及购买力状况。

3.该城市高校园区市场潜力测评。

4.该城市高校园区目标市场销售通路状况。

(三)竞争者

1．该城市高校园区市场现有便利店、超市、杂货店的数量，其品牌、定位、档次、规格情况。
2．目标市场的现有食品的销售状况。
3．同行业中各品牌、各类型竞争者的主要销售描述。
4．竞争对手的广告策略及销售策略。
5．竞争对手的服务质量。

案例：某市居民轿车需求与用户反馈调查

调查项目与内容如下：

1．被调查家庭的基本情况

调查包括户主的年龄、性别、文化程度、职业；家庭人口、就业人口、人均年收入、住房面积、停车位等。

2．居民家庭私家车拥有情况

是否拥有私家车，拥有私家车的类型、品牌、价位、购入时间等。

3．用户车况与使用测评

主要包括节能性能、加速性能、制动性能、外观造型、平稳性、故障率、零件供应、售后服务等项目的满意度测评。

4．私家车市场需求情况调查

包括第一次购车或重新购车的购买意愿、购买时间、购买品牌、期望价位、购买目的、选择因素、轿车信息获取等方面的测评。

5．经销店商圈研究

包括本经销店顾客的地理分布、职业分布、收入阶层分布、文化程度分布、行业分布及商圈构成要素等项目。

6．竞争对手调查

包括竞争对手的数量、经营情况和策略等。

【职业道德培育】小乔职业事件

背景与情境：多年前，小乔在管理咨询公司工作。一天，他的一位朋友找到他，说自己的公司想做一个小规模的调查。朋友希望小乔出面，把业务接下来，然后朋友自己去运作，最后的调查报告由小乔把关，当然，朋友会给小乔一笔费用。那是一笔很小的业务，没什么大的问题。在市场调查报告出来后，小乔明显地看出了其中的水分，但他只是做了些文字加工和改动，就把调查报告交了上去。事情就这样过去了。

几年后的一天，小乔与别人组成一个项目小组，一起完成北京市新开业的一家大型商场的整体营销方案。不料，对方的业务主管明确提出对小乔的印象不好，要求换人。原来，该主管正是当年那个市场调查项目的委托人。

问题 该事例对你有何启示？

分析提示 也许，小乔只是偶然遇到这种事，却失去了自己的机会，这种偶然性当中其实也包含了必然性，因为越是微不足道的小事，越能从中看出一个人的本质。一个对自己经手的事情敷衍塞责的人，怎么可能是认真、敬业的人呢？这样的人怎么能够赢得别人的信任与赏识呢？小乔最初的草率，已注定他日后将失去良机。反之，一个人若是对自己所做的每一件事都竭尽全力，那他必将为自己赢得越来越多的机遇。

任务 2.3 确定调查方式

任务布置

任 务 单		
任务 2.3 　确定调查方式		
任务描述		笔记本电脑、手机和平板电脑悄然成为大学生进入大学校园的流行装备"三件套"，其中手机更是成为人手一部的必备单品，市场容量巨大。为评估某品牌手机在本学院的营销环境，手机生产商要求市场调查部门组织一次关于本学院手机市场情况的市场调查。 　　以自己所在学院为背景，开展小组讨论，选择"本学院手机市场调查"的调查方式，确定恰当的调查对象，并说明选择的理由，如果选择的是抽样调查，需要进一步设计抽样方案
任务目标		（1）正确地认知、理解与掌握各种调查方式的含义、特点、适用条件与操作方法。 （2）能根据调查任务，判定调查特点，正确选择调查方式，设计出可行的抽样调查方案，确定恰当的调查对象
实施指导	任务分析	调查方式有多种，每一种方式都有各自的优点、缺点和适用条件。确定调查方式就是根据调查的目的和内容、调查对象本身的特点、调查对经济性和准确性的实际要求，选择既能发挥其优点，又能规避其缺点的一种方式
	理论补给	（1）普查。 （2）重点调查。 （3）典型调查。 （4）抽样调查
	实施过程	（1）小组讨论，结合调查对象的特点和调查可行性，确定合适的调查方式。 （2）如果选择了抽样调查，就设计抽样方案。 （3）再次明确调查对象。 （4）小组汇报展示。 （5）教师点评
	拓展提高	小组讨论"小张抽样调查的偏离"，理解市场调查中应真实客观收集信息，养成勤奋努力的优秀品质和求真务实的职业道德
执行记录	执行团队	
	任务执行	
	任务汇报	
	教师点评	

项目 2 设计市场调查方案

成绩评定	个人自评	
	小组互评	
	教师评价	
	总　评	

案例导入

盖洛普的抽样技术

在西方国家,抽样调查被普遍接受也有一个过程。在市场调查的发展历史上有一个典型的事件,那就是在 1936 年美国总统大选前夕(当时市场调查在美国刚刚起步),该届总统大选的候选人有两位——兰登和罗斯福,当时随《文学摘要》杂志发了 1000 万张预选票,最后收回 237 万张,统计结果是兰登获胜;同时,有一位叫乔治·盖洛普的市场调查人员,他运用了与此前不同的方法——科学抽样的调查方法,在全美国选取了 1000 个样本,他的分析结果是罗斯福获胜;大选结果是罗斯福获得选票 1800 万张,而兰登只获得选票 700 万张。这件事使盖洛普采用的这种调查方法在全球引起了轰动。从此,抽样调查在西方国家得到了普遍认可,盖洛普用他的名字创办的市场调查公司也长盛不衰。到现在为止,盖洛普调查公司还是全球声誉最好的调查公司之一。我们国家申办奥运会时,就请盖洛普调查公司做了民意调查,调查结果是中国有百分之九十几的支持率,这个数据没有人怀疑,这个数据也是中国获胜的一个重要砝码。

思考 为什么《文学摘要》杂志的统计结果有误,而盖洛普的市场调查方法样本更少,结果却更具有代表性?

分析提示 《文学摘要》杂志的统计结果有误的原因在于选择样本框的错误,它借助一些俱乐部的名单和电话号码簿,从中获得 1000 万人的地址,将问卷邮寄给他们,当时的美国正处在经济萧条时期,能够加入俱乐部和拥有电话的都是富裕阶层,从而排除了穷人进入样本的可能性,而当时罗斯福的新政恰恰是有利于穷人而不是有利于富人的,《文学摘要》选取的样本缺乏代表性,所以,得出的结论是错误的。如果是现在,这种抽样调查经过修正以后,其结果不会出现很大偏差。所以,样本框的不完整,往往会产生抽样误差。

【理论补给】

市场调查方式是指如何根据调查目的和内容来确定调查对象的方式,目前主要有普查、重点调查、典型调查和抽样调查 4 种类型,如图 2.2 所示。

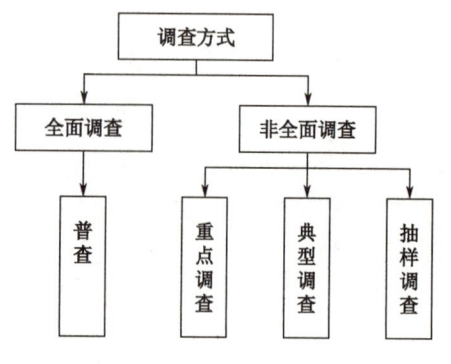

```
        调查方式
        ┌─────┴─────┐
     全面调查     非全面调查
        │        ┌────┼────┐
       普查     重点  典型  抽样
                调查  调查  调查
```

图 2.2 市场调查方式类型

市场调查方式的含义

2.3.1 普查

1. 普查的概念与特点

普查又称全面调查，是指在某一时间点上对所有的调查对象逐一进行的调查。例如，我国进行的人口普查、农村耕地普查、全国基本单位普查等。

由于普查是一种全面调查，因而所取得的资料全面、准确，标准化程度高，可以为国家和企业制定方针、政策提供重要的依据。但是，由于普查需要动用大量的人力、财力、物力，调查费用较高，调查工作所需时间较长，组织管理工作难度较大，因而不宜经常采用。它一般适用于小范围的市场调查和一些重要现象的基本特征的调查。

普查

2. 普查的实施方式

普查在实际应用中组织实施的方式有两种：一种是由调查的组织者制定统一的调查表，规定统一的调查时间，由被调查单位统一填写；另一种是设置专门的调查机构，培训调查人员，然后上门对调查对象进行登记调查。由于普查是对某一时间点的现象的调查，工作量较大，所以后一种方式很少采用。

2.3.2 重点调查

1. 重点调查的概念与特点

重点调查，是指从调查对象总体中选取少数重点单位进行调查，并以此推断总体的一种非全面调查方法。

这里提到的重点单位是指在调查对象总体中数量较少，但某一标志值占总体标志值的比重很大的单位。例如，要了解我国石油生产的基本情况，只需了解大庆油田、胜利油田等有限单位即可，这里的大庆油田、胜利油田等就属于重点单位。

重点调查

由于重点调查只需对少数重点单位进行调查，所以比较节省人力、财力、物力；调查对象少，更有利于确定内容较多、较复杂的调查项目，调查内容更深入、更细致；由于重点单位在总体中所占标志值的比重较大，重点调查能更快速地收集到所需要的总体的基本特征。由于重点调查只是对少部分对象进行调查，缺乏全面性，所以可能影响对总体推断的准确性。

2. 使用中应注意的问题

① 重点单位必须客观存在，重点单位的确定不能带有任何主观色彩。
② 重点调查的目的只是了解总体的基本特征，而不是为了准确地推断总体的情况。
③ 重点调查比较适合于调查对象集中、调查内容集中的情况。例如，商品资源调查、销售渠道调查等。

2.3.3 典型调查

1. 典型调查的概念与特点

典型调查，是指在对调查总体进行深入、细致了解的基础上，选择具有代表性的单位进行调查，并对总体进行推断的一种非全面调查方法。例如，要研究某城市居民的消费状况，可以将该城市的居民按收入分成高收入、中等收入和低收入 3 个层次，然后，在各层次中再选择一定数量的居民进行调查。

典型调查

由于典型调查与重点调查都是一种非全面调查，所以，典型调查也具备重点调查的优点。但典型调查与重点调查的不同之处在于，典型单位的选择具有主观性，因而典型调查的关键在于如何确定典型单位。

2. 选典型的方法

典型单位的确定可以根据调查目的的不同，采取不同的方式，一般有如下 3 种方法：

① 如果总体中各单位差异不大，想了解总体的一般情况，可以选择中等水平的单位作为调查对象。例如，了解大学生的学习情况，可在班级中选择成绩中等的学生进行调查。

② 如果是为了剖析存在的问题或推广成功的经验，可以选择后进单位或先进单位作为调查对象，即所谓的"解剖麻雀式选典"。在采用"解剖麻雀式选典"时，应注意选择的典型单位不宜过多，一般 1～2 个即可。另外，选择的典型单位一定要有代表性，能够充分体现研究问题的发展规律。例如，以某个商品库存管理好的企业为典型，召开全系统的现场会，推广其成功经验。

③ 如果总体中各单位差异较大，为了较准确地推断总体，可以在对总体进行充分了解的基础上，进行分组，然后，有意识地在每组中选择一部分典型单位作为调查对象，即所谓的"划类选典"。

典型调查虽然省时、省力，内容也很深入，但由于对典型单位的选择具有主观性，所以会影响对总体推断的准确性。另外，调查总体中各单位之间存在一定差异，完全具有代表性的单位是不存在的。因此，典型调查一般是在调查总体庞大、调查人员对调查总体中的各调查单位十分了解且能够准确地选择少数调查对象作为典型单位时采用。

2.3.4 抽样调查

1. 抽样调查的概念与特点

（1）抽样调查的概念

抽样调查是按照一定的方式，从调查总体中抽取部分样本进行调查，并根据调查结果推断总体的一种非全面调查。抽样调查有广义和狭义之分，广义的抽样调查的分类如图2.3所示。

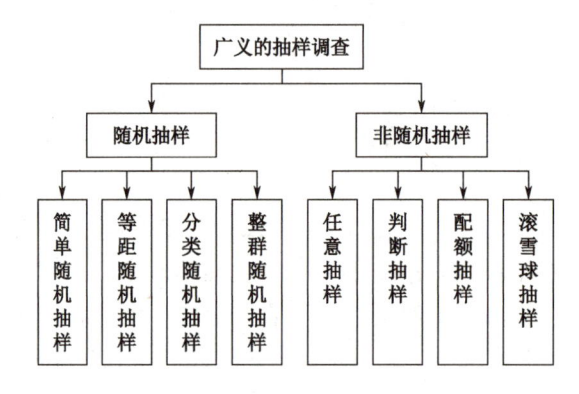

图2.3　广义抽样调查分类图

狭义的抽样调查又称随机抽样，是指按随机的原则抽取样本并进行调查的一种调查方法。所谓的随机原则是指在抽取样本时，完全排除调查者个人的主观因素，使每一个被调查单位都有相同的被抽中的可能性。

广义的抽样调查既包括随机抽样又包括非随机抽样。非随机抽样是指为了方便调查或根据调查者的主观判断，而不是按照随机原则来抽取调查单位。

抽样调查是现代市场调查中非常重要的一种调查方式，已经得到国际公认。现在很多国家和地区的大部分信息都是靠抽样调查来获得的。

（2）抽样调查的特点

抽样调查属于一种代表性调查，它是通过对样本的调查来认识总体的特征，因此，它既不同于全面调查，又不同于其他非全面调查。与其他调查方法相比，它具有以下几个特点：

① 经济性。抽样调查只需选取一部分单位作为调查对象，这大大减少了调查人员的工作量，与全面调查相比，能够节约大量的人力、财力和物力。

② 及时性。由于抽样调查的调查单位数量有限，所以，能较快地获得调查结论，有利于及时制定有关的方针和政策，充分地体现了市场调查的时效性。

③ 深入性。由于全面调查涉及的调查单位数量多、分布范围广，所以，全面调查一般只调查一些最基本、最普遍、最重要的内容，调查项目比较有限。而抽样调查可以根据调查的目的设计调查项目，进行深入、细致的调查研究。

④ 灵活性。抽样调查既可以进行全国范围的市场调查，也可以进行局部范围的市场调查。

（3）与抽样调查有关的术语

① 总体，是所有调查对象的全体，即在特定的调查目的或任务条件下的客体。例如，要

调查长沙市有多少家庭拥有计算机，拥有计算机的家庭与没有计算机的家庭有什么区别，那么调查总体就是长沙市的所有家庭。

②样本，是在总体中抽取的部分个体，是实际的调查对象。例如在上例中，假如长沙市有160万个家庭（这是总体），从中抽取1000个家庭进行调查。那么这1000个家庭就是样本。

③抽样单位，是指将总体划分为若干个互不重叠的部分。抽样单位是人为划分的，受到抽样方法的影响，抽样单位既可以是一个调查单位，也可以是一个群体。例如，对"我院大学生消费状况"进行的调查，从我院所有学生中抽取300名学生，有不同的抽样方法。

我们可以从我院所有学生中直接抽取300名学生，那么抽样单位就是个人；如果我们以班级为单位，假如每班50人，就可以在所有班级里抽取6个班级，以6个班级的300名学生作为样本，这种抽样方法的抽样单位就是班级，而不是个人了。

④抽样框，是指将抽样单位按某种顺序排列编制的名单。抽样框是抽样设计人员用来抽取样本的工具。它的内容是所需认识总体的抽样单位，其形式是多样的，可以是一张表格、一本名册、一幅地图、电话号码簿、户口档案、企业名录等。在上述例子第一种抽样方法中，抽样框是我院所有学生名单；在第二种抽样方法中，抽样框是我院所有班级名单。

2. 抽样的基本方式

（1）简单随机抽样

简单随机抽样是不对总体进行任何分类和排队，采取纯粹偶然的方式从总体中抽取调查单位，并进行调查的一种调查方式。在采用这种方法时，要先对总体的各单位进行编码，然后采用抽签法或随机数表法抽取调查单位。

①抽签法，用抽签方式抽取样本单位。要先给总体各单位统一编号，然后将每个编号做成一张签片，混合均匀，从中随机抽签，抽到哪一个，就调查哪个单位，直到抽足所需样本单位数目为止。这种方法适用于调查总体中个体数目较少的情况。

②随机数表法，是先将总体中的全部个体分别标上 $1 \sim n$ 个号码，然后利用随机数字表随机抽出所需样本。随机数字表又称乱数表，是一种按双位或多位编排的大小数互相间杂的数表。它是利用特制的摇码机器或计算机用随机方法编制而得的，客观上为表内任何数字提供了相等的出现机会。下面是从随机数字表中选取的100个数字（见表2.4）。

表2.4　随机数字表片段

70	29	17	12	13	40	33	20	38	26
13	89	54	03	74	17	76	37	43	04
56	62	18	37	35	96	83	50	87	75
97	12	25	93	47	70	33	24	03	54
99	46	57	22	77	88	42	95	45	72
16	64	36	16	00	04	43	18	66	79
16	08	15	04	72	33	27	14	34	09
45	59	34	68	49	12	72	07	34	45
31	16	93	32	43	50	27	89	87	19
20	15	37	00	49	52	85	66	60	41

抽样选择时，在随机数字表中任意选定一行或一列的数字作为开始数，接着可从上至下，或从左至右，或以一定间隔（隔行或隔列）顺序取数，凡编号范围内的数字号码即为被抽取的样本。如果不是重复抽样，碰上重复数字应舍掉，直到抽足预定样本数目为止。在顺序抽取的过程中，遇到比编号大的数字，应该舍去。

例如，现在要从80户居民中抽取10户进行收入调查，先将80户居民从1~80进行编号，然后假设从随机数字表中第二行的第五列开始自左向右、自上向下取样，那么顺序取得的样本号为35、50、75、12、25、47、70、33、24、03。由于其中的96、83、87、97、93这5个数字大于80，故舍弃不用。

简单随机抽样最大的特点是简单、直观、容易理解、易于操作。如果总体十分庞大，对总体各单位编号就比较困难，实施起来有一定的难度；有些事物无法采用简单随机抽样，例如，对连续不断生产的产品进行质量检查，就无法通过对全部产品进行编号的方式抽取样本；如果样本的分布缺乏代表性，就会影响调查结果的准确性；另外，抽取的样本单位比较分散，在调查时容易浪费人力、财力、物力。因此，简单随机抽样比较适合总体单位数量不多，总体各单位之间差异较小的情况。

（2）等距随机抽样

等距随机抽样，也叫系统抽样，是将总体的各单位按某一标志的大小进行排队，然后按照相等的间隔抽取样本并进行调查的一种调查方式。采用等距随机抽样法，主要应解决以下两个问题：

① 确定抽样间隔。若K代表抽样间隔，N代表总体单位数，n代表抽取的样本单位数，则$K=N/n$。

② 确定起点样本。确定起点样本是指确定第一个样本。通常的方法可采取在第一组1~K个样本单位中随机抽取的方法，也可以在第一组1~K个样本单位中采用取中间值的方法，然后，每隔K个单位，抽取一个样本，即可完成抽样任务。

案例演示2.5

要调查某班学生（50名）的学习情况，如果采取等距随机抽样的方法抽取10名学生进行调查，可先将50名学生的成绩从低到高进行排队，然后计算抽样间隔，$K=N/n=50/10=5$，接着再确定第一个样本，假设在第一组中随机抽取了第二名学生，则依次可确定7、12、17、…、47为样本单位。

需要注意的是，等距随机抽样法在选择排队的"标志"时，应该选择与调查主题关联度最大的一个。例如，在对学生的学习情况进行调查时，成绩是最佳的排队标志，如果以身高作为排队所依据的标志，则与主题不太相关，从而影响样本的代表性。

等距随机抽样法可以使样本单位均匀地分布在总体的各个部分，因而使样本具有更高的代表性，减少了抽样误差；采用机械顺序抽取样本，简单易行，便于操作。

（3）分类随机抽样

分类随机抽样，也叫分层随机抽样，是指将总体的各单位按某一主要标志进行分类，然后再按随机原则从各类中抽取一定的样本进行调查的一种调查方法。采用分类随机抽样,需要解决的关键问题是确定每一类别中应抽取的样本单位数量。

一般确定方法有以下两种:

① 等比例分类抽样,即按照每一类型的单位数占总体单位数的比例,来确定各个类型的样本单位数。

案例演示 2.6

某专业有学生 200 名,按照每位学生的综合平均成绩,将该专业学生分成良好、一般、不及格三类,已知这三类学生各占总人数的 30%、60%、10%,若抽取 50 名学生进行调查,则:

成绩良好组应抽取的单位数为:50×30%=15(名)

成绩一般组应抽取的单位数为:50×60%=30(名)

成绩不及格组应抽取的单位数为:50×10%=5(名)

② 不等比例分类抽样,即按照每一类别的标志变异程度,来确定各个类型的样本单位数。标志变异程度大的组多抽一些单位,标志变异程度小的组少抽一些单位,以减少抽样误差。

分类随机抽样由于事先按主要标志进行了分类,同一类别中各单位的差异缩小了,而且各类型的样本单位数可根据实际情况,采用等比例或不等比例分类抽样,保证了样本在总体中分布均匀,使得抽取的样本更具有代表性,减少了抽样误差,因而,它比简单随机抽样和等距随机抽样更为精确,是较好的一种抽样方式,尤其是在总体数量庞大、总体内部结构又十分复杂的情况下,效果更加理想。

(4)整群随机抽样

整群随机抽样是先将总体划分为若干个群,然后以群为单位进行随机抽取,再对群内的各单位进行全面调查的一种调查方法。例如,要对某高校在校生进行消费支出结构的调查,可以以班或寝室为单位,组成若干个群,然后随机抽取几个群进行调查。

整群随机抽样与前三种抽样方式的不同之处在于它抽取样本不是一个一个地抽取,而是一群一群地抽取,抽样工作简单快捷,而且抽取的样本单位相对集中,方便调查,比较省时、省力。但是,由于样本相对集中,各群之间可能存在较大差异,所以样本的代表性较差,抽样误差较大。因此,在抽样调查的实践中,若采用整群随机抽样,一般要比其他方式抽取更多的样本单位,以减少抽样误差。

整群随机抽样一般适合在总体数量庞大、群内差异较大、群间差异较小的时候采用。

(5)非随机抽样

① 任意抽样,又称方便抽样,是根据调查者的方便与否,以随意的方式来抽取样本的一种调查方法。

例如,国家要了解群众对某项新出台的政策的看法,调查者可在方便的地点以街头拦访的方式进行调查。

非随机抽样

在某些调查测试中,任意抽样会取得快速有效的结果。在进行探索性调查时,如果缺乏经验且又急需真实数据的近似值,那么,这种方法很实用。

任意抽样的优点是简单易行,能快速取得调查结论。但使用任意抽样方法的前提是假设每一个样本的特征都基本相同,若样本之间差异较大,采用该方法进行调查,可信度较低。

② 判断抽样,是根据调查者的经验和知识对调查对象进行主观判断,从调查总体中选择有代表性的单位进行调查的一种调查方法。

例如,某企业要调查消费者对该企业新上市的某种洗衣粉的意见,可派人到百货商店、超级市场对一些女顾客进行调查。

使用判断抽样方法的前提是调查者必须对调查单位的特征十分了解,因此,该方法最大的优点是调查者能够根据调查的需要选择合适的调查单位,调查抽取的样本单位数量少,获取信息的速度快,便于组织,易于操作。由于抽取的样本单位依靠调查者的主观判断,如果判断失误,则会产生较大的误差;所以判断抽样比较适合在调查者对调查对象比较了解、总体单位数量庞大、总体各单位之间的差异比较明显、抽取的样本单位数量较少的情况下使用。

③ 配额抽样,是指先确定调查人口总体的各项特征,然后按照人口总体中具有各项规定特征的人口比例,在每一组中用任意抽样或判断抽样的方法抽取具有各种特征的样本,进行调查的一种调查方法。由于配额抽样对调查总体先进行分组,所以减少了组内各单位的差异,再进行组内抽样,使样本单位在总体中分布均匀,提高了样本单位的代表性,减少了抽样误差。

按照配额的要求不同,配额抽样有独立控制配额抽样和交叉控制配额抽样两种方式。独立控制配额抽样是对具有某个特征的调查单位单独规定其分配数额。由于独立控制配额抽样只需考虑一个特征,所以调查者在选择调查单位时有较大的灵活性,简便易行。但样本单位可能集中于某一组,可能影响样本单位的代表性。

交叉控制配额抽样,就是对调查对象的各个特性交叉分配样本数额,即样本单位要同时具备几个特性。采用交叉控制配额抽样,对每一个特征都要有具体规定,样本单位需要同时具备调查者所规定的特征,这样能使样本单位更好地、更均匀地分布于总体的各部分,从而提高样本的代表性,减少抽样误差。值得注意的是,样本中各项特征的人数比例应尽量与总体相对应。

案例演示 2.7

调查某地消费者对某商品的需求意向,确定样本数量 100 名,按消费者收入、年龄标准分类,如果采用独立控制配额抽样,其配额分配表如表 2.5 所示。

表 2.5 独立控制配额抽样表

收 入	人 数(人)	年 龄	人 数(人)
高收入	20	25 岁以下	20
中收入	50	25～40 岁	30
低收入	30	40～60 岁	30
		60 岁以上	20
合计	100	合计	100

如果采用交叉控制配额抽样，其分配样本数额如表 2.6 所示。

表 2.6　交叉控制配额抽样表

年　龄	收　入						合　计
	高收入（人）		中收入（人）		低收入（人）		
	性别						
	男	女	男	女	男	女	
25 岁以下	2	1	5	5	4	3	20
25～40 岁	3	4	10	10	1	2	30
40～60 岁	3	3	8	6	5	5	30
60 岁以上	2	2	2	4	5	5	20
合计（人）	10	10	25	25	15	15	100

配额抽样类似于随机抽样中的分层抽样，不同之处在于：首先，配额抽样的被调查者不是按随机原则抽出来的，而分层抽样必须遵守随机原则；其次，在分层抽样中，用于分类的标志应联系研究目标来选择，而配额抽样无此要求。

④ 滚雪球抽样。滚雪球抽样顾名思义是如滚雪球一般，样本越抽越大。利用随机方法或社会调查名义选出起始受访者，然后从起始受访者提供的信息中取得其他受访者。这个方法就像滚雪球一样，从一小点开始，越滚越大，所以被称为滚雪球抽样。滚雪球抽样在特定的母体成员难以找到时，是最适合采用的方式之一。

抽样调查样本量的确定

3．样本量的确定

样本量是指样本中所包含的抽样单位的数目。确定样本量的意义在于，当样本量达到一定数量后，即使有增加，对提高调查的统计准确度也起不了多大的作用，而现场调研的费用却成倍地增加。因此，确定好抽样方法后，关键的问题就是确定合适的样本量。

影响样本量大小的因素比较多，从进行调查的实际情况看，确定一个科学而合理的样本量，要考虑以下三方面的因素。

（1）数理统计方面影响样本量的因素

① 总体的构成情况。总体的构成情况分为两个方面：一是总体规模的大小，即一个总体中所包含的抽样单位的多少，总体规模越大，样本量就越多；二是总体内部的构成情况，即总体的异质情况，总体的异质程度越高，需要的样本量就越多。

② 抽样误差的大小。在其他条件一定的情况下，允许的误差小，抽样数目就应相对多一些；反之，允许误差越大，抽样数目就可少一些。

③ 抽样的方法。不同的抽样方法需要的样本量也不相同，简单随机抽样对总体的代表性要差些，需要的样本量也相对要多些。整群随机抽样由于以"群"作为抽样单位，对总体代表性的损失较大，因此需要的样本量比简单随机抽样需要的样本量要多。总之，在抽样误差相同的前提下，分类随机抽样需要的样本量最少，等距随机抽样所需的样本量稍大于分类随机抽样所需的样本量，简单随机抽样所需的样本量又比等距随机抽样所需的样本量多，整群随机抽样所需的样本量最多。

(2) 管理方面影响样本量的因素

① 经费预算。由于调查也是一项营销成本投入，因此，经费预算的大小要看调查在整个营销中的重要性程度。

例如，市场调查的目的是获得较为精确的某类产品市场消费总量及潜在发展空间方面的信息，以作为论证"是否购买一条先进生产线、是否开发生产新产品"的重要决策依据。比如用于论证大项目投入的调查，调查费用投入比较多；如果调查仅是为了跟踪一次促销活动的效果，费用也就相应较少。

② 调查的精度要求。一般来说，样本量越大，抽样误差越小，调查精度相应越高，但精度高意味着样本量多，成本也高。

(3) 调查实施方面影响样本量的因素

① 问题的回答率。调查问题的回答率表明调查对象对所有提出的问题的回答情况。首先，对于带有过滤性问题的后续问题而言，它的样本量会减少；其次，问卷设计中的一些缺陷也可能导致被调查者不能做出回答。由于这些因素的存在，使得每个问题的回答率高低不一，每个问题可分配到的实际样本量相差较大，可能导致某些问题的样本量过少，从而在统计中失去意义。要根据实际需要，通过增加样本量来弥补这类问题。

② 问卷的回收率。在实际中，要根据问卷的回收率考虑样本量。例如，邮寄调查的回收率一般低于访问调查的问卷回收率，所以，需要的样本量也相应多些。

(4) 确定样本量的方法

在实际的调查工作中，确定样本量的方法主要有统计学方法和经验方法两种。

① 统计学方法。在采用概率抽样方法时，可用统计的方法计算所需样本量。

在简单随机抽样中，若已知数据为绝对数，常用的样本量计算公式为 $n=\sigma^2/(E^2/Z^2+\sigma^2/N)$，其中，$n$ 为适合样本数，Z 为调查置信度，E 为抽样误差范围，σ 为总体标准差估计值，N 为总体单位数。通俗地讲，Z 是指抽样样本有多大概率接近总体，可被称为覆盖概率，如果取 Z 为 95%，表示有 95% 的概率抽样调查测到的均值是接近总体期望的，此时样本量 n 为 1.96。

例如，希望平均收入的误差在正负 30 元之间，调查结果在 95% 的置信范围以内，预估总体标准差为 150 元，总体单位数为 1000，此时，应该选取样本量 $n=150×150/[30×30/(1.96×1.96)+150×150/1000]=88$。

若已知数据为百分比，常用的样本量计算公式为 $n=P(1-P)/[E^2/Z^2+P(1-P)/N]$，其中，$n$ 为适合样本数，Z 为调查置信度，P 为样本的离散程度，E 为抽样误差范围，N 为总体单位数。通俗地讲，P 是指样本的变异程度，一般情况下，不知道 P 的取值，通常选取样本变异程度最大时的值，为 0.5。例如，希望平均收入误差在正负 0.05 之间，调查结果在 95% 的置信范围以内，估计 P 为 0.5，总体单位数为 1000，此时，应该选取样本量为 $n=0.5×0.5/[0.05×0.05/(1.96×1.96)+0.5×0.5/1000]=278$。

如果不考虑总体数量，公式为 $n=Z^2[P(1-P)]/E^2$。实际调查中，往往不好估计总体单位数，常常采用此公式计算抽样样本量。在统计学中，把容量小于或等于 30 个单位的样本叫小样本，大于或等于 50 个单位的样本叫大样本。一般来说，小型调查，样本规模在 100～300 之间；中型调查，样本规模在 300～1000 之间；大型调查，样本规模在 1000～3000 之间。表 2.7 所示内容是一些常用的样本量。

分类随机抽样、整群随机抽样样本量的确定，只需要先将总体划分为不同的类别和群体，在各类别和群体中参考简单随机抽样确定样本量即可。

② 经验方法。由于在使用非概率抽样方法时，无法用统计学方法确定样本量，因此通常考虑的是定性因素。比较简单的方法是根据调查的类型和经验确定大致的样本量，再根据决策的重要性、调查的类型、单位成本、发生率和完成率等因素进行适当的调整。表2.8列出了不同的市场调查中所使用的样本量的大致范围，可作为参考。

表2.7 统计学常用样本量

容许的抽样误差$E(\%)$	样本量n
1.0	10000
1.5	4500
2.0	2500
2.5	1600
3.0	1100
3.5	816
4.0	625
4.5	494
5.0	400
5.5	320
6.0	277
6.5	237
7.0	204
7.5	178
8.0	156
8.5	138
9.0	123
9.5	110
10.0	100

表2.8 经验确定样本量的范围

调查类型	最小量	典型的范围
专家访谈	3	5～20
深度访谈	10	10～30
专题组座谈	2组	6～12
产品测试	30	50～500
广告测试	30	50～500
试销市场	5家商店	10～20家商店
	两座城市	5～10座城市
消费者行为调查	100	200～2000
市场细分	200	500～10000

4．误差分析

在实际市场调查中，无论是普查，还是抽样调查，都有可能发生误差。误差是调查结果和客观实际情况的出入与差数。一般有两种误差存在，即登记性误差和代表性误差。

（1）登记性误差

误差分析

登记性误差又称工作性误差，是指在现场调查工作过程中，由于抄写、登记、计算等工作上的过错而引起的误差，主要包括由设计者的差错造成的误差、由调查人员的差错造成的误差和由被调查者的差错造成的误差。

① 由设计者的差错造成的误差。它一般包括代用信息误差、测量误差、总体定义误差、数据分析误差。

a．代用信息误差，是指调研问题需要的信息与调查者搜集的信息之间的差异。例如，本来需要的是关于消费者选择一种新品牌的信息，但是调查者得到的却是关于消费者偏好方面的信息，这是因为选择的过程不易观察到。

b．测量误差，是搜寻的信息与调查者采用的测量过程所生成的信息之间的差异。

c．总体定义误差，是指手中要研究的问题相关的真正总体与调查者所定义的总体之间的差异。例如，要了解某医院在患者心中的形象，真正的总体应当是某地区的患者，但调查者定义成了某地区的全体居民。

d. 数据分析误差，是指由问卷中的原始数据转换成调查结果时产生的误差。

② 由调查人员的差错造成的误差。它一般包括问答误差、记录误差、欺骗误差等。

a. 问答误差，是指询问被调查者时产生的误差，或是在需要更多的信息时没有进一步询问而产生的误差。例如，在调查过程中调查者没有完完全全地按照问卷中的措辞来提问。

b. 记录误差，是在听、理解和记录被调查者的回答时造成的误差。

c. 欺骗误差，是由于调查者伪造部分或全部答案而造成的误差。

③ 由被调查者的差错造成的误差。它一般包括不能正确回答误差和不愿正确回答误差。

a. 不能正确回答误差，是由于被调查者不能提供准确的答案而造成的误差。

b. 不愿正确回答误差，是由于被调查者不愿意提供准确的信息而造成的误差。登记性误差有可能存在于任何一种调查方式中，市场调查对象范围越广、规模越大、内容越复杂、调查环节越多、参加人员越庞杂，发生这种误差的可能性也就越大。但是，这种误差是能够通过采取一定措施来避免的。

（2）代表性误差

代表性误差是指在抽样调查中，由于选取的部分调查个体对总体的代表性不足而产生的调查误差。它只在非全面调查中存在，普查不存在这种误差。在抽样调查中，这种代表性误差又分为两种：一种是由于调查者违背抽样的随机原则，人为地选择偏高或偏低个体进行调查而产生的误差，称为系统性偏差，这种误差应力求避免；另一种则是在不违背随机原则的情况下必然出现的误差，它是抽样调查固有的代表性误差，这种误差叫作抽样误差。

抽样误差的大小与样本的代表性成反比，即抽样误差越大，表示所抽样本的代表性越低；反之，样本的代表性越高。抽样误差的大小主要受以下3个因素影响：

① 被研究总体的个体标志值的变异程度。总体的方差和均方差越大，抽样误差就越大；反之，则抽样误差越小。如果总体的个体标志值之间没有差异，那么抽样指标和总体指标相等，抽样误差也就不存在了。

② 抽取的调查个体数目。在其他条件不变的情况下，抽样个体数越多，抽样误差就越小；反之，抽样误差就越大。当抽样个体数扩大到与总体个体数相同时，也就相当于普查，抽样误差也就不存在了。

③ 抽样调查技术。抽样误差也受抽样调查技术的影响，一般来说，按照系统抽样和分层抽样方式抽样，由于经过划类或排队，可以缩小差异程度，所以抽取相同数目的样本，其抽样误差要比使用简单随机抽样方式造成的误差小些。

从以上可以看出，误差的来源是多方面的。在实践中，很多调查者只注意通过大样本来控制抽样误差。当然增加样本量可以减小抽样误差，但可能由于增加了样本数量，从而增加了非抽样误差。抽样误差是可以计算的，而许多形式的非抽样误差根本无法估计，因此非抽样误差可能比抽样误差更严重。一些研究表明，在总误差中非抽样误差占了主要的部分，随机抽样误差相对来说是较小的。在方案设计过程中，调查者应注意使总误差最小，而不只是注意某种误差。

案例演示2.8

"某市居民轿车需求与用户反馈调查"的调查方式如下：

思政小课堂——我国经济实力实现历史性跃升

（1）居民私家车需求与用户调查采用简单随机抽样调查方式，样本量为 1000 户。
（2）经销店商圈研究采用本经销店建立的用户信息库做全面的调研分析。

【职业道德培育】小张抽样调查的偏离

背景与情境：某乳品公司从 20 世纪 90 年代以来办奶牛饲养场，并向居民出售鲜奶。以前该乳品公司的产品品种单一，主要是每天向居民出售鲜奶，包装采用玻璃小瓶，而且一直未变。随着市场竞争日益激烈，该公司的高层领导一直在考虑如何通过扩大销售渠道、增加鲜奶产品品种和改进包装来促进其产品在市场上的竞争力。针对这些，该公司的领导认为有必要调查消费者的情况，以便于改进包装和开发新品种。该公司把这一任务交给本公司刚刚成立不久的市场调查部门，市场调查部门决定采用整群抽样的方式，以问卷的形式进行入户调查。小张负责其中一个小区的调查，经过一天的辛苦，小张才完成了一座楼两个单元的调查，为了节省时间和体力，第二天小张擅自决定每一座楼的每一单元只调查三层以下的住户，在调查结束并整理资料后，发现针对该小区的调查结论与实际情况有偏差。

问题 你认为小张的做法涉及职业道德问题吗？谈谈你的看法。

分析提示 每种抽样调查方法都有各自的操作要领，作为一名市场调查人员，应该按照调查方案的要求真实客观地搜集数据资料，不能为了个人利益和方便而擅自改变操作方法，小张为了节省时间和体力，擅自决定调查每单元三层以下的住户，使得调查的误差人为地被扩大，这一行为不符合职业道德。

任务 2.4　确定调查方法

任务布置

任 务 单	
任务 2.4　确定调查方法	
任务描述	笔记本电脑、手机和平板电脑悄然成为大学生进入大学校园的流行装备"三件套"，其中手机更是成为人手一部的必备单品，市场容量巨大。为评估某品牌手机在本学院的营销环境，手机生产商要求市场调查部门组织一次关于本学院手机市场情况的市场调查。 以自己所在学院为背景，开展小组讨论，选择"本学院手机市场调查"的调查方法，确定合适的资料收集途径，并说明选择的理由
任务目标	（1）认知、理解、掌握各种调查方法的含义、特点、主要适用条件和具体操作方式。 （2）能根据调查任务，判定调查特点，正确地选择、运用各种调查方法，准确地收集相关资料

续表

实施指导	任务分析	调查方法就是采用什么样的形式收集资料，资料的收集方法有多种，每种都有着各自的优点、缺点和适用条件。确定调查方法要根据调查的任务和要求，根据不同的调查资料和不同的调查对象科学地进行选择。一般的市场调查都是多种调查方法的综合运用
	理论补给	（1）文案调查法。 （2）询问法。 （3）观察法。 （4）实验法。 （5）网络调查方法。 （6）大数据市场调查方法
	实施过程	（1）结合本次调查目的和调查对象的特点，确定采用一种或者几种调查方法。 （2）综合考虑各调查方法的适用条件，选择合适的调查方法。 （3）小组讨论，确定合适的资料收集途径。 （4）小组汇报展示。 （5）教师点评
	拓展提高	解读"互联网调查的道德规范"资料，了解互联网调查信息应维护消费者知情权和遵循首席信息的初衷，养成勤奋努力的优秀品质和求真务实的职业道德
执行记录	执行团队	
	任务执行	
	任务汇报	
	教师点评	
成绩评定	个人自评	
	小组互评	
	教师评价	
	总　　评	

案例导入

2018年中国骑行调查报告

中国自行车协会、新华网及行者大数据研究室共同发布了《2018年中国骑行大数据报告》，原始数据来源包括750万名骑行者用户软件的超过10亿公里运动里程的数据、15000份用户调研问卷，以及全国410座城市的面访调查等。

1．骑行人群增长迅猛

调查显示，2015年—2018年运动骑行人群总体的数据分别为408万、850万、1200万、1500万，虽然每年的运动骑行人数都有较大幅度的增长，但总体上我国的运动骑行人数占总人口数的比例较低，与发达国家的运动骑行人数相比，尚有很大的增长空间。

2．我国中西部骑行用户崛起

调查显示，我国各地区骑车人群的分布和人均GDP(国内生产总值)呈正比例关系，经济发达的江浙粤地区的骑行人数占骑行用户总数的比例超过了50%。随着我国西部大开发政策的持续深入，中西部城市的经济也不断提升，骑行人数与沿海经济发达城市的骑行人数的差距将会逐渐缩小。

3．毗邻城市的"近郊"风景线路比较受青睐

在面访调查中，四川省的龙泉山、湖南省的岳麓山、浙江省的龙井爬坡、北京市的妙峰山、重庆市的歌乐山三百梯等毗邻城市的近郊风景线路，成为所在省市比较热门的骑行线路。而环岛骑行成为海滨城市比较热门的骑行线路。

4．骑速大比拼：追风的北方人

调查数据显示，地处高原地区的青海、西藏、云南、贵州等地的骑行速度在全国是最慢的。天津、河北、山东、内蒙古等北方地区，用最快的骑行速度印证了他们的个性——风风火火不落后于人。

5．骑行是真正的全年龄运动

通过本次大数据分析，对骑行用户做了一个典型用户的人群画像。骑行运动核心人群的年龄在18～24岁之间，其学历在大学以上，他们是真正的高学历、高收入、高素质的"三高"人群。而从典型用户人群画像上则发现，骑行人群包括年轻人、中年人、老年人。

6．骑行促进现实社交

从骑行的目的来看，骑车既能锻炼身体，又能旅游、交友。骑行已成为年轻人的一种生活方式。在网络社交几乎替代现实社交的趋势下，骑行已成为一种新型的现实社交形式，骑行运动更容易被更多人接受。调查数据显示，在骑行目的中锻炼身体占70%，旅游、交友占15%，通勤代步占9%，训练比赛占3%，其他目的占3%。

7．旅行及赛事消费意愿增强

骑行属于户外运动，除装备方面的消费，出行相关的花费也十分可观。整车消费在骑行消费中的占比高达52.8%，但是骑游赛事及服务消费的占比现已跃居第二，高达24.78%，远高于零件和装备消费的占比。随着更多赛事的举行，骑行者们的科学训练消费习惯也在逐渐养成。GPS智能码表、踏频器、心率带、功率计等专业设备现已走入了寻常车友家。使用智能设备的人数比例也在逐年升高，相信未来这一数据还会加倍增长。

思考 上述案例中的信息是怎么得来的？分别采用了哪种调查方法？

分析提示 该案例在进行调查时采用了文案调查法、询问法、访谈法等多种方法。市场调查是企业了解市场、把握顾客需求的重要手段，是辅助企业决策的基本方法。市场调查必须按照市场调查的目的、调查项目的内容和调查对象特点选取不同的调查方法。调查方法的选择与运用是否合理，对调查结果影响很大。

【理论补给】

市场调查方法是指如何进行资料的收集。市场调查资料收集是根据市场调查的任务和要求，运用科学的方法，有计划、有组织地收集资料的工作过程。

市场调查方法按照收集数据的类型，可分为收集原始资料的市场调查方法和收集二手资料的市场调查方法，另外，还有一类新型的市场调查方法——网络调查法，既可应用于原始数据的收集，也可应用于二手数据的收集。具体分类方法如图2.4所示。

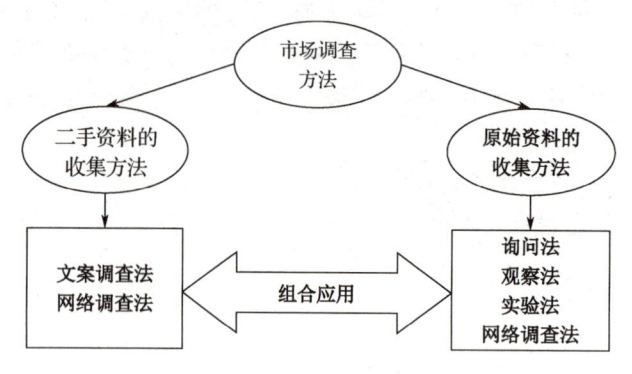

图2.4 市场调查方法的分类

2.4.1 文案调查法

中国城市分层研究

2000年以后，跨国公司在中国的目标是：①达到足够的销售额来平衡在中国的巨大投资；②在全国市场或至少50个城市中，保持领先地位；③将战线扩展到一、二线城市以外的地方。因此，市场调查公司面临着迫切的研究需求，要求市场调查能够做到：①深入到一、二线城市以外的地方；②广泛覆盖各线城市；③用具有代表性的城市样本来推测全国市场。

文案调查法

华南国际市场研究有限公司（以下简称"华南研究"）针对上述市场需求，对城市分类问题进行了深入的研究（主要使用文案调查法）。中国当时的实际情况是：城市640个（2亿非农业城市人口）；镇17000个以上；村740000个以上。华南的研究旨在寻找更好的城市分类方法及结果，主要包括：①所抽取的样本能代表整个中国的情况；②用系统的方法将城市进行分类；③能契合营销计划。

城市分类具有以下特点：

① 按政府定义的两种方式进行分类。按照行政级别分为直辖市、省级市、地级市、县级市。按照人口数量分为10个超大城市（人口200万以上）、22个特大城市（人口数量100~200万）、42个大城市（人口数量50~100万）、191个中等城市（人口数量20~50万）、375个小城市（人口数量20万以下）。

② 使用一系列重要的指标分类。比如人口、国民生产总值（总值或人平均值）、零售额（总值或人平均值）等。

③ 各个跨国公司按主观定义分类。比如，按照该公司是否在城市设办事处或设厂。

目前城市分类方法的潜在缺陷主要表现在：不能代表某个城市的整体市场潜力（如珠海拥有很高的人均零售额，但是人口较少，使之较少引人注意）；忽略了个别城市的特殊性（如玉溪。

华南研究提出了一种新方法进行客观分类，它采用人口、国民生产总值、人均国民生产总值、零售总额、人口密度、平均年收入、医生比例、年末储蓄等34个经济社会指标进行了因子分析。进行因子分析后，保留了10个高度相关的指标，归纳出市场容量标准、经济发展标准和城市化标准3个因子。最后进行聚类分析，得出分类结果：一线城市17个，二线城市50个，三线城市197个，四线城市369个，还有7个城市因数据不足无法归类。

对每个类别的城市进一步进行考察，华南研究又对各线城市做了进一步比较。

一线城市具体情况（17个城市）：

一线城市群一：中国最大都市、最大市场（北京和上海）；

一线城市群二：地区中心城市、特大省会和直辖市（天津、广州、重庆、武汉、沈阳）；

一线城市群三：大型省会城市（哈尔滨、南京、成都、西安、昆明等10个城市）。

二线城市具体情况(50个城市)：

二线城市群一：经济特区、经济发达、高度城市化、人口少（如深圳）；

二线城市群二：二级省会城市、中等经济水平（如太原、郑州、南宁等）；

二线城市群三：沿海省份的发达城市（如宁波、厦门）；

二线城市群四/五：重工业城市、中等经济水平（如鞍山、淄博、唐山）。

三线、四线城市的具体情况：

三线城市（197个，分为14个群），主要为中等规模城市（非农业城市人口30~50万）、珠江三角洲地区及长江沿岸的城市、轻工业城市。

四线城市（369个,分为16个群),主要为小城市（人口少于20万)、边界城市/山区城市、城市化程度低/未开发的城市。

思考 根据以上案例，思考企业还可以在哪些情境中运用文案调查法？

1. 文案调查法的含义

文案调查法又称资料查阅寻找法、间接调查法、资料分析法或室内研究法，是搜集、利用企业内部和外部现有的各种历史和现实的信息、情报资料，从中摘取与市场调查主题有关的信息，从而对调查内容进行分析研究的一种调查方法。文案调查不直接与调查对象打交道，而是间接地通过查阅各种文献获得信息，即二手资料。二手资料是经过他人收集、记录、整理所积累的各种数据和资料。

2. 文案调查法的优点

①不受时空的限制。文案调查法可以克服时空条件的限制，既可以获得现实资料，又可以获得实地调查无法取得的历史资料；既能获得本地域范围内的资料，又可以借助报纸、杂志及互联网等媒介物搜集其他地区的资料。

②收集容易,成本低。调查人员只需花费较少的费用和时间就可以获得有用的信息资料。与实地调查相比，文案调查实施起来更方便、自由，只要找到文献资料就可查阅，成本较低。

③文案调查收集的情报资料的可靠性和准确性较强。二手资料一般都是以文字、图表等

书面形式表现的，因此不受调查人员和调查对象主观因素的干扰，且都是经过他人验证过的，反映的信息内容较为真实、客观。

3. 文案调查法的缺点

① 对文案调查获得资料的加工、审核工作较难。这种方法依据的主要是历史资料，过时资料比较多，需要一定的加工过程。往往需要对资料的历史背景进行分析，并依据当前的情况进行调整，但许多资料经人多次传抄、引证，已经成为第三手、第四手资料，在使用时难以考察其时代背景；有的被人故意歪曲事实，其真实性、可靠性令人怀疑。

② 资料适应性差。一方面，由于受各种客观条件的限制，很难掌握所需要的全部文献资料；另一方面，收集、整理的资料和调查目的往往不能很好地吻合，对解决问题不能完全适用。

因此，文案调查需要许多专业知识、实践经验和技巧，具有一定文化水平的人才能胜任，否则难以加工出令人满意的资料。

4. 文案调查法的功能

在所有调查方法中，文案调查法有着特殊地位。它作为信息收集的重要手段，一直得到世界各国的重视，文案调查法的功能表现在以下几个方面：

① 文案调查法可以发现问题并为决策者提供重要参考。根据调查的实践经验，文案调查法常被作为调查的首选方法。几乎所有的调查都始于收集现有资料，只有当现有资料不能提供足够的证据时，才进行实地调查。因此，文案调查法可以作为一种独立的调查方法被采用。

② 文案调查法可以为实地调查创造条件。通过文案调查法，可以初步了解调查的性质、范围、内容和重点等，并能提供实地调查无法或难以取得的市场环境等宏观条件，便于进一步开展和组织实地调查。文案调查所收集的资料还可用来考证各种调查假设，即可通过对以往类似调查资料的研究来指导实地调查的设计，用文案调查资料与实地调查资料进行对比，鉴别和估算实地调查结果的准确性和可靠性。文案调查资料可以帮助探讨引起现象发生的各种原因并进行说明。如有必要进行实地调查，文案调查可为实地调查提供经验和大量背景资料。

案例分析 2.6 药物的满意度调查

国外某制药厂的一位调查者，计划进行一项对治疗某种疾病的药物的满意度调查，准备使用电话调查。在设计调查问卷时，他查阅了以往一些对该种疾病治疗药物的市场调查资料，发现电话调查的拒访率是最高的。于是，这位调查者将调查方法改为邮寄问卷调查，并承诺给应答者物质奖励。

思考 该调查者的做法是否正确？

提示 文案调查为实地调查提供了经验和大量的背景资料，为实地调查打下了基础，节省了很多实地调查费用，节约了调查时间，提高了实地调查效率。该调查者在开展实地调查之前，先通过文案调查了解相关信息，然后改变了市场调查方法，降低了拒访率，所以他的做法是正确的。

③ 文案调查法可用于经常性的调查。实地调查更费时费力，操作起来比较困难，而文案调查法经调查者精心策划，具有较强的机动灵活性，能随时根据需要，收集、整理和分析各种调查信息。

④ 文案调查法有助于调研项目的总体设计。通过对二手资料的分析，有助于深刻理解调研项目的背景和特点，提出较为切合实际的调研方案，避免设计失误、时间与经费的浪费。

⑤ 文案调查法有助于正确理解和使用原始资料。对于实地调查获得的原始资料，如果仅靠调查者的经验来解释，就可能被曲解，特别是当调查者对本调研领域不熟悉时更有可能如此。这时，与调查主题相似或相关的二手资料可以对原始资料起到解释、验证的作用。

案例分析 2.7　法国电力公司开展文案调查

Powerup 是法国的一家电力公司，它在英国放松对电力行业的管制后想进入英国市场，但担心失败，决定开展调查，以确定被英国电力市场接受的可能性。公司的目标消费者是拥有房产且家庭年收入 2.5 万英镑以上的家庭，公司根据它在法国的记录表明，他们信誉好、用电量高，而且及时付款。

第一步，公司调查人员根据英国政府的统计报告，统计得到这样的家庭有 220 万户。

第二步，公司购买了 ACORN 统计表，先查找用户地址，然后对住户开展调查。公司在调查上从不偷懒，因为他们知道，从长期看，调查能为公司节省数百万英镑。

不幸的是，ACORN 统计数据虽然对判断居民的住房等方面提供了详细资料，但对居民的收入预计并不准确。因此公司需要其他的数据源，将从专门的邮件发送清单服务商那里购买数据，然后把数据综合起来，使用到研究中。这样调查人员得到了一个精确的目标顾客清单，并准备利用该清单开展一项问卷调查，以确定顾客需求。

然而，董事会感到疑虑，法国的统计数据是否适用英国？能否用法国的信用等级评估方式评估英国的信用等级？两国收入和房屋所有权相同的居民在用电量方面也相同吗？况且，英国的房屋所有权率比法国的高。

总体来说，效果不大，他们认为英国的市场是一个完整的市场，有其自己的规律，法国规律照搬到英国很危险。

思考

① Powerup 公司如何使用文案资料考察英国的目标市场？

② Powerup 公司使用了哪些文案资料发现英国的目标市场？

③ 为什么 Powerup 公司最终需要实地调查？

5. 文案调查法的资料来源

文案调查应围绕调查目的，收集一切可以利用的现有资料，从一般线索到特殊线索，这是每个调查人员收集资料或信息的必由之路。

（1）内部资料的收集

内部资料是指企业内部各部门、机构保存的各种经营活动的资料，主要包括以下 4 种：

① 业务部门资料。业务部门资料包括与调查对象活动有关的各种资料，如订货单、进货

单、发货单、合同文本、发票、销售记录、业务员访问报告等。

② 统计部门资料。统计部门资料主要包括各类统计报表，企业生产、销售、库存等各种数据资料，各类统计分析资料等。

③ 财务部门资料。财务部门资料是指由企业财务部门提供的各种财务、会计核算和分析资料，包括生产成本、销售成本、各种商品价格及经营利润等。

④ 企业积累的其他资料。例如，平时的剪报、各种调研报告、经验总结、顾客意见和建议、同业卷宗及有关照片和录像等。

（2）外部资料的收集

外部资料是指企业之外的机构、团体、媒介等所提供的资料。可从以下几个主要渠道收集：

① 统计部门及各级、各类政府主管部门公布的有关资料。中华人民共和国国家统计局和各地方统计局定期发布统计公报等信息，并定期出版各类统计年鉴，内容包括人口数量、GDP、居民购买力水平等，这些都是很有权威性和价值的信息。此外，财政、工商、税务、银行等各主管部门和职能部门都设有各种调查机构，定期或不定期地公布有关政策、法规、价格和市场供求等信息，这些信息都具有综合性强、辐射面广的特点。

案例分析2.8　"尿布大王"的成功

日本的尼西奇公司早年通过人口普查资料找到了经营思路，并成功占领市场。尼西奇公司董事长川多博从日本政府的人口普查资料中发现，日本每年大约有250万名婴儿出生。这个数字给了他很大启示，若每名婴儿每年即使只用两块尿布，那么就是500万条。除此之外，潜在的市场需求也很大。

所以，尼西奇公司转产去专门生产尿布，现在日本婴儿使用的尿布中每三条就有一条是他们生产的。不仅如此，公司产品还远销世界70多个国家和地区，被日本政府评为"出口有功企业"，川多博被誉为"尿布大王"。

思考 "尿布大王"是从什么渠道收集市场信息的？

② 各种经济信息中心、专业信息咨询机构、各行业协会和联合会提供的信息和有关行业情报。这些机构的信息系统资料齐全，信息灵敏度高，为了满足各类用户的需要，它们通常还提供资料的代购、咨询、检索和定向服务，是获取资料的重要来源。

③ 图书馆里保存的大量商情资料。图书馆可提供贸易统计数字和有关市场的基本经济资料，还有世界各国经济、政治环境资料和世界贸易状况资料等。国内外有关的书籍、报纸、杂志所提供的文献资料，包括各种统计资料、广告资料、市场行情和各种预测资料等。

④ 有关生产和经营机构提供的商品目录、广告说明书、专利资料及商品价目表等。

⑤ 各种国际组织、学会团体、外国使馆、商会所提供的国际信息。

⑥ 国内外各种博览会、展销会、交易会、订货会等会议，以及专业性、学术性经验交流会议上发放的文件和材料。

⑦ 各种大众传播媒介，如电视、广播、报纸、杂志及信息网数据库含有丰富的经济信息和相关因素的信息。

案例分析 2.9　捷达开拓电动自行车新市场的调查

背景资料： 捷达公司原来是一家自行车生产厂家，近年来开始转向电动自行车的生产，并具备一定的研发能力和生产能力。为了降低经营风险，提高竞争力，捷达公司在进入某地区市场前，以及在对消费者和经销商调查前，先通过二手资料调查法摸清了该地区电动自行车的市场规模、市场容量、市场增长潜力、竞争对手情况等信息。

任务： 你认为捷达公司应通过二手资料调查哪些信息？这些信息的获取渠道是什么？

任务分析： 二手资料调查是重要的信息来源，为某些营销决策的制定奠定基础，常被作为市场调查的首选方法，几乎所有的市场调查工作都开始于二手资料的收集。

在本案例 2.9 中，与调查主题相关的可以通过二手资料调查收集到的内容如下：
① 该地区的经济发展趋势和基本情况、居民可支配收入情况。
② 该地区的社会发展趋势，即年龄结构、婚姻状况、职业分布、城市发展和市中心向外迁徙等方面呈现的趋势。
③ 该地区有关机动车和非机动车行业发展政策、电动自行车安全性方面的规定、电动自行车经营惯例。
④ 电动自行车的主要技术指标、生产要求、能够满足消费者需求的主要方式。
⑤ 该地区市政道路基本情况、城市公共交通状况。
⑥ 该地区市场的总体规模、市场潜量和市场增长率。
⑦ 该地区人口分布的基本情况和市内几个区的人口分布情况。
⑧ 该地区市场摩托车、燃油助力车、自行车、汽车的保有量情况。
⑨ 该地区市场电动自行车生产企业和主要产品情况。

在案例 2.9 中，捷达公司调查人员先在企业的各个业务部门（销售部门、市场部门、财务部门、仓库、代理商等）查找捷达公司内部的资料如下：
① 捷达公司的业务资料：客户订货单、进货单、合同文本、发票、销售记录、应收应付款、产品利润结构和地区利润结构等。
② 捷达公司的统计资料：公司的各种统计报表和生产、销售、库存等各种数据资料，以及统计分析资料。
③ 捷达公司的财务资料：财务部门提供的各种财务、会计核算和分析资料，包括成本、价格、经营利润等方面的资料。
④ 捷达公司积累的其他资料：公司的各种调查报告、总结、顾客意见与建议、简报、录像等。

另外，调查人员应积极查找的外部资料：
① 查找该地区统计局、财政局、市计委、工商局、税务局、各大银行公布的信息资料，并登录相关网站，获取最新数据。
② 在该地区各大媒体上（报纸、杂志、电台、网络）关注电动自行车市场信息栏目和商业评论栏目。
③ 该地区及周边市场的各种市场调查机构提供的市场信息。

④ 该地区图书馆或档案馆存档的各种电动自行车的商情资料、技术发展资料、研究机构的各种调查报告、论文集等。

⑤ 在该地区企业名录中查找电动自行车生产和零部件供应企业。

⑥ 通过该地区电动自行车协会了解近几年自行车行业的发展状况、行规、惯例等。尽可能查询更多的信息资料，如年销售量等。

⑦ 通过近几年的《本地区市政府工作报告》及《本地区统计公报》了解该地区近几年的经济发展状况，特别是与自行车生产相关的制造业数据。在统计年鉴中查询该地区的电动自行车年产量、产值等。

⑧ 在互联网上查找电动自行车企业，了解各企业的生产规模、技术力量、产品类型等。

⑨ 通过国家市场监督管理总局的网站了解电动自行车质量技术标准。重点了解电动自行车的车速、发动机、车架组合的抗震动强度、制动距离标准部分。

2.4.2 询问法

询问法，又称访问调查法、采访法，是将所要调查的事项以访问的方式，向被调查者提出询问，要求其给予回答，以获得所需资料的一种方法。询问法是一手资料收集中最常用、最基本的方法之一。

询问法主要通过直接或间接的回答方式来了解被调查者的看法和意见。访问的目的是了解消费者的消费需求、消费心理、消费态度、消费习惯、企业经营等现实信息，以及被调查者是否购买、销售或使用本企业产品，同时了解改进建议。

根据访问调查过程中调查者与被调查者接触的方式，询问法可分为面谈访问法、电话访问法、邮寄访问法、留置问卷访问法和网上调查法。调查者可以根据调研的目的、想要搜集资料的类型、获取信息难度的大小等因素，来决定是单独使用某种询问法，还是混合使用几种询问法来完成信息的收集工作。

1. 面谈访问法

所谓面谈访问法，就是调查人员按照抽样方案中的要求，到选中的家庭或单位，按事先规定的方法选取适当的受访者，再依照问卷或调查提纲进行面对面的直接访问。

这种方法具有回答率高、能深入了解情况、可以直接观察被访者的反应等优点，与其他方法相比，这种方法能得到更为真实、具体、深入的资料。缺点是调查成本高、时间长、对调查者的要求高等。因此，这种方法适合在以下情况时运用：

① 调查范围较小且调查项目比较复杂的情况。

② 了解顾客对某产品的构思或对某广告样本的想法。

③ 了解某类问题能否通过解释或宣传取得谅解的情况。

案例分析 2.10　企业的成功来自顾客调查

纺织企业家乔·海曼曾经接管了一家纺织厂。正当他对工厂进行改造时，收到了许多不同颜色、不同品种的订货单。当工厂经过改造快要投产时，他收到了政府部门的通知，必须减少两个染缸中的一个，因为排水系统承受不了。

这对企业来讲是一场灾难，如果缺少一个染缸，就不能生产出那么多的颜色。在绝望之中，乔·海曼决定采用面谈访问法来了解顾客对改变颜色的看法，并希望通过当面的解释使已订货的顾客接受现实。通过有效的面谈访问，已订货的顾客接受了解释，改选了其他颜色，而更多的顾客也接受了企业可以生产的那些颜色。这样企业不仅没有减少订单，还由于只设一个染缸而大大降低了生产成本。

思考 乔·海曼采取面谈访问法进行调查，取得了哪些效果？

面谈访问法的具体形式多种多样，既可派人员走出去，也可把调查对象请进来；既可个别交谈，也可开座谈会；既可由企业的人员调查，也可聘请或委托他人调查；既可去家庭、单位调查，也可在购物场所、公共地点随机调查；既可事先约定，也可临时展开。在调查中，选择哪种方式，要由具体调查项目的特点和需求来决定。面谈访问法一般包括入户访问和街头拦截式访问两种形式。

（1）入户访问

① 入户访问的含义。所谓入户访问，就是调查者按照抽样方案中的要求，在抽中的家庭或单位，按事先规定的方法选取适当的受访者，再依照问卷或调查提纲进行面对面的直接访问。

② 入户访问的优点。

a．调查有深度。入户访问是调查者与被调查者之间面对面交流的过程，调查的时间较长，可以采用比较复杂的问卷，调查比较深入的问题。

b．直接性强。入户访问能确保受访者在一个自己感到熟悉、舒适、安全的环境里轻松地接受访谈，可以对问卷中的私人问题或比较敏感的问题进行直接询问，使受访者更方便、更乐意回答。

c．灵活性较强。调查者依据调查的问卷或提纲，可以灵活掌握提问的次序并及时调整、补充内容，弥补事先考虑的不周，而且一旦发现受访者与所需的调查样本不符合时，可以立即终止访问。

d．准确性较强。具有可观察性，能直接获得反馈信息。调查者可直接观察受访者的态度，判断资料的真实可信度；可以对复杂的问题进行解释说明，可使回答误差降到最低程度。

e．拒答率较低。

③ 入户访问的缺点。

a．成本高、时间长。

b．可能会因为受访者家庭成员、电话干扰而分心。

c．入户困难，通常居民对陌生人的防备心理比较强，所以调查者经常会被拒绝。

d．受调查者的影响较大，调查者的素质（比如调查者业务水平、与人交往的能力、语言表达能力、语气、工作责任感等）会影响问卷的质量。

尽管如此，入户访问目前仍然是一种有效的、重要的调查方法。在实际工作中为提高访问质量，决定采用入户访问方式之前，企业首先要决定到哪些户（单位）去访问，应该尽可能详细具体地规定抽取样本的办法。同时，要求调查者必须严格地按照规定进行抽样，绝对不可以随意地、主观地选取调查户。入户以后要确定具体的访问对象。根据研究目的的不同，确定的访问对象也不同。如果调查的内容主要涉及整个家庭，则一般访问户主；如果调查的内容主要涉及个人行为，一般访问家庭中某个年龄段的成员，或按某种规定选取一位家庭成员进行访问。不管是哪一种情况，抽样方案中都要规定具体的方法，使调查者有据可依。对于只选一位家庭成员的情况，一般利用"入户随机抽样表"来确定。

（2）街头拦截式访问

① 街头拦截式访问的含义。街头拦截式访问是指根据调查目的和对象的特殊性，在受访人群较为集中的公共场所（如商场、公园、休闲广场等）直接拦截受访人群进行访问。这种方法常用在商业性的消费者意向调查中。街头拦截式访问的好处在于效率高，但是，无论如何控制样本及调查的质量，收集的数据都无法证明对总体有很好的代表性。

街头拦截式访问是一种新兴的方法，适合一些问卷内容较少、目标人群不易控制的调查项目。

② 街头拦截式访问的优点。

a. 访问地点比较集中，时间短，可节省访问费和交通费。

b. 避免入户困难。在公共场所，受访者没有怕露底的心理，所以，相对来讲比较容易接受访问。

c. 便于对访问员的监控。拦截调查通常是在选好的地点进行，所以，可以指派督导在现场进行监督，以保证调查的质量。

d. 在有关消费者调查中能够更容易接近目标顾客，针对性较强。例如，某超市想要调查顾客对超市服务方面的意见，只要对光顾该超市的顾客进行调查就可以了，这样做，比入户访问节约了不少的时间和费用。

③ 街头拦截式访问的缺点。

a. 不适合内容较复杂、不能公开的问题的调查。一般街头拦截式访问，最好时间不要超过10分钟。

b. 调查对象的身份难以识别，在调查地点出现带有偶然性，可能影响样本的代表性和调查的精确度。

c. 拒访率高。拒绝访问的样本往往可能是最具代表性的样本。

d. 在街头进行访谈，其环境比入户访问差得多，可能会影响受访者的注意力，容易使其分心。

④ 街头拦截式访问的方式。

第一种方式，是由经过培训的访问员在事先选定的若干个地点，如交通路口、户外广告牌前、商城或购物中心内（外）等，按照一定的程序和要求，选取访问对象，征得其同意后，在现场按照问卷进行简短的面访调查。

第二种方式，也叫中心地调查或厅堂测试，是在事先选定的若干场所内，根据研究的要求，摆放若干供受访者观看或试用的物品，然后按照一定的程序在事先选定的若干场所附近拦截访问对象，在征得其同意后，带到专用的房间或厅堂内进行面访调查。这种方式常用于需要进行实物展示的或特别要求有现场控制的探索性研究，或需要进行实验的因果关系研究。

例如，广告效果测试、某种新开发产品的试用实验等。

2．电话访问法

（1）电话访问法的含义

电话访问法是由调查者通过电话，依据调查提纲或问卷，向被调查者询问以获得信息的一种调查方法，包括传统的电话调查方法和计算机辅助电话调查方法（CATI）。传统的电话调查方法使用的工具是普通的电话，访问员在电话室内按照调查设计所规定的随机拨号方法确定拨打的电话号码，如拨通则筛选受访者，并逐项提问，同时加以记录。计算机辅助电话调查方法在一个装有 CATI 设备的场所进行，整套系统软件包括自动随机拨号系统、自动访问管理系统（实时监听系统、双向录音系统）和简单统计系统等。访问员只需戴上耳机，等待电脑自动甩号，根据筛选条件甄别被访对象，然后按照问卷上的问题进行访问，整个过程最大的优点是质量的监控保证及操作的规范化。

（2）电话访问法的优点

① 取得市场信息资料的速度最快。

② 节省调查时间和经费。

③ 覆盖面广，可以对任何有电话的地区、单位和个人进行调查。

④ 受访者不受调查者在场的心理压力影响，因而能畅所欲言，回答率高。

⑤ 对于那些不易见到面的受访者，如某些名人，采用此法有可能取得成功。

⑥ 访问员的管理更为系统规范，更有利于访问质量的监控，达到管理集中、反馈及时之效。

（3）电话访问法的缺点

① 问题不能深入。电话提问受到时间的限制，询问时间不能过长，内容不能过于复杂，故只能进行简单的问答，无法深入了解一些情况和问题。

② 调查工具不能综合使用。由于无法出示调查说明、照片、图片等背景资料，也没有过多的时间逐一在电话中解释，因此，受访者可能因不了解调查的确切意图而无法回答或无法正确回答问题。

③ 辨别真实性及记录准确性较差。

④ 不容易取得受访者的合作，容易遭到拒绝，而且无法针对受访者的性格特点控制其情绪，如对于挂断电话的拒答者，很难做进一步的规劝工作。

（4）电话访问法的应用范围

① 对热点问题、突发性问题的快速调查。

② 关于某特定问题的消费者调查。比如，对某种新产品的购买意向、对新开栏目的收视率调查等。

③ 特定群体调查。对于投资者近期投资意向和打算的调查。

④ 已经拥有了一定的信息，只需进一步验证情况时的调查。

（5）电话访问的具体操作

① 电话访问的准备工作。

a．访问员要求有较强的语言表达能力、沟通能力、理解能力，所以在电话访问前期，应逐一挑选普通话标准、语音优美、有亲和力、能吃苦耐劳、做事认真的访问员。

b. 必须明确此次电话访问的目的，要知道你想通过此次电话访问得到什么。

c. 相关知识的准备。对不同的调查内容要有相关知识的积累，特别是当调查内容涉及行业的相关专业知识时。

d. 在拨打电话之前，应该对达到预期目标的过程进行设计，可以准备一张问题列表，并对可能得到的答案有所准备。最好选用两项选择法进行询问。

e. 要有足够的被拒绝的心理准备。由于人们快节奏的生活，电话诈骗等社会问题的出现，使得电话访问频频受阻。所以要求访问员一定要有信心和恒心坚持下去，这样才能找到那个提供信息的人。若有可能，应提前寄一封信或卡片告知受访者将要进行电话询问的目的和要求，以及奖励办法等。

f. 进行试访演练。试访演练是正式访问的战前演练，可以了解访问员对调查背景、问卷内容及访问技巧的掌握程度和熟练程度。能否做细、做足试访工作对电话访问成功与否起着非常重要的作用。

应安排1～2名督导进行现场巡视，及时纠正访问员不规范的询问方式和记录方式，及时处理访问过程中不可预见的突发问题，保证访问正常有序地进行。

安排专人对访问过程的录音进行抽查，掌握访问员的共性问题和个性问题，并针对这些问题对访问员再次集中培训，确保访问员在统一口径和规范操作程序下搜集信息。

② 电话访问的开场白。开场白或者问候是访问员与受访者通话以后在前30秒钟讲的话，或者说是访问员讲的第一句话，其可以建立受访者对访问员的第一印象。在电话访问中，第一印象是决定访问员的这个电话能否进行下去的一个关键因素。

一般来说，开场白包括以下几个部分：

a. 问候/自我介绍。

例如，"您好，我是××公司的××。"

b. 表明打电话的目的。例如，"上个星期您提到……您对我们服务人员的服务态度感到满意吗？"

c. 确认客户时间是否允许。例如，"可能要花您几分钟的时间，现在方便吗？"

如果受访者此时很忙，尽可能与受访者约定下次访谈的时间。在约定时应采用选择性的问题。例如，"您看我们的下次访谈定在明天上午还是下午呢？""是下午两点，还是下午三点呢？"

d. 提出问题把受访者引入会谈。例如，"这个问题您怎么看？""它对您有帮助吗？""帮助在什么地方？""您建议我们下一步如何做？"

③ 电话访问进行中。

a. 电话访问进行中要注意倾听电话中的背景音，例如，有电话铃声、门铃、有人讲话等，此时应询问受访者是否需要离开处理事情，这表明了你对受访者的尊重。

b. 提高你提问和听话的能力。通过提问引导你们的电话访谈，在听取受访者回答时，正确理解受访者的意图，包括话外音。

④ 打完电话之后，访问员一定要向受访者致谢。

例如，"感谢您用这么长时间帮助我们，您的宝贵意见我们会认真考虑，谢谢！再见。"

3. 邮寄访问法

（1）邮寄访问法的含义

邮寄访问法是指由调查者将设计好的问卷，通过邮寄的方式送到受访者手中，请他们答完后寄回，以获取信息的方法。例如，把调查表放在产品的包装箱内，随出售产品一同到达消费者手中，由消费者填写后寄回。

（2）邮寄访问法的优点

① 费用低廉。

② 能给受访者较充裕的时间，可以慎重思考后回答问题，而且不因受到调查者有意识或是无意识的干扰而产生调查误差。

③ 调查区域广。

④ 受访者能避免因与陌生人接触而引起的情绪波动，方便对较敏感或隐私问题进行回答。

（3）邮寄访问法的缺点

① 问卷回收率较低。在几种调查方法中，邮寄访问法的问卷回收率是最低的。一般来说，30%的回收率为最佳，15%～20%的回收率为中等，但实际产生的回收率往往低于10%。低回收率有可能影响样本的代表性，由于不直接接触受访者，不能反馈受访者的态度，也不能了解问卷中未涉及的问题，所以容易遗漏重要的市场信息。

② 信息反馈周期长，影响收集资料的时效。

③ 要求受访者有较好的文字表达能力，对文化程度较低者不适用。

④ 问卷的内容和题型不能太困难，调查者对于问卷如何填写、受访者是否有不理解的问题、问卷是否为他人代写等现象无法控制，而这些直接关系到调查结果的准确性和真实性。

（4）提高问卷回收率的方法

① 对于没有回答问题的受访者，用明信片、电话或邮件进行提醒。

② 赠送小礼品来吸引受访者，提高问卷回收率。

③ 金钱刺激，这种方法在国外比较流行。比较普遍的做法是在问卷中夹带现金，以此让那些人为避免内疚而完成问卷。

④ 采取有奖征询的方式。凡是在规定时间内寄回调查问卷的都有资格参加抽奖活动，这既能提高问卷回收率，又能缩短问卷的回收时间，使资料具有时效性。

⑤ 附贴好邮票的回程信封。

（5）邮寄访问法的应用范围

① 对于时效性要求不高，受访者名单、地址、邮编都比较清楚，调查费用比较紧张的调查项目，可考虑使用这种方法。

② 如果企业有多次邮寄访问调查的先例，积累了邮访对象的样本群体，并建立了良好的合作关系，邮寄访问法就能取得优良的效果。

案例分析 2.11　强生公司的市场调查

强生公司是一家国际知名的婴儿用品生产公司。该公司想利用其在婴儿用品市场的高知名度来研发适合婴儿使用的阿司匹林,但不知市场的接受程度如何。由于强生公司有一些关系较好的市场调查样本群体,且调查问题比较简单,但需要被调查者做出解释,故决定采用费用较低的邮寄访问法进行市场调查。通过邮寄访问法的调查分析,强生公司得出这样一个结论:该公司的产品被消费者一致认为是温和的(这个结论与强生公司所做广告的宣传效果是一致的),但温和并不是消费者对适合婴儿使用的阿司匹林的期望。相反,许多人认为温和的阿司匹林可能不具有很好的疗效。为此,强生公司认为如果研发这种新产品,并做出适合于该产品的宣传就会损坏公司的整体形象,公司多年的努力也将付之东流。如果按以往的形象做宣传又无法打开市场,因此,强生公司最终决定放弃对这种产品的研发。

思考 强生公司采用邮寄访问法是否合适?放弃研发阿司匹林的决策是否正确?

4. 留置问卷访问法

(1) 留置问卷访问法的含义

留置问卷访问法是指调查者将调查表送到被调查者手中,并详细说明填写事项,由被调查者自行填写,再由调查者定期回收的一种方法。就方法本身而言,留置问卷访问法是介于面谈访问法和邮寄访问法之间的一种折中方法。

邮寄访问法与留置问卷法

(2) 留置问卷访问法的优点

① 受访者可依据自己的时间从容作答。

② 可回答需要耗费时间或难以当面回答的问题。

③ 不需要面谈技术纯熟的访问员。

④ 调查问卷回收率高,受访者可以当面了解填写问卷的要求,澄清疑问,避免由于误解提问内容而产生误差。

⑤ 受访者的意见不受调查者的影响。

(3) 留置问卷访问法的缺点

① 难以确认是不是受访者本人的回答。

② 需要委托调查及回收两次访问,所以比较耗费交通费、人事费。

③ 调查地域范围有限。

5. 影响询问调研方法选择的因素

(1) 收集数据的质量

数据质量是指数据的有效性与可靠性。有效性是指能够反映调查对象的整体情况,而可靠性是指收集的数据的可信度。一般来说,对数据质量要求不同,可采用的询问方法也不同。

(2) 预算费用

所谓"巧妇难为无米之炊",预算费用在很多方面都影响调查方法的选择,但它不应该成为选择时的唯一参考因素。应本着少花钱多办事的原则,将预算费用与一个可行的数据收集方法结合起来。

(3) 问卷的长度

问卷的长度决定着调查时间，而调查时间的长短又决定了受访者接受访问及顺利完成调查的可能性。大多数方法都不适合较长的问卷，如街头拦截式访问和电话访问法，因为很少有受访者愿意在声音嘈杂的街头或电话中完成长达一个小时的访谈。所以，不宜将问卷设计得太长。

(4) 问卷的结构化程度

问卷的结构化是指问题是否按一定的次序排出，答案是不是固定的。符合上述条件的则为结构化问卷，可以采用邮寄访问法、电话访问法等；而不符合上述条件的则为非结构化问卷，宜采用入户访问法。

(5) 操作的复杂性

有些调研活动的操作比较复杂，如口味的测试、产品选择和广告实验测试等。这些复杂的操作不适合采用非面谈的方式进行，所以，这类测试往往采用街头拦截式访问等人工操作的方法来进行。

(6) 抽样精度要求

在实际调查研究中，对抽样精度的要求也是选择调查方法时的重要参考因素。对于精度要求较高的调查研究，由于电话访问法一般采用随机抽样，通常能够满足精度的要求，所以是比较理想的方法，而入户访问的样本精度也比街头拦截式访问的样本精度要高。

6. 其他调查方法

(1) 小组座谈法

企业了解消费者对广告、新产品的包装、新产品的口味等方面的深度评价，靠一般的调查是很难获取这方面的信息的。因此，很多企业常常借助小组座谈法来收集消费者的意见和建议。

① 小组座谈法的含义。小组（焦点）座谈法是指由一个经过训练的主持人以一种无结构的自然的形式与一个小组的被调查者交谈，主持人负责组织讨论，从而获取对一些问题的深入了解的方法。这种方法的价值在于常常可以从自由进行的小组讨论中得到一些意想不到的发现。

② 小组座谈法的作用。小组座谈法作为定性调查中最常用的方法之一，在发达国家十分流行，它比一对一的面谈更容易发现新概念、新创意，而且快速，能节省许多时间。此外，由于提供了较好的观察受访者言行的机会（如通过单向镜或监视器等），从而使不同的观察者都能得到自己所要的信息。

③ 小组座谈法的组织。小组座谈法是技术性要求较高的调查方法，要选择合适的被调查者，创造平等、轻松的环境，还要使被调查者讲真心话，不是件容易的事。因此，小组座谈法的有效组织是非常重要的。一般从以下几个方面来进行：

a. 明确访谈目的。企业在进行小组座谈前必须明确调查目的，以便在调查过程中做到有的放矢。

b. 甄别参与者。小组座谈法的参与者一般都要经过甄别。先由研究人员定下标准，让访问员找到足够的符合条件的候选人，并且对参与者分组，一般以某个参数是否同质为准，同质同组。参与者应该尽量"普通"些，如果没有必要，应该把有"专家"行为倾向的人排除在外，包括一些职业（如律师、记者、讲师等）的消费者，因为他们很容易影响其他参与者，同时增加了主持人的控制难度。

c. 确定主持人。合格的主持人首先应该是训练有素的调研专家，他对调研背景、调研目的、调研程序、分组情况都应该了如指掌。如果要主持一个诊断性的小组座谈，主持人还要有良好的心理学和社会心理学方面的造诣。

d. 准备调研提纲。调研提纲是小组座谈的问题纲要，它应该给出小组要讨论的所有主题，还要把主题的顺序做合理的安排。

e. 现场布置。不同的调研项目会需要不同的现场布置，比如，广告效果座谈就需要投影仪和屏幕；概念测试需要制作概念板；饼干口味测试则需要更多的准备，如苏打水、饼干、笔、纸都要提早到位。另外，在每次座谈前，要把参与者的名字写在桌牌上，预先放置妥当。这样做可以使参与者按我们设定的次序就座，方便了记录和数据分析处理；同时，主持人在座谈过程中能够直接称呼参与者，极大地促进了沟通关系的建立，也方便了主持人的工作。

f. 实施座谈。

g. 分析资料和数据。几组小组座谈实施完了，参与者说的话都是真心话吗？是不是还有不明确的信息？要不要再组织一次补充座谈？是否需要用其他方法继续深入调研、观察、实验或者问卷访问？这些在对资料和数据进行分析之后才能得出结果。

h. 总结和撰写调查报告。

（2）深层访谈法

① 深层访谈法的含义。深层访谈法是一种无结构的、直接的、个人的访问，在访问过程中，一个掌握高级技巧的访问员深入访谈一个受访者，以揭示其对某一问题的潜在动机、信念、态度和感情。

② 深层访谈法的优点。

a. 深层访谈法比小组座谈法能更深入地探索受访者的内心思想与看法。

b. 深层访谈法可将反应与受访者直接联系起来，不像小组座谈法难以确定哪个反应是来自哪个受访者。

c. 深层访谈法可以更自由地交换信息，不要求形成小组一致的意见。

③ 深层访谈法的缺点。

a. 能够做深层访谈的有技巧的访问员难以找到。

b. 由于调查的无结构使得结果十分容易受访问员自身的影响，其结果的质量及完整性也十分依赖访问员的技巧。

c. 占用的时间和所花的经费较多。

④ 深层访谈法的应用。

与小组座谈法一样，深层访谈法主要也是用于获取对问题的理解和深层了解的探索性研究。不过，深层访谈法不如小组座谈法使用得普遍。主要应用在如下方面：

a. 详细地了解受访者的想法。

b. 讨论一些需要保密的、敏感的或让人为难的话题。

c. 受访者容易随着群体的反应出现摇摆的情况。

d. 详细地了解复杂行为。
e. 访问专业人员、调查的产品比较特殊等。

2.4.3 观察法

观察法是市场调查活动中使用较为频繁的，然而也是在实际操作中比较容易被忽视的方法。科学的观察具有目的性、计划性、系统性和可重复性。在科学实验和调查研究中，观察法能扩大人们的感性认识，启发人们的思维，导致新的发现。

观察法

案例分析 2.12 观察的效力

《美国文摘》曾经报道，恩维罗塞尔市场调查公司有个叫帕科·昂得希尔的人，是有名的商业密探。在进行调查时，他一般会坐在商店的对面，静静地观察来来往往的行人，与此同时，他的同事也正在商店里进行调查工作，他们负责跟踪在商品架前徘徊的顾客，主要调查目的是找出商店生意好坏的原因，了解顾客走出商店以后如何行动，以及为什么许多顾客在对商品进行长时间挑选后还是失望地离开。通过他们的详细调查，使许多商店在日常经营过程中做出了多项实际的改进措施。

有一家音像商店由于地处学校附近，所以许多青少年经常光顾。恩维罗塞尔市场调查公司通过调查，发现这家商店把磁带放置过高，身高较矮的孩子往往拿不到，从而影响了销售。昂得希尔指出应把商品降低 18 英寸放置，结果磁带的销售量大大增加。

还有个叫伍尔沃思的公司发现商店后面区域的销售额远远低于其他区域的销售额，昂得希尔通过观察并拍摄现场，揭开了这个谜：在销售高峰期，现金收款机前顾客排着长长的队伍，一直延伸到商店的另一端，妨碍了顾客从商店的前面走到后面，针对这一情况，商店专门安排了结账区，结果使商店后面区域的销售额迅速增长。

思考 ① 上述案例中的市场调查公司采取的是哪种调查方法？有什么特点？
② 你能说出实际市场调查中常用的方法吗？

1. 观察法的含义和特点

（1）观察法的含义

观察法是研究者根据一定的研究目的、研究提纲或观察表，用自己的感官和辅助工具去直接观察被研究对象，从而获得资料的一种方法。观察法可为特定的调查目的专门使用，也可作为询问法的一种补充。

观察法是市场调查研究中的重要方法之一。观察法的特点是不直接向被调查者发问，在其没有察觉的情况下，从旁观察。与其他的调查方法相比较，观察法的优点和缺点是比较明显的。

（2）观察法的优点

① 被调查者的意见不受外在因素的影响，收集的信息来自客观实际，它能通过观察直接获得资料，不需其他中间环节。因此，观察得到的资料比较真实。

② 成本低，用途较广，技术要求不高。

③ 在自然状态下的观察，能获得生动的资料。

④ 观察法具有及时性的优点，它能捕捉到正在发生的现象。

⑤ 观察法能搜集一些无法言表的材料。总之，观察法调查实施起来简单、易行，所获信息客观、准确。

(3) 观察法的缺点

① 受时间的限制，某些事件的发生是有一定时间限制的，过了这段时间就不会再发生。

② 受观察对象限制。如研究青少年犯罪问题，有些秘密团伙一般是不会让别人观察的。

③ 受观察者本身限制。一方面，人的感官都有生理限制，超出这个限度就很难直接观察；另一方面，观察结果也会受到主观意识的影响。在人员观察中，观察法对观察者的技术要求较高，如要求观察者有敏锐的观察力、必要的心理分析能力等，否则会使结论失真，容易出现主观臆断。

④ 无法观察内在的动机及行为的原因。它只能观察表面现象，无法了解人们的动机、态度、想法和情感等深层次的问题。

⑤ 不适用于大面积调查。观察到的只是一些现象，了解不到被调查者内在因素的变化，调查者根据观察能不能做出正确的判断，往往又受自身主观因素的影响。

⑥ 被观察到的只是现实信息，并不代表将来的行为。

案例演示 2.9

美国有一家玩具工厂，为了选出一个畅销的玩具娃娃品种，使用了观察法来帮助他们决策。他们先设计 10 种玩具娃娃，然后放在一间屋子里，请小孩做决策。每次让一个小孩进入屋内，让他（她）玩"娃娃"，在无拘束的气氛下看这个小孩喜欢的是哪种玩具娃娃。为了求真，这一切都是在不受他人干涉的情况下进行的。关上门后，通过摄像机进行观察，经过对 300 个孩子的调查，然后决定生产何种样式的玩具娃娃。

2. 观察法的类型

(1) 按观察者参与观察活动的程度划分

按观察者参与观察活动的程度分为完全参与观察、不完全参与观察和非参与观察。

① 完全参与观察，是指观察者隐瞒自己的真实身份，长期与被观察者处在同一环境中，生活在一起，开展调查。这有利于倾听被观察者的言谈，取得更深入、更全面的信息与资料。例如，一些企业的信息员以促销员的身份在超市从事促销工作，观察顾客购买本企业产品的情况及竞争对手产品的销售情况等。

② 不完全参与观察，是指观察者参与被观察者的群体活动，但不隐瞒自己的真实身份，并取得被观察者的容纳与信任，置身于调查事项中取得资料。在这种调查中，被观察者往往会出于维护自身或他人的利益、形象等原因而掩盖一些材料信息，使调查结果不全面或失去真实性。

③ 非参与观察，是指观察者不置身于被观察群体中，以局外人的身份观察事项的发生和

发展情况，如测试购物中心的客流量和变动频率等。这种方法比较真实客观，但无法了解事情背后深层次的原因，观察到的往往是表面现象，也不能取得全面细致的资料。

（2）按取得资料的时间特征进行划分

按取得资料的时间特征可划分为纵向观察和横向观察。

① 纵向观察，又称时间序列观察，就是在不同的时间段进行观察，取得一连串的观察记录。通过对取得的资料进行分析研究，能了解到调查对象发展变化的过程和规律。例如，调查某种洗面奶的销售情况就可使用此种方法。用训练有素的观察人员和隐蔽的摄像机，记录人们选择、购买或重新放回该产品的表情和动作等情况。需要注意的是，要确定一个有说服力和代表性的观察时间范围。例如，在观察到某超市购物的顾客时，应选择早晨、中午、晚上，还有周末等各个不同的时间段进行观察，这样，观察结果才有说服力，因为在工作日与周末、早晨与晚上来超市购物的消费者往往是完全不同类型的顾客。

② 横向观察，又称静态观察，是指在某个特定时间内对若干个调查对象所发生的事态同时加以观察、记录。例如，同时观察几个超市同一种饼干的销售情况等。

（3）按观察结果的标准化程度划分

按观察结果的标准化程度可划分为控制观察和无控制观察。

① 控制观察，是在调查过程中根据调查目的预先确定调查范围，以统一的观察手段、观察程序和观察技术进行有计划的系统观察，使观察结果达到标准化。它一般用于目的性、系统性较强的调查，或用于简单观察后为使调查更加精确而进行的补充调查或取证。

② 无控制观察比较灵活，对观察项目、程序和步骤等不做严格的规定，也不用标准方法进行记录。它常用于探索性调查或有一定尝试的专题调查。

（4）按观察的具体形式不同划分

按观察的具体形式不同，可划分为人员观察和机器观察。

① 人员观察。人员观察是观察法中最主要的形式之一，是由调查人员实地观察受访对象以了解情况。例如，某公司为了了解自己生产的某种小家电的销售情况采用人员观察，派调查人员到超市、商场等销售现场，亲自观察和记录顾客的购买情况及顾客在挑选过程中向促销员咨询的相关问题等。

人员观察也可以采用3种方式：自然观察、设计观察和掩饰观察。自然观察是指调查人员在一个自然环境中（包括超市、展示地点、服务中心等）观察被调查对象的行为和举止。设计观察是指调查机构事先设计模拟一种场景，调查人员在一个已经设计好的并接近自然的环境中观察被调查对象的行为和举止。掩饰观察就是在不为被观察人知道的情况下监视他们的行为过程。

② 机器观察。机器观察是通过机器来观察受访对象的。机器观察更便宜、更客观、更详细，机器观察更适合进行长时间的观察。例如，零售商场的选址需要确定一定水平的客流量才能实现预期的利润，通过人工进行计数是非常耗时耗力的，而且很难得到正确的数据。若利用交通流量计数器则可以使这个问题变得很简单。如今经常用来观察的机器有交通流量计数器、人口计量器、阅读器等，一般来说，这些在国外应用得更广泛些。

案例分析 2.13　奇怪的客人

一次,一个美国家庭住进了一位日本客人。奇怪的是,这位日本人每天都在做笔记,记录美国人居家生活的各种细节,包括吃什么食物、看什么电视节目等。一个月后,日本人走了。不久,丰田公司推出了针对当今美国家庭需求而设计的物美价廉的旅行车。例如美国男士喜欢喝玻璃瓶装饮料而非纸盒装的饮料,日本设计师就专门在车内设计了能冷藏并能防止玻璃瓶破碎的柜子。直到后来,丰田公司才在报纸上刊登了他们对美国家庭的研究报告,同时向为日本人提供帮助的家庭表示感谢。

思考 上述案例中采用了什么类型的观察法?有什么特点?

3. 观察法的主要应用

(1) 观察顾客的行为

了解顾客行为,可使企业有针对性地采取恰当的促销方式。所以,调查人员要经常观察或者摄录顾客在商场、销售大厅内的活动情况,如顾客在购买商品之前主要观察什么,是商品价格、商品质量,还是商品款式等;顾客对商场工作人员的服务态度有何意见等。

(2) 观察顾客流量

观察顾客流量对商场改善经营、提高服务质量有很大好处。例如,观察一天内各个时间进出商店的顾客数量,可以合理安排营业员工作的时间,更好地为顾客服务;又如,为新商店选择地址或研究市区商业网点的布局,也需要对客流量进行观察。

(3) 观察产品使用现场

调查人员到产品用户的使用地进行调查,了解产品质量、性能及用户反应等情况,实地了解使用产品的条件和技术要求,从中发现产品更新换代的前景和趋势。

(4) 观察商店柜台及橱窗布置

为了提高服务质量,调查人员要观察商店内柜台布局是否合理,顾客选购、付款是否方便,柜台商品是否丰富,顾客到台率与成交率及营业员的服务态度如何等。

(5) 交通流量观察

为了更合理地定位某一街道、路段的商业价值或提出可行的交通规划方案,常需要调查某一街道的车流量、行人流量及其方向。调查时可由调查人员或仪器记录该街道在某一时间内所通过的车辆、行人数量及方向,并测定该街道车流量、行人流量的高峰和平峰的规律,供营销决策参考。

4. 观察法的程序

为了能够获得有用的信息,在采用观察法调查时,应遵循一定的调查程序,不能简单、盲目地进行。

观察法的调查程序是:第一步,要提出调查目的及相应的被调查对象,设计好观察记录表格(见表2.9);第二步,进行正式调查,可以是表格记录或仪器的记录;第三步,对观察所取得的资料进行整理分析,并提出观察结果。

在具体操作过程中要注意不能凭调查人员的主观想象、直觉来进行观察记录;在使用仪器前要进行检查，而且为了不干扰调查对象，要保持观察场景的自然状态，最好不要公开使用一些观察设备，如摄像机等；在某些情况下也可以事先告知被调查者，便于与调查人员积极配合。

案例演示2.10

表2.9　某购物中心顾客行踪分析观察表

```
1. 观察员姓名：＿＿＿＿＿＿＿
2. 观察日期：＿＿＿＿＿＿＿＿
3. 观察序号：＿＿＿＿＿＿＿＿
4. 观察开始时间：＿＿＿＿＿＿
5. 购物中心入口：＿＿＿＿＿＿
6. 单独光顾：
 A. 性别：①女性（  ）    ②男性（  ）
 B. 年龄：① 20岁以下  ② 20～29岁  ③ 30～39岁  ④ 40～49岁  ⑤ 50～59岁  ⑥ 60岁以上
7. 结伴光顾：
 A. 成年人：①女性（  ）   ②男性（  ）
 B. 儿童：①女性（  ）     ②男性（  ）
8. 购物中心顾客行踪：
 A. 寻购商品      B. 停留时间（分）        C. 购物（是/否）
 ①＿＿＿＿＿＿
 ②＿＿＿＿＿＿
 ③＿＿＿＿＿＿
 ④＿＿＿＿＿＿
 ⑤未寻购商品
9. 柜组出口：＿＿＿＿＿＿＿
10. 商场出口：＿＿＿＿＿＿＿
11. 交通工具：
 ①步行（  ）         ②乘公共汽车（  ）      ③骑摩托车（  ）
 ④骑自行车（  ）     ⑤开汽车（  ）汽车车牌号码：＿＿＿＿＿＿＿
12. 观察结束时间：＿＿＿＿＿＿
13. 被观察人是否注意到有人在观察：
 ① 未注意（  ）     ② 不能确定（  ）       ③ 注意到了（  ）
14. 顾客行踪分析观察员的注解：
 地点：＿＿＿＿＿＿  时间：＿＿＿＿＿＿＿  签名：＿＿＿＿＿＿
```

5. 神秘顾客法

所谓"神秘顾客法"是指由一些身份特殊的顾客以普通消费者的身份，通过实地体验，了解调查对象的服务和管理等方面的情况，然后将收集到的信息资料整理成报告，递交给调查者的一种调查方法。调查者根据这些信息，分析其中存在的问题并做出适当的改进，以提高企业的服务水平，取得更好的业绩。

这种方法之所以被企业的管理者采用，是因为"神秘顾客"在购买商品或消费服务时，观察到的是服务人员无意识的表现。从心理和行为学角度来看，人在无意识时的表现是最真实的。"神秘顾客"在消费的同时，也和其他消费者一样，对商品和服务进行评价，对于发现的问题与其他消费者有同样的感受。根据上述服务质量的特性，"神秘顾客法"弥补了管理过程中的一些不足，其作用体现在以下几个方面：

①"神秘顾客"的观察对象不仅是本企业，还可以是竞争对手。通过长时间连续的观察，可以对本企业和竞争对手的优势和薄弱环节有正确的认识，并且发现增强企业竞争力的机会。

②"神秘顾客"为激励员工提高服务水平和奖励员工提供了依据。

③"神秘顾客"在与服务人员接触的过程中，可以了解员工对企业的不满和建议，帮助管理者及时发现和解决管理中的问题，拉近员工与管理者之间的距离，增强企业的凝聚力。

企业应积极地宣传开展"神秘顾客"活动，让员工充分了解到这只是希望发现他们的优质服务，并予以奖励和推广，而并非只是希望发现他们的错误。出发点不同，员工的心态也会不同。

"神秘顾客"本身必须经过严格的挑选和培训。为了省钱、省事，不设计正规的调查记录表，随便招聘几个人去当"神秘顾客"的做法，会由于"神秘顾客"缺乏经验，只能得到表面信息，接触不到问题的实质。

2.4.4 实验法

案例分析 2.14　品牌标识设计的实验调查研究

作为品牌资产中最重要的部分，品牌标识对消费群体关于品牌以及对企业的看法和认知具有较大影响。某企业以 00 后消费群体作为研究对象，采用实验法研究 00 后消费群体对各种品牌标识的反应。首先，设计了纯文字、纯图形、文图结合的三种类型的品牌标识。将被试者随机划分进纯文字、纯图形、图文结合三个实验对照组当中，要求被试者看到品牌标识的时间控制在 5 秒钟以上，之后让被试者对自己所看到的品牌标识进行详细阐述，界定所属类别，测试被试者的品牌态度等。结果表明，纯图形品牌标识与图文结合的品牌标识对 00 后消费者的影响是一致的，纯图形品牌标识和图文结合的品牌标识比纯文字标识对 00 后消费者的影响更大。（朱家琦等，品牌标识设计对 00 后消费群体影响的实验研究，商业经济研究，2022 年 11 期）

思考 上述案例中应用的是什么调查方法？这种方法有什么优点和缺点？

> 实验法的含义

1. 实验法的含义

实验法也称实验调查法，是指市场实验者有目的、有意识地通过改变或控制一个或几个市场影响因素的实践活动来观察市场现象在这些因素发生变化时的变动情况，由此认识市场现象及其发展变化规律。实验法可以深入研究事物之间的因果关系。

根据选择实验场所的不同，实验法可以分为实验室实验和市场试销。实验室实验是指市场调查人员人为地模拟一个场景，分析没有导入变量和导入变量之后经济效果的变化情况；它主要应用于新产品、包装和广告设计及其他调查的初始测试。市场试销是指企业的某种产品进入某一特定地区进行试验性销售；目的是收集有关市场活动的信息和经验，预测市场活动计划在应用于全部目标市场时的结果。

实验法既是一种实践过程，又是一种认识过程，它将实践与认识统一为调查研究过程。实验法的基本要素是：①实验者，即实验调查的活动主体，他们以一定的实验假设来指导自己的实验活动；②实验对象，即实验者所要认识的客体，他们往往被分成实验组和对照组这两类对象；③实验环境，即实验对象所处的各种市场条件的总和，它们可以分为人工实验环境和自然实验环境；④实验活动，即改变实验对象所处社会条件的各种实验活动，它们在实验调查中被称为"实验激发"；⑤实验检测，即在实验过程中对实验对象所做的检查或测定，它可以分为实验激发前的检测和实验激发后的检测。

2. 实验法的特点

实验法是一种具有实践性、动态性、综合性的直接调查方法，它具有其他调查方法没有的优点，同时也有自身的局限性。

（1）实验法的优点

① 实践性。实验调查是一种直接的动态调查，它能够直接掌握大量的一手资料。

② 实验调查有利于揭示实验激发与实验对象变化之间的因果联系。

③ 实验调查是可重复的调查，能够验证市场现象之间是否存在相关关系。调研人员通过主动改变某种条件，促进市场现象的发展，以观察其实验对象产生的影响，得出结论，并可以通过多次反复的实验来检验实验结论正确与否。

（2）实验法的缺点

① 实验对象和实验环境的选择难以具有充分的代表性，特别是实验组、对照组中实验对象和实验环境的选择难以做到相同或相似。

② 人们很难对实验过程进行充分有效的控制，特别是在现场实验中往往无法完全排除非实验因素对实验过程的干扰。

③ 对实验者的要求较高，花费的时间较长，实验对象不能过多，等等，也是这种调查方法难以克服的局限性。

3. 实验调查方法

根据调查目的的不同、是否设置对照组和组数的多少，可以设计出多种实验方案。在市场调查中，常用的实验调查方法有两大类：正规设计和非正规设计，如图 2.5 所示。

（1）正规设计

随机对比实验

正规设计，也称随机对比实验，是指调查者按随机抽样法选定实验单位进行调查。

在非正规设计的几种实验调查法中，都是按照判断分析的方法选择实验单位的，简便易行，也能够获得较好的调查结果。但当实验单位很多、市场情况十分复杂且不太熟悉时，按主观的判断分析选定实验单位就比较困难。这时，可以采用正规设计，即采用随机抽样法选定实验单位，使众多的实验单位被选中的概率相同，从而保证实验结果的准确性。正规设计又可以分为完全随机设计、分组随机设计和多因素分组随机设计等。

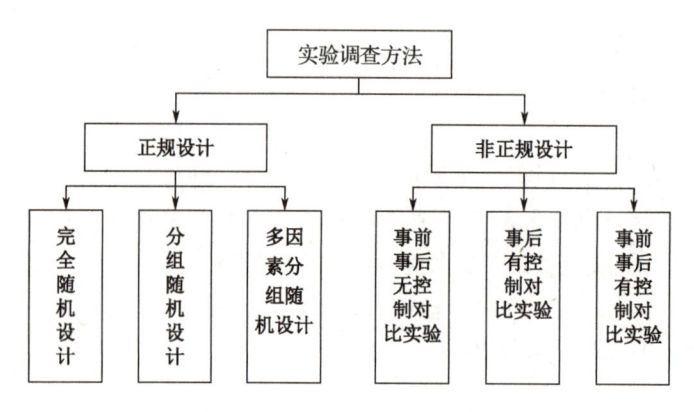

```
                        实验调查方法
                   ┌─────────┴─────────┐
                正规设计              非正规设计
              ┌────┼────┐          ┌────┼────┐
            完全  分组  多因    事前  事后  事前
            随机  随机  素分    事后  有控  事后
            设计  设计  组随    无控  制对  有控
                        机设    制对  比实  制对
                        计      比实  验    比实
                                验          验
```

图 2.5 实验调查方法分类

① 完全随机设计。完全随机设计采用完全随机的方法选择实验对象，实验的目的是为了得知某因素是否对目标变量的变动存在显著的影响。例如，包装设计、销售价格、产品品牌等对市场销售产生的影响。这类实验的实验单位完全采用简单随机抽样，要对实验外的变量尽量控制，使之对各实验单位的影响接近。

案例演示 2.11

某厂某种新产品现有 A、B、C 3 种包装，公司欲试验这 3 种包装，并且记录每种包装产品的销售量。研究人员将这 3 种包装随机配给要进行试验的 9 家商店，每 3 家商店用一种包装，实验期为一周，重复资料次数为 4 次。实验结果如表 2.10 所示。

表 2.10 各商店产品的销售结果

实验次数	各包装产品的销量		
	A	B	C
1	38	51	28
2	48	58	35
3	25	42	42
4	32	65	40
合计	143	216	145

通过分析每种包装产品的周平均销售量，可以发现，不同包装产品的销售量是有差别的，可初步确定采用包装 B 的产品销量好。

通过以上分析，我们可以发现完全随机设计具有使用简单、易操作的优点，但没有严格控制外部因素（如气候、商店规模差异、商店的地理位置、竞争状况等）的影响，所以，完全随机设计在实际中并不能被广泛使用。

② 分组随机设计。分组随机设计可以解决完全随机设计存在的部分问题。调查者除了考虑基本自变量的影响，还可将某个主要的外部因素孤立起来研究。例如在上述案例中，只测

量了 9 家商店 3 种不同包装产品的销售量，没有考虑商店大小的影响，而商店规模很显然是影响实际销售量的潜在因素。因此，我们可以使用分组随机设计使一个外部因素的影响与总的实验误差分开，得到实验处理的实际效果的真实情况。

案例分析 2.15　商店规模会影响不同包装产品的销售量吗

根据前面的案例演示，我们按这些商店每周的总销售额进行分组，第一组大于 10 万元、第二组 6～10 万元、第三组小于 6 万元。由于使用了额外的变量（商店规模大小），有必要增加实验的商店数。为保证每种价格下每组都有 3 家商店，就要使用 27 家商店，然后把各种包装产品随机配给每个组的 9 家商店，其结果如表 2.11 所示。

表 2.11　不同商店规模下各商店产品的销售情况

商店规模	各包装产品的销量		
	A	B	C
大于 10 万元	198	183	192
6～10 万元	180	156	167
小于 6 万元	50	147	161
合　　计	428	486	520

这种结果排除了商店规模大小的影响。

通过以上分析，我们可以发现分组随机设计具有的特点是：将实验单位之间的差异按照某些标准加以分组，这样使得各个组之间的差异明显，各组内的差异减少。

③ 多因素分组随机设计。单因素分组随机设计只能消除一个不能控制的实验外因素对实验结果的影响，如果要消除两个或更多实验外因素的影响，则应采用多因素分组随机设计。这里仅仅以两个实验外因素为例说明基本方法。

案例演示 2.12

根据"案例演示 2.11"，我们认为新产品上市后的销量受包装和产品价格的影响，有 3 种包装设计 A、B、C 和两种价格 P1 和 P2，商店规模分组同表 2.11，这样，可以得到 3×2 种因素组合，分别是：A×P1、A×P2、B×P1、B×P2、C×P1、C×P2，我们得到的实验数据如表 2.12 所示。

表 2.12　不同商店—不同规模下不同种类的包装产品的销售情况

商店规模	包装价格					
	A		B		C	
	P1	P2	P1	P2	P1	P2
大于 10 万元	193	172	185	180	173	170
6～10 万元	180	175	162	157	167	160
小于 6 万元	120	103	119	100	135	107

通过以上分析,我们可以发现多因素分组随机设计具有以下特点。

优点:能够测算实验误差,从而有助于提高实验结果的准确性;可以缩短分析过程和时间,并与其他实验方法互相结合、互相补充,解决实验单位不易选定或选定不准的困难。

缺点:应用中花费时间长,费用开支大,使其实际应用受到限制。

(2)非正规设计

在实验过程中,如果不是随机地选择实验结果组或实验方法,则这种设计被称为非正规设计。非正规设计又可以分为三大类:事前事后无控制对比实验、事后有控制对比实验、事前事后有控制对比实验。所谓事前、事后,是指实验前、实验后。

① 事前事后无控制对比实验。事前事后无控制对比实验又称单一实验组前后对比实验法,是指在同一市场内,先在正常情况下进行测量,收集一定时期的必要数据,然后进行现场实验,经过同等时间的实验期后,收集实验过程中的数据资料,从而进行事前、事后对比,通过对比观察来研究分析实验变量的结果的实验调查法。这是比较简单的一种实验调查法。如果 X_1 代表实验前的测量值,X_2 代表实验后的测量值,则:

$$实验的效果 = X_1 - X_2$$

案例演示 2.13

某饮料厂为了增加饮料的销售量,经过对市场的初步分析,认为应该改变其外包装。但对于新包装设计效果如何、能否增加销售量、能否扩大市场占有率等问题,没有切实的把握。于是,企业决定采用事前事后无控制对比实验对市场进行一次实验调查。

该厂将其生产的 3 种式样的饮料 A、B、C 作为实验对象。实验期定为一个月。实验过程中,首先统计汇总未改变包装前一个月 3 种饮料的市场销售量,然后改变包装,经过在同一市场销售一个月后,再统计汇总采用新包装后的市场销售量。实验调查结果如表 2.13 所示。

表 2.13 某饮料厂 3 种产品市场销售量事前事后无控制对比实验数据表

饮料的样式	实验前销售量 X_1(瓶)	实验后销售量 X_2(瓶)	实 验 变 动
A	1300	1600	+300
B	2500	2900	+400
C	2100	2500	+400
合 计	5900	7000	+1100

从实验前、实验后统计的饮料销售数据变化可以看出,实验前(旧包装)3 种式样的饮料销售总量 X_1=5900(瓶),实验后(新包装)3 种式样的饮料销售总量 X_2=7000(瓶)。实验效果为 1100(瓶)。这说明,改变饮料的包装对其销售量影响较大,因此根据实验调查,该厂可以对饮料进行重新包装,以增加销售量,提高市场竞争力。

事前事后无控制对比实验也可以调查商品款式变化、品质变化、价格变化等措施是否有利于增加销量和利润。

事前事后无控制对比实验应用简单,但因没有考虑对比时间和季节等因素的影响,在实际情况中往往由于市场形势的发展、商品购买力变化、价格、消费心理、季节等因素不同程度地影响实验效果,所以结果不是很精确,在实际运用中要综合其他因素来决策。

②事后有控制对比实验。事后有控制对比实验,是指在市场调研中选择两组条件相当的调查对象,一组为实验组,一组为控制组,改变实验组的自变量(如花色、价格等),控制组仍保持原样。实验后,对实验组的结果与控制组的结果进行比较的一种实验调查法。

所谓控制组,是指非实验单位;实验组是指实验单位。控制组和实验组对比实验,是指在同一时间内用非实验单位与实验单位进行对比的一种实验调查法。在同一实验时期内,实验单位按一定的实验条件进行试验销售,非实验单位按原有条件进行销售,用来与实验单位进行对比,以测定实验的结果。在客观环境和主观经营能力大致相同的条件下,两种类型单位销售量的差别可以比较正确地反映实验效果。如果 X_2 代表实验组的事后测量值,Y_2 代表控制组的事后测量值,则:

$$实验效果 = X_2 - Y_2$$

为使实验结果的可信度高,可交换实验组与控制组,再次进行实验。由于这种设计缺少事前测量,所以不适合用来分析发生的整体变化。

案例分析 2.16 现场促销活动对牛奶销售量影响的对比调查

某奶制品公司为了解现场促销活动对牛奶销售量的影响程度,决定采用控制组与实验组收集信息,进行决策。他们选定了 A、B、C 3 家商店为控制组,不进行现场促销活动,商品正常在柜台销售;另选定 D、E、F 3 家商店为实验组,派出营销人员现场促销,让顾客免费品尝,并发放广告材料。A、B、C 一组 3 家商店与 D、E、F 一组 3 家商店从经营规模、所处位置等方面大体相似。实验时间为一个月,实验数据如表 2.14 所示。

表 2.14 某产品在 3 家商店中销售量的事后有控制对比实验数据表

控制组(无现场促销活动)		实验组(有现场促销活动)	
店名	销售量 Y_2(袋)	店名	销售量 X_2(袋)
A	12000	D	14000
B	7000	E	9500
C	15000	F	18000
合计	34000	合计	41500

从表 2.14 中的数据可以看出,作为实验组的 D、E、F 3 家商店由于开展现场促销活动,一个月的牛奶销售量为 41500 袋,作为控制组的 A、B、C 3 家商店没有开展现场促销活动,一个月的牛奶销售量为 34000 袋。而原先 A、B、C 3 家商店与 D、E、F 3 家商店的销售量差不多。现在由于 D、E、F 3 家商店开展现场促销活动,牛奶销售量增加了 7500 袋。通过控制组和实验组对比实验的调查,说明现场促销活动能增加牛奶销售量。

通过以上分析,我们可以发现事后有控制对比实验具有以下特点:

优点：实验组和控制组可以在同一时间内进行对比，这样就可以排除由于对比时间不同而可能出现外来变数的影响。

缺点：控制组与实验组之间的可比性，包括两组所处的客观环境和各种主观、客观经营能力等。从理论上说，条件应完全一样才能对比，但事实上很难找到完全符合条件的两个组。

③ 事前事后有控制对比实验。事前事后有控制对比实验又称实验组与控制组对比实验，它是比较复杂也是比较科学的一种实验调查法。它是控制组事前事后实验结果同实验组事前事后实验结果之间进行对比的一种实验调查方法。具体做法是在同一时间周期里，选择两组条件相似的实验单位，一组作为实验组，一组作为控制组，在实验前后分别对这两组进行比较。在这里，实验组与控制组的可比性非常重要。若是企业，应选择在类型、规模、渠道等方面大致相同的，以保证两者无论是整体结构还是内部结构都有高度的可比性。

实验原理：用 X_1、X_2 分别代表实验组事前测量值、实验组事后测量值，用 Y_1、Y_2 分别代表控制组事前测量值、控制组事后测量值，则：

$$实验结果 = 实验组变动量 - 控制组变动量 = (X_2 - X_1) - (Y_2 - Y_1)$$

$$实验效果 = [(X_2 - X_1)/X_1 - (Y_2 - Y_1)/Y_1] \times 100\%$$

思考 为什么实验结果不是 $(X_2 - X_1)$，而是 $(X_2 - X_1) - (Y_2 - Y_1)$ 呢？

提示 实验组变动结果为 $(X_2 - X_1)$，它包含着实验变数和外来变数两方面因素的影响；而控制组变动结果为 $(Y_2 - Y_1)$，只包含外来变数一方面因素的影响。因此，实验变数结果 $(X_2 - X_1) - (Y_2 - Y_1)$ 实际上是在排除了外来变数影响的情况下，实验变数影响的实际结果。所谓外来变数的影响，是指非实验变数的影响。

案例演示 2.14

某饮料厂要调查新包装的效果，选择甲、乙两家超市。其中，甲超市为实验组，销售新包装饮料，乙超市为控制组，销售旧包装饮料（甲、乙两家超市原来的饮料销售量大致相等），实验期为一个月，有关数据如表 2.15 所示。

表 2.15 某饮料厂在两家超市中销售的事前事后有控制对比实验数据表

组　　别	实验前一个月的销量（瓶）	实验后一个月的销量（瓶）	变　动　量
实验组（甲超市）	$X_1 = 2000$	$X_2 = 2850$	+850
控制组（乙超市）	$Y_1 = 2000$	$Y_2 = 2150$	+150

从表 2.15 中可以看出实验组和控制组在实验前的饮料销售量均为 2000 瓶，实验组在实验后的销售量为 2850 瓶，控制组在实验后的销售量为 2150 瓶。实验结果 $=(X_2 - X_1) - (Y_2 - Y_1) = 850 - 150 = 700$（瓶），实验效果 $= 700/2000 \times 100\% = 35\%$

通过控制组和实验组事前事后对比实验调查，说明改变饮料的外包装可以增加饮料的销售量，仅甲超市一个月销售量就增加了 700 瓶。

应用控制组和实验组事前事后对比实验，因为排除了自变量以外的其他非控制因素的影响，仅仅只有实验因素对实验结果产生影响，提高了实验的准确性，是一种更加先进的方法。

实验法的应用范围十分广泛，主要应用在某种环境改变或商品在诸多方面的改变。如整体产品中的品种、包装、设计外观、价格、广告、陈列方法等，在判断上述因素改变是否有效时，可以采用实验调查法。在实施过程中，一方面注意实验对象和实验环境的选择；另一方面还应加强对实验激发及非实验因素的控制；同时，对实验效果进行科学的检测与评价。

案例分析 2.17　虚拟购物

最近，在计算机图表和三维模型方面取得的进展大大拓展了模拟市场测试的应用范围。为什么呢？因为营销者可以快速、便宜地在计算机屏幕上复制出一种真实零售店的感觉。

例如，一位消费者能看到装满各种产品的货架。购物者通过触摸监视器上货物的图像就可以选择货架上的物品。然后，产品会移到屏幕的中心。在屏幕上，购物者可以利用一种三维的追踪球来转动产品，以便从各个侧面查看产品。要想购买产品，顾客只需触摸运货车图像，然后产品就会移到车上，这与顾客在一家商店购物时把产品放到手推车里一样。在购买过程中，计算机毫无困难地记录下顾客购买每类产品所花的时间、检验包装的每一侧面所用的时间、购买产品的数量及购买产品的顺序。

计算机模拟的环境，就像刚才描述的一样，提供了许多优于传统研究方法的优点。第一，虚拟商店可以将一个实际的市场完全加以复制。顾客能在一个更现实和复杂多样的环境中购物。第二，调查人员能迅速地实施并改善这些测试。一旦产品图像被计算机扫描，调查人员便可以几分钟内在货架空间方面做出改变，包括各种品牌的集合、产品包装、价格及促销。因为由购买而产生的信息能被计算机自动捕获并储存，所以数据搜集迅速、简洁。第三，由于展示是在电子操作的基础上创造的，所以测试成本低。一旦硬件和软件就绪，测试的成本基本取决于被测试者的人数。一般来说，要对参与受试者给予小的鼓励。第四，这种模拟具有高度的灵活性。已经能用于测试整个新的营销观念或用于调整现有的计划。这种模拟还可以排除或者至少控制现场实验中存在的大量噪声。

然而，这种调研方法的好处就是它赋予市场调查人员实现他们想象的机会。它将模拟市场测试从发生在实验计划后期的一个"做还是不做"的障碍转变为一种可以试验新思想的有效的营销实验室。不必实际制造产品和支出广告费及促销折扣，不会提醒竞争者，不必首先了解新思想是好还是坏，是糟糕还是奇妙，产品经理就能测试新的创意。

2.4.5　网络访问调查法

网络访问调查法是指在互联网上针对调查问题进行调查设计、收集资料及分析咨询等活动。网络调查主要有两种方式：一种是利用互联网直接进行问卷

网络调查法

调查，收集第一手资料，可称为网上直接调查；另一种是利用互联网的媒体功能，从互联网收集第二手资料，称为网上间接调查。而网络调查方法又包括电脑网络访谈法、E-mail问卷调查法、BBS在线访谈法、站点问卷调查法、搜索引擎法。

1. 网络访问调查法的种类

（1）电脑网络访谈法

电脑网络访谈法也称联机访谈法或者网络访谈法，是指在电脑网络上使用已经建立的网站，通过事先的邀请，让确定的若干名网友在指定的时间登录一个特定的网站而进行市场调查的方法。网络访谈法的具体操作包括如下3个步骤：

① 选择调查对象。在需要进行一次网络小组座谈的市场调查活动时，调查人员应该先搜索其数据库，利用已有的顾客资料，按照既定的条件筛选可以作为访谈调查的受访者的名单，建立一个受访者的数据库；然后向受访者发送电子邮件，邀请他们届时接受访谈。

② 事先通知访谈内容。凡进行电脑网络访谈，都应该事先通知参与访谈的对象，告知受访者访谈的内容、要求。有的事先提供访谈指南或者调查的详细题目，以便事先做好准备。

③ 进行访谈。访谈主持人在指定的时间前打开网站迎接受访者，讲解问题并再一次讲解讨论要求，并且与他们进行轻松的交流。主持人通过在网络上输入讨论的问题来控制访谈。

（2）E-mail问卷调查法

E-mail问卷调查法主要是指利用电脑网络调查对象的电子信箱来进行问卷发放和完成市场调查的方法，也包括简单的调查问卷以电子广告的形式在电脑网络上进行公开调查的方法。

在进行E-mail问卷调查时，调查主持者在自己的终端机上制定调查问卷，然后，按照已经知道的E-mail网址发放问卷（电子调查邮件），或者直接粘贴在自己的网站上。受访者在自己的信箱中或者电脑网络上看到问卷后，直接把答案寄回调查者的信箱，或者立即进行点击回答。调查主持者通过事先设计好的软件程序进行调查结果的统计。E-mail问卷调查与邮寄问卷的性质、效果类似，只是邮寄问卷和回收问卷的方式都通过发送电子邮件来完成，大大提高了调查的效率，同时由于回答和邮寄方便，所以，回收率相对传统邮寄问卷调查有所提高。

案例分析2.18　网络调查法应用实例

美国消费者调查公司是美国的一家网上市场调查公司。通过互联网在世界范围内征集会员，只要回答一些关于个人职业、家庭成员组成及收入等方面的个人背景资料问题，就可成为会员。该公司每月都会寄出一些市场调查表给符合调查要求的会员，询问"你最喜欢的食物是哪种口味""你最需要哪些家用电器"等问题，在调查表的下面标注完成调查后受访者可以获得的酬金，根据问卷的长短及难度的不同，酬金的范围为4～25美元，并且每月还会从会员中随机抽奖，至少奖励50美元。该公司的会员注册十分积极，目前已有网上会员50多万人。

思考 通过以上案例你获得了什么样的启示？

案例演示 2.15

目前，比较常用的网络问卷调查平台是问卷星。问卷星是一个专业的在线问卷调查、考试、测评、投票平台，专注于为用户提供功能强大、人性化的在线设计问卷，以及采集数据、自定义报表、调查结果分析等系列服务。与传统调查方式和其他调查网站或调查系统相比，问卷星具有快捷、易用、低成本的明显优势。

问卷星使用流程分为下面几个步骤：

① 在线设计问卷。问卷星提供了所见即所得的设计问卷界面，支持49种题型及信息栏和分页栏，并可以给选项设置分数（可用于考试、测评问卷），可以设置关联逻辑、引用逻辑、跳转逻辑，同时还提供了千万份量级专业问卷模板。

② 发布问卷并设置属性。问卷设计好后可以直接发布并设置相关属性，例如，问卷分类、说明、公开级别、访问密码等。

③ 发送问卷。通过微信、短信、QQ、微博、邮件等方式将问卷链接发给填写者，或者通过发送邀请邮件、嵌入到贵公司网站，还可与企业微信、钉钉、飞书等高度集成。

④ 查看调查结果。可以通过柱状图、饼状图、圆环图、条形图等查看统计图表，卡片式查看答卷详情，分析答卷来源的时间段、地区和网站。

⑤ 创建自定义报表。自定义报表中可以设置一系列筛选条件，不仅可以根据答案做交叉分析和分类统计（例如统计年龄在20～30岁之间女性受访者的统计数据），还可以根据填写问卷所用时间、来源地区和网站等筛选出符合条件的答卷集合。

⑥ 下载调查数据。调查完成后，可以下载统计图表到 Word 文件，然后保存、打印，在线 SPSS 分析或者下载原始数据到 Excel，然后导入 SPSS 等调查分析软件做进一步的分析。

（3）BBS 在线访谈法

BBS 在线访谈法是指网络调查员利用网上聊天室或 BBS 等与不相识的网友交谈、讨论问题来寻求帮助、获取有关信息的一种调查方法。BBS 在线访谈法与传统的访问调查法类似，不同之处在于调查员与被调查对象无须见面，可以消除彼此的顾虑，自由发表意见。适用于探测性调查，可对有关问题进行定性分析。可以采取网上个别访问或组织网上座谈会等形式。

（4）站点问卷调查法

站点问卷调查法是将调查问卷以 HTML（Hyper Text Markup Language）文件附加在一个或几个网络站点的 Web 上，通过浏览这些站点的网上用户在此 Web 上回答调查问题，再通过自动方式从网上传回的一种调查方法。站点问卷调查法是一种被动的调查方法，也是目前网上调查通用的方法，可以在企业自己的网站进行调查，也可以通过其他公开网站进行。

（5）搜索引擎法

搜索引擎法主要是利用网络的搜索服务功能对二手资料进行收集的一种调查方法。网上二手资料内容丰富,有企业网站、学校网站、服务机构网站、政府机关网站。这些网站上有大量市场、政策、教育等有价值信息,通过收集,再进行加工处理,同样可以成为企业获取外部信息的重要途径。

企业可以利用搜索引擎法直接进行网上调查,还可以委托市场调查机构开展网络调查,主要是针对企业及其产品的调查。调查内容通常包括网络浏览者对企业的了解情况,网络浏览者对企业产品的款式、性能、质量、价格等的满意程度,网络浏览者对企业的售后服务的满意程度,网络浏览者对企业产品的意见和建议。

2. 网络调查的优势

① 网络调查能够设计出多媒体调查问卷,可以直观地通过文字、图形和其他丰富多彩的表现形式做出选择和答题。

② 网络调查可以通过视听技术,使网络调查人员与网上受访者进行自由交流与沟通,可以获得更加全面、可靠的信息资料。

③ 网络调查为受访者提供了便利,受访者可自行决定回答问卷的时间、地点。

④ 网络调查的调查范围广,调查费用低。

3. 网络调查的缺陷

由于网络调查的优势,使得它越来越受到人们的重视,有人认为网络调查必将取代传统的调查方式,这是调查业发展的趋势和方向。但在现阶段,一个主要的问题是:互联网调查的客观性,即网络调查的结果究竟在多大程度上是可信的。

国内的网络调查比较具有代表性的是 CNNIC(中国互联网络信息中心)的调查。从 1997 年以来,它对互联网在中国的宏观发展状况进行过 6 次调查,它的调查报告受到了国内外的重视,也是有关中国互联网发展统计引用率最高的调查报告之一。CNNIC 的调查是典型的网络调查,它把问卷放在网上,然后由访问者自愿填写。虽然成本低,简单易行,但无法保证其客观性;例如,根据什么标准对问卷进行处理,用什么方法进行抽样等。

调查结果的可靠性、客观性,主要是统计数据的可信度问题。所谓统计数据的可信度,就是统计数据的可信程度,更直观的表示就是统计数据的误差问题。网络调查的可信度主要表现在以下两方面:

① 网络调查研究的总体问题,即覆盖范围误差问题。覆盖范围误差是指个体被抽样框所忽略的情况。覆盖范围误差通常被视作网络调查的最大误差源,指的是目标总体与抽样框之间的差距。由于调查是在网上进行的,因此在网上接受调查的是网民,那么网络调查研究的总体应当是网民。但是,目前中国的网民只占中国人口较少的一部分。因此,网络调查的对象是有限的。例如"对中国网络媒体发展状况的满意度"等问题的调查,网络调查无疑是很合适的,但若要进行更大范围的调查,如"城镇居民对银行卡收费的态度"等,网络调查就显得不合适了。因为这种调查的总体相当广,并不仅限于网民,所以网络调查的结果无法代表真实的大众观点和态度。

② 样本的代表性误差问题,即抽样误差问题。如将全体网民作为全体总体,将参与调查的网民作为样本总体,那么在这两者之间存在一个代表性问题。以网上问卷为例,若把

问卷放在网站上,由访问者自愿填写,它面临许多问题,例如,是否能吸引足够多的人填写问卷,填写问卷的人是否符合调查对象的要求,是否有人多次填写同一问卷,以及如何估计无回答误差等,这些问题都是调查人员无法控制的。例如,每次网上选评优秀电影、优秀电视剧和优秀节目主持人就难以尽如人意,难以杜绝假票的问题。若用 E-mail 发送问卷,则必须有足够多的邮件地址,以便从中挑选调查对象,否则不具有代表性,它的回馈率也不会很高。

4. 解决网上调查问题的主要手段

要有效解决以上这些问题,在现阶段,可以运用一些技术手段减少这些问题的影响。主要手段如下:

① 网上用户身份的检验。在采集调查信息时,为了尽可能消除因同一个被调查者多次填写问卷给调查结果带来的代表性偏差,我们可以利用"IP+ 若干特征标志"的办法作为判断被调查者填表次数唯一性的检验条件。在设计指标体系时,所有可以肯定的逻辑关系和数量关系都应充分利用,并被列入调查质量检验程序,以实现网上用户身份的唯一性,排除干扰。

② E-mail+Web。在采用电子邮件邀请和在线调查相结合的方法时,调查者给被调查者提供一个含有密码的链接,每一个被调查者的密码都不一样,而且只能使用一次。当被调查者点击链接时,程序会读取密码并与数据库核对,这样可以避免不符合标准的人填写问卷,防止被调查者多次填写。

③ 随机 IP 自动拨叫技术。可以用这种技术进行主动的网上抽样调查。通过一个 IP 地址生成工具产生一批随机 IP,再由一个 IP 自动拨叫软件向这些 IP 发出呼叫,传送一个请被调查者参加调查的信息。收到该信息的网上用户可以按照意愿决定是否参加调查。

④ 利用特征标志作为"过滤器"。根据具体调查问题选取有效的指标,如年龄、性别、学历、职业、职务、地区、其他品质标志及数量标志等作为特征标志,通过特征标志将调查表中代表性差的样本过滤出去。

5. 网络调查应注意的细节

① 要合理设计问卷。问卷不可过长或过于复杂,以免被调查者没有足够耐心填写,或产生有歧义、有错误的回答。因此,调查问卷的设计要注意问题的数量和问卷的格式,控制好答题时间,使问卷能得到有效的回答。

② 不要侵犯或泄露被调查者的个人隐私。许多免费下载软件对用户的网上监测是在用户不知情的情况下进行的,这会招致用户的抗议与反对。在问卷调查中,要注意避免提问可能让用户暴露隐私的问题。

③ 要想办法减少无回答误差,提高调查的回答率。可以向被调查者提供一定补偿,如有奖问答或赠送小礼品等,以此来吸引网民自愿参加网络调查。

作为一种新兴事物,网络调查与目前的各种调查方法存在许多不同之处。先进的通信技术使它具有传统调查方法无法比拟的优势,但它存在的问题也是不可忽视的。

案例演示 2.16

"某市居民轿车需求与用户反馈调查"的调查方法如下:
(1) 居民私家车需求与用户调查采用调查员上门访问(问卷测试)的方法。
(2) 竞争对手的调查采用现场暗访调查及用户测评等方式获取相关信息。
(3) 居民私家车的社会拥有量和普及率通过走访统计局、交通大队了解。
(4) 居民的消费收支情况及社会经济发展状况通过统计年鉴来了解。
(5) 利用本经销店的用户信息库进行分类统计和信息开发。
(6) 召开一次用户焦点座谈会。

2.4.6 大数据市场调查方法

案例分析 2.19 百度怎么会知道你在超市买了刮胡刀

大卫在深圳出差,去超市买了一把吉列刮胡刀,用微信结账。回到酒店后,当他打开计算机的百度页面时,竟然惊奇地发现在广告栏出现了有关吉列刮胡刀衍生品品牌的推荐。这是怎么回事呢?

大卫特意向公司互联网信息部的一位同事咨询,原来这背后有一条完整的数据链条。当大卫买了一把刮胡刀并用微信付款的时候,微信支付就会给他的设备打一个标签,标注这个设备在某个时间点买了一把刮胡刀,然后将这个标签放回数据信息库里。

又因为腾讯和京东合作,所以这个标签数据也共享到京东的数据信息库里,而百度又是京东的广告来源,所以当大卫登录百度之后,百度就能把相应的广告推荐给大卫。

但还有一个问题没解决。大卫用手机支付,为什么计算机会知道他买了一把刮胡刀呢?谁能把手机和计算机认为是同一个人?

Wi-Fi! 因为这两个设备经常连接同一个 Wi-Fi。通过 Wi-Fi,百度、京东和腾讯就会把它们认为是同一个客户的设备。所以当大卫访问百度时,广告自然而然就推给他了。

大卫又在京东上做了一个实验,点击了一款方便面产品并下了订单,又点击了一款山楂树果汁类饮料但未下单。在关闭京东后,他打开今日头条,竟然惊奇地发现今日头条里面也出现了类似这两款产品的推荐信息。看来所有的数据都通过互联网设备 ID 打通了。

思考 大数据时代的信息获取和传统信息获取有什么区别?

近几年,互联网和移动网络的普及,推动了云计算、物联网、大数据为代表的新一代信息技术在企业经营管理中的应用,提升了管理水平。在大数据时代,海量的历史数据得到存储、调取和分析,大数据技术应运而生。大数据技术是在网络信息技术、云计算技术、人工智能技术基础上发展而来的新型技术,主要是对庞大的网络数据信息进行整理、分析和完善,并形成数据分析报告,从而对社会和市场等进行全面的反映、预测和诊断。

1. 利用大数据开展调查的作用

① 可以对海量网络信息进行汇总统计,体现数据调查的全面性和广泛性。在大数据技术背景下,数据分析体量越来越大,涉及范围越来越广,数据分析参考价值也在逐渐提升。

② 可以拓展调查深度和广度，对收集的数据信息进行深度挖掘分析，为企业提供更加精准全面的客户信息，保障企业营销活动的针对性。

③ 可以开展动态性市场调查，实现对市场发展形势的实时监控，方便企业时刻掌握、了解市场的动态发展形势，从而为企业生产、经营、营销等活动的调整与优化提供依据，保障企业经营效率。

④ 可以帮助企业开展关联性的市场调查工作，注重调查主体之间的关系，突出市场调查重点，从而提升市场调查的质量和效果。

2．大数据信息调查与采集

大数据信息调查与采集多借助计算机工具或软件来实现，这里只对大数据信息调查做简单说明，了解常用的采集方法和技术。

（1）系统日志采集法

思政小课堂——数据安全法三大要点

系统日志主要记录系统的硬件、软件和系统问题的信息，同时还可以监视系统中发生的事件。用户可以通过它来检查错误发生的原因，或者在系统受到攻击时寻找攻击者留下的痕迹。系统日志包括系统日志、应用程序日志和安全日志。关于系统日志采集的工具，目前使用比较广泛的有 Hadoop 的 Chukwa、ApacheFlumeAFacebook 的 Scribe 和 LinkedIn 的 Kafka 等。

（2）网络数据采集法

目前，网络数据采集有两种方法：一种是应用程序接口 API；一种是网络爬虫法。

① 应用程序接口 API。应用程序接口 API，是网站的管理者为了方便使用者而编写的一种程序接口。该类接口可以屏蔽网站底层复杂算法，仅通过简单调用即可实现对数据的请求功能。目前主流的社交媒体平台如新浪微博、百度贴吧及 Facebook 等均提供 API 服务，可以在其官网开放平台上获取相关源码。比如 Facebook、Twitter、QQ、新浪微博、微信、E-mail 等社交平台已经成为不可或缺的社交工具，企业可以利用电子邮件对其开展定量的调查工作，科学、合理的调查方案可以更好地帮助企业在一个低成本的状态下，获得更加真实有效的调查结果。企业可通过对消费者发布的微博信息、评论，以及微信朋友圈的信息转发量、信息传递内容和速度来统计并分析消费者当前的消费潮流和消费理念。

② 网络爬虫法。网络爬虫法是一种按照一定的规则，自动地抓取万维网信息的程序或者脚本的网络数据采集法。另外一些不常使用的名字还有自动索引、模拟程序或者"蠕虫"。比较常见的爬虫便是我们经常使用的搜索引擎，如百度、360 搜索等，此类爬虫统称为通用型爬虫，它们对所有的网页进行无条件采集。

给予爬虫初始统一资源定位符 URL，爬虫将网页中需要提取的资源进行提取并保存，同时提取出网站中存在的其他网站链接，经过发送请求、接收网站响应及再次解析页面，提取所需资源并保存，再将网页中的所需资源进行提取……以此类推。网络爬虫工作原理如图 2.6 所示。

（3）终端系统数据采集法

随着 4G 网络和智能手机的普及，市场调查通过移动终端寻找突破口。大量的手机应用（如饿了么、京东等）可以实时采集消费者的消费信息。目前，商家产品上提供的二维码等为消费者下载 App 提供捷径，消费者通过 App 注册，企业可以及时跟进用户动态、产品使用率、产品渗透率、回购率及顾客的意见反馈，企业可以在第一时间进行问卷调查，并且通过提供一定的奖励，鼓励消费者认真填写电子问卷。在服务行业等快速消费品行业中，POS 系统的安装与使用已被广泛推广。消费者通过扫描商品条形码即可在系统中反馈商品名称、规格、进价、零售价、购买地点、厂家信息等，企业可以根据这一系统反馈的信息来掌控市场动态。

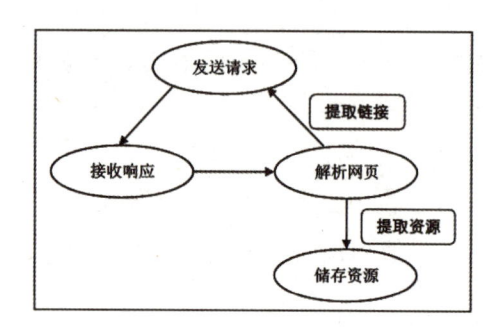

图 2.6　网络爬虫工作原理

案例分析 2.20　用户画像的数据架构

在大数据时代的信息获取中，计算机从比特流中获取所有与用户相关的数据，解读用户，构建用户画像。

用户数据来源于数据类系统、互联网渠道类系统和第三方数据，终端数据信息主要采集于企业核心交易系统、风险关联系统、数据仓库等终端系统数据文件，互联网渠道类信息通过系统日志采集门户网站、手机银行、微信银行等网络信息，第三方数据通过爬虫技术检索外联应用网关搜集。用户画像的数据架构如图 2.7 所示。

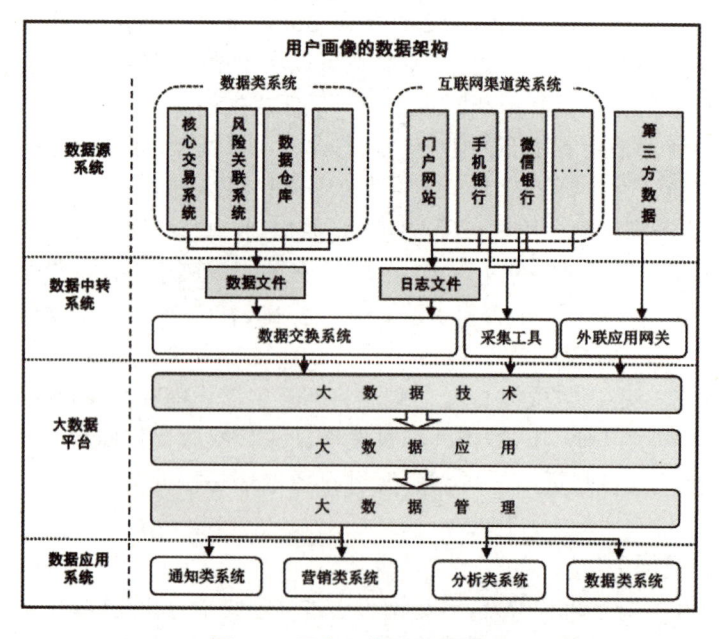

图 2.7　用户画像的数据架构

所有搜集到的用户数据分为动态信息数据和静态信息数据两大类。静态信息数据是指用户相对稳定的信息，主要包括人口属性、商业属性等方面的数据。动态信息数据是指用户不断变化的行为信息，比如，一个用户打开网页，买了一个杯子；该用户浏览了某个购物网站的几种商品等。用户数据分析如图 2.8 所示，浏览凡客首页、浏览休闲鞋单品页、搜索帆布鞋、发表关于鞋子品质的微博、赞"双十一大促给力"的微博消息，均属于互联网用户行为。

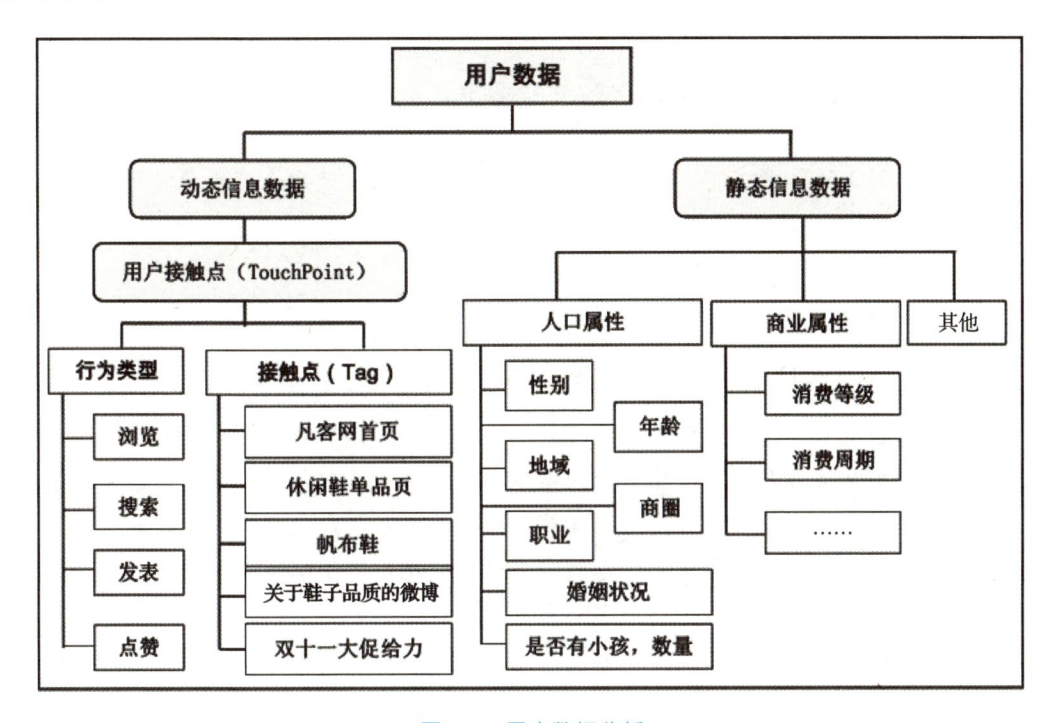

图 2.8　用户数据分析

案例分析 2.21　大数据 + 零售：ZARA 的数据营销

借助"大数据 + 零售"的完美结合，ZARA 在众多时尚服装品牌市场中长期处于领先地位，成为"快时尚"的品牌代表。ZARA 的数据营销主要体现在以下几个方面：

1. 多方式收集消费者信息

ZARA 深谙消费者数据对品牌生产和经营的重要性。在其线下门店，除了安装摄像机并记录消费者的购物行为，门店经理还担负收集一手数据的任务，随时记录消费者购物的疑问及对产品的意见。如消费者对某件衣服的颜色、装饰或摆放的看法，咨询衣服的尺码、款式等问题。经理会及时将其上传到 ZARA 内部的全球资讯网络。总部管理层依据这些信息，分析和预测消费者的需求偏好，做出产品修改并更新决策。

2. 多渠道联合发力

除了线下门店，ZARA 也有自己的线上网络商店。通过消费者在平台上的购买行为，ZARA 技术后台能够从中挖掘消费者的购买数据信息，如消费者在每件衣服展示页面上停留的时间、在购物车中加入的衣服款式等。通过对这些数据的深度分析，ZARA 可以实现线上平台的精准营销。线上商店也可以作为线下门店的新品调研平台，在推出新品前，借助线上平台进行新品意见调查，收集消费者的反馈意见，以此作为新品改善的依据。

3. 多部门助力营销

ZARA 营销部门收集到的数据除了第一时间被送到生产部门，整个集团的其他部门（如设计部门、客服中心等）也会使用这些数据信息。借助这些数据勾勒出消费者的画像，设计团队能够据此及时调整产品风格，不断创新产品款式，以更好地迎合消费者偏好，同时保证产品更新迭代的速度。

【职业道德培育】互联网调查的道德规范

企业对消费者个人信息的收集是十分重要的。这些个人信息包括消费者的邮件地址、收入、职业和个人喜好等多方面。按照 Ferguson 的观点，个人信息可以从是不是私人秘密信息和是否对大众公开等维度进行划分，分为 4 种情况：一是对大众公开的非私人秘密信息；二是不对大众公开的非私人秘密信息；三是对大众公开的私人秘密信息；四是不对大众公开的私人秘密信息。在网络中，消费者的很多信息都是不对大众公开的私人秘密信息，特别是人们在网上购物过程中，购物者提供给购物网站的注册信息对购物者个人来说是"不对大众公开的私人秘密信息"。由于互联网内容数字化的特点，所有信息都是以"0""1"这样的编码存在于计算机中，获得和使用这些信息变得相对容易。

企业因在网上收集和使用消费者个人信息而违反道德的行为主要表现在两个方面：一是在收集信息的过程中侵犯消费者的知情权。传统营销中消费者个人信息主要通过市场营销调查来获得，这些信息的获得是经过消费者许可的，没有消费者的许可是很难获得这些信息的。随着网络技术和网络软件的发展，企业在网上收集消费者的个人信息变得越来越容易、越来越隐蔽。很多情况下，消费者的个人信息在不知不觉中就已经被收集。如很多网站用软件"cookie"来收集网上消费者的个人信息，让"cookie"文件存在于网上消费者的硬盘里，并记录网上消费者的一些个人信息，如上网的时间、偏好等，而目前在多大程度上可以使用"cookie"，并没有法律限制。二是在使用信息的过程中违背收集信息的初衷。企业网站以注册名义通过网络消费者登记来收集信息是一种正常的手段。在注册的过程中，企业通常都会提出使用和保密方面的协议，可是在实际使用过程中，有的企业则违背收集信息的初衷，除了自己使用这些信息，还出卖它来赚钱。这些都是违反职业道德和企业伦理的行为。

任务 2.5 设计调查表

任务布置

任 务 单		
任务 2.5　设计调查表		
任务描述		笔记本电脑、手机和平板电脑悄然成为大学生进入大学校园的流行装备"三件套",其中手机更是成为人手一部的必备单品,市场容量巨大。为评估某品牌手机在本学院的营销环境,手机生产商要求市场调查部门组织一次关于本学院手机市场情况的市场调查。 以自己所在学院为背景,开展小组讨论,设计"本学院手机市场调查"的调查表
任务目标		(1) 理解市场调查表的概念,熟悉问卷问题的类型与问卷的评估标准。 (2) 掌握调查问卷的基本结构、问题与答案设计的技巧、问卷组织与编排的技巧。 (3) 能根据调查任务合理地设计问卷的问题与答案,能进行问卷的组织与编排,能综合评估和制作问卷
实施指导	任务分析	调查表一般包括调查问卷和调查提纲(或称访问提纲)两种,调查表的设计主要依据调查内容、调查对象和调查方法,不同的调查内容、对象和方法决定了调查表的不同。调查问卷的设计较复杂,而且不同的调查内容和对象,问卷设计也有差别,有的一项市场调查可能需要设计几份不同的调查问卷
	理论补给	(1) 调查问卷的概念。 (2) 调查问卷的结构。 (3) 问卷的主体设计。 (4) 问卷的定稿
	实施过程	(1) 通过小组讨论,根据调查内容、调查对象和调查方法,确定调查表的形式。 (2) 设计调查问卷或访问提纲。 (3) 小范围内发放调查问卷,开展试答,根据试答情况做出调整,确定最终问卷。 (4) 小组汇报展示。 (5) 教师点评
	拓展提高	分析主题"市场预测人员必须有公正心",理解信息的调查和收集应该公正,不能诱导被调查者获取信息,养成正确的世界观、人生观和价值观
执行记录	执行团队	
	任务执行	
	任务汇报	
	教师点评	
成绩评定	个人自评	
	小组互评	
	教师评价	
	总　　评	

案例导入

方便面市场需求状况调查问卷

亲爱的女士/先生：

您好！为了不断改进产品质量，增加品种，更好地满足消费者的需求，我们公司特制定此项调查问卷，请您抽出一点宝贵的时间，回答下列问题，并将您的答案写在每道题后面的括号里，您的意见对我们的决策很重要，谢谢您的合作！

××食品有限责任公司　　　　　　　　IV0123456789

调查内容	
1. 您是否喜欢食用方便面？　　　　　　　　　　　　　　　　　（　） 　A. 是　　　　B. 否	
2. 您不喜欢食用方便面的原因是什么？　　　　　　　　　　　　（　） 　A. 没有营养　　B. 有害健康　　C. 价格偏高　　D. 其他	
3. 您比较喜欢哪个品牌的方便面？　　　　　　　　　　　　　　（　） 　A. 康师傅　　B. 今麦郎　　C. 统一　　D. 东三福 　E. 好劲道　　F. 福满多　　G. 其他	
4. 您是怎么知道这个品牌的？　　　　　　　　　　　　　　　　（　） 　A. 电视广告　　B. 广播广告　　C. 报纸　　D. 户外广告 　E. 促销员介绍　　F. 听亲戚、朋友说过　　G. 其他	
5. 您经常食用同一品牌的方便面吗？　　　　　　　　　　　　　（　） 　A. 是　　　　B. 否	
6. 您比较喜欢什么口味的方便面？ 　_____	
7. 您在购买方便面时会注意哪些因素？　　　　　　　　　　　　（　） 　A. 品牌　　B. 价格　　C. 包装　　D. 促销 　E. 亲朋影响　　F. 方便快捷性	
8. 您一个月大概吃几次方便面？　　　　　　　　　　　　　　　（　） 　A. 4次以下　　B. 5～10次　　C. 10次以上	
9. 您通常一次性买多少袋方便面？　　　　　　　　　　　　　　（　） 　A. 1袋　　B. 2～5袋　　C. 5袋以上	

调查内容	
10. 您习惯如何食用方便面？　　　　　　　　　　　　　　　　（　） 　A. 煮食　　B. 泡食　　C. 拌食　　D. 干吃	
11. 您认为一袋方便面定价多少钱合理？　　　　　　　　　　　（　） 　A. 1元以下　　B. 1～2元　　C. 2元以上	
12. 如果您常购买的品牌出了新口味，您是否会品尝？　　　　　（　） 　A. 会　　　　B. 不会	

个人资料	年龄：	A. 18 岁以下	B. 19～25 岁	（　　）
		C. 26～35 岁	D. 36 岁以上	
	性别：	A. 男	B. 女	（　　）
	月收入：	A. 2000 元以下	B. 2000～4000 元	（　　）
		C. 4000 元以上		
	职业：_____			
	联系方式：_____			

调查者：

调查时间：

调查地点：

思考 通过以上案例，思考什么是调查问卷？一份完整的调查问卷应该包括哪几部分？

【理论补给】

2.5.1　调查问卷的概念

调查问卷的概念和结构

在市场调查中，无论是面谈访问、电话访问、寄卷访问还是面卷访问，都需要事先拟定好调查提纲，来反映调查者需要收集的有关信息。调查问卷有广义与狭义之分。

（1）广义的调查问卷。在市场调查中，系统地记载需要调查的项目及内容的有关文件，统称为调查问卷。包括狭义的调查问卷和调查提纲等。

（2）狭义的调查问卷。狭义的调查问卷是指有详细问题和备选答案的调查测试和记录的清单。问卷是调查表、各种量表、其他要素的综合运用和体现。

调查问卷是调查者收集市场信息的重要依据，是实现调查目的的一种重要形式，所以，设计问卷是市场调查的重要环节，引起了越来越多人的重视。采用问卷进行调查是国际通用的一种调查方式，也是我国近年来发展较快、应用较广的一种调查方式。

2.5.2　调查问卷的结构

通过前面的案例可以看出，一份完整的调查问卷一般包括问卷标题、问卷前言、调查内容（问卷主体）、编码、被调查者基本情况、作业证明记载等内容。

1. 问卷标题

问卷标题要求概括说明调查的主题，使被调查者对所要回答的问题有一个概括性的了解。要求应简明扼要，易于引起被调查者的兴趣。一般采用的形式为"××市场调查问卷"，不要直接采用"问卷调查"或"调查问卷"这样的标题，以免引起被调查者的怀疑或误解，影响调查效果。如"2021年我国旅游市场状况调查问卷""大学生就业观的调查问卷"等。

2. 问卷前言

问卷前言，也叫问卷说明。一般放在问卷的开头，包括问候语、主持调查机构或调查人员的身份、调查目的与意义、调查的主要内容，问卷填写的有关要求、祈求合作、所花时间及感谢语等。问卷前言的目的，主要是在较短时间里获得被调查者的信任与配合，使被调查者了解调查的目的和内容，消除顾虑，引起兴趣，激发参与意识，争取他们的积极合作。所以，在写作时要注意以下 4 点：

① 语气要谦虚、诚恳，要让被调查者感觉到足够尊重。
② 在表述调查的目的和意义时，要尽量从被调查者感兴趣或有利益的角度去说明。只有这样，被调查者才会觉得配合你调查是有价值的，动力更足。
③ 在祈求合作时，要用祈使句，不要用"是否"。
④ 前言部分应言简意赅，字数不能过多。如果放在问卷开头，一般以 100～200 字为宜。

思政小课堂——个人信息保护法

案例分析 2.22　调查问卷前言

亲爱的同志：

　　早上／下午／晚上好：

　　我是×××公司的访问员。我们公司是一家独立的调查公司。我们目前正在做一项关于××××的研究，目的是听取不同人对不同事情的看法。您是否愿意花时间回答一些问题呢？

×××市场咨询有限公司

2021 年 6 月

思考 这封问卷前言是否符合要求？为什么？

【任务实施】

请设计好所承担调查任务问卷的标题和前言。

3. 调查内容

调查内容是调查者所要了解的基本内容。它通常以提问的形式提供给被调查者，并让被调查者进行回答，这部分内容涉及范围十分广泛，比如对人的行为进行调查，对人的行为产生的结果进行调查，对人的态度、意见、偏好、感觉等进行调查。这部分是调查问卷的主体，也是最重要的核心部分之一，其设计得好坏直接影响调查的质量。因此，在设计调查问卷时必须注意提问的方式、提问的技巧，相关内容将在后面详细叙述。

4. 编码

编码是将问卷中的调查项目以代码的形式表示出来。一般的问卷中均对每个问题加以编码，以便分类整理，易于进行计算机处理和统计分析。它一般包括如下两项内容：

① 为方便整理和分析，在设计问卷时为每一个调查项目及其备选答案进行编号。

　　例如，您家里是否有空调？①有　　②没有

② 为每份问卷编号，问卷编号一般体现问卷的顺序号及样本单位的相关信息。如果进行全国范围的市场调查，对问卷可进行十位数编码，前六位数的前两位分别代表省、市、区（县），后四位代表问卷的顺序号。这种编码设计，便于掌握不同区域的问卷回收率，为有效决策提供依据。

编号和编码不是完全等同的概念。对于每个问题而言，编号是进行编码的基础和前期准备。除了对每个问题实施编码，每份问卷也必须有编号，即问卷的编码，该编码除了反映顺序号，还包括与该样本有关的抽样信息等。

5. 被调查者基本情况

被调查者的基本情况主要反映被调查者的一些基本特征，如在消费者调查中，消费者的姓名、性别、年龄、收入、职业、文化程度、家庭状况、婚姻状况、居住地区、联系方式等；在企业调查中，企业的名称、所处位置、所有制形式、职工人数、经营范围等。通过这些项目，便于对资料进行统计分组和分析，但在实际中需要调查哪些项目，应根据调查目的、调查内容进行适当的选择，并非多多益善。另外，传统的问卷调查一般习惯将被调查者的基本情况放在问卷说明之前，开篇就给被调查者一定的压力，容易引起被调查者的反感，影响对核心内容的调查，因此，现在的问卷设计比较倾向于将被调查者的基本情况放在调查内容之后。

6. 作业证明记载

在调查问卷最后，主要记载调查人员的姓名、调查时间、调查地点等，以便于调查过程的管理、进行问卷的审核和复查。

另外，在有些问卷中还包括甄别部分。甄别也称过滤，是指先对被调查者进行过滤，筛选掉不合适的部分，然后针对特定的被调查者进行调查。甄别部分的主要目的如下：

① 确定合适的调查对象。一般情况下，市场调查总是有比较明确的调查对象，即企业商品的目标市场消费者。有的市场调查在对主要内容进行调查之前，通过问卷的提问，确定面前的人士是否符合调查对象的条件。如果符合就调查，否则就放弃，以确保调查资料的针对性和有用性。

② 排除其他调查干扰因素。为了能够了解到真实的信息资料，应该排除一些可能会给调查活动带来不利影响的因素。不利的影响主要有：与调查内容在职业上有关联的调查者，曾经接受过调查的人士（职业受访者），在调查活动中可能提供虚假信息的人士等。

案例演示 2.17

某项关于居民住宅消费调查问卷的部分甄别问题

Q1．请问您的年龄属于哪一个阶段呢？
21 岁及以下..1【终止访问】
22～50 岁..2【继续访问】
51 岁及以上..3【终止访问】
Q2．请问您家目前的家庭月平均收入是 3000 元以下，还是 3000 元以上？
3000 元以下..1【终止访问】

3000 元以上 .... 2【继续访问】

Q3. 我还想确认一下您和您的家人,以及与您交往密切的朋友是否有人在下列单位或行业工作?

广告/媒体公司或公司的广告部门 .... 1【终止访问】
市场调查公司或公司的研究部门 .... 2【终止访问】
房地产公司 .... 3【终止访问】
都没有 .... 4【继续访问】

Q4. 请问您在太原市居住多长时间了?

5 年及以下 .... 1【终止访问】
5 年以上 .... 2【继续访问】

Q5. 请问您在过去 6 个月内有没有接受过同类调查?

有 .... 1【终止访问】
没有 .... 2【继续访问】

2.5.3 问卷的主体设计

1. 确定问题内容

(1) 确定问题内容的思路

问卷问题的内容取决于调查目的、调查项目及内容。首先,要从调查目的出发,确定调查项目及内容;其次,对调查的内容进行分析,确定哪些内容是需要且能够通过问卷调查得到的;最后,将这些调查的内容(一般为陈述性的短语)一项项变成疑问形式的内容,从而转化为问卷上的问题。

调查问卷的主体设计

案例演示 2.18

一家杂志社要进行一项调查,目的是了解各类家长教育子女方面的情况,以便更好地调整杂志内容,满足读者需求。根据这一目的,在调查方案中列出了 5 个方面的调查项目及内容,并相应转化为问卷上的问题,如表 2.16 所示。

表 2.16 问卷问题确定过程表

调查目的	调查项目	调查内容	问卷问题
了解各类家长教育子女方面的情况	教子态度	家长在孩子教育过程中的角色。 孩子成长中最需要的知识与能力。 对背诵一些中国古典名篇的看法	您觉得家长在孩子教育中应扮演什么样的角色? 您觉得孩子成长中最需要的是哪些方面的知识、能力? 让孩子背诵一些中国古典名篇,您觉得有意义吗
	教子行为	家庭教育刊物订阅情况。 故事教育情况。 人生经验教育情况。 花在孩子身上的时间	您订阅过有关家庭教育的刊物吗? 您常给孩子谈人生经验吗? 您平均一周在教育孩子方面所花的时间大约是多少

续表

调查目的	调查项目	调查内容	问卷问题
了解各类家长教育子女方面的情况	孩子成长状况	年级。 学习成绩。 孩子最大的优点和缺点	您的孩子所在的年级是？ 您孩子的学习成绩怎么样？ 您觉得您的孩子最大的优点和缺点是什么
	父母所需的帮助	孩子教育的胜任情况。 最力不从心的方面。 最需的帮助	您觉得您是否能够较好完成教育孩子的任务？ 在孩子的教育过程中，您感觉最力不从心的是什么？ 在孩子的教育过程中，您最希望得到什么样的帮助
	对本刊的建议	最喜欢的栏目。 最喜欢的文章。 对本刊的建议	您最喜欢本刊哪些栏目？ 您最喜欢本刊哪些文章？ 为办好本刊，您有何建议

（2）在确定问题内容时应注意的问题

① 尽量避免提出与调查目的无直接关系的问题，以免调查时间过长，引起被调查者的反感。

② 问题不要超过被调查者的知识范围、能力范围，要根据被调查者的具体情况，提出被调查者能够知晓并能回答的问题。

③ 尽量避免提出被调查者不愿意回答的问题。例如，当问及家庭收入、婚姻状况、政治信仰等，如果必须了解该信息，应有技巧地提出。

④ 避免提问过程中内容的交叉。例如"您假期是旅游还是休息？"其实旅游也是一种休息，内容交叉，提问不确切，若改为"您在假期是出门旅游还是在家休息？"就容易回答。又如"您认为上班乘坐公交车还是开私家车方便、经济？"乘坐公交车可能更经济，开私家车可能更方便。所以，在设计问题时一定是一个问题只问一个要点。

2. 确定问题类型

在确定了问题的内容后，接下来就要确定问题的类型。问题的类型主要有开放式问题和封闭式问题、直接式问题和间接式问题、事实性问题和假设性问题、行为、动机、态度问题等。每一种提问方式，都有相应的优点和缺点，调查者应根据调查目的、调查方式、调查对象、信息收集的内容等，确定适合的问题类型，以提高调查效果。

（1）按照问题的询问方式划分

按照问题的询问方式，可分为直接性问题和间接性问题。

① 直接性问题，是指通过直接提问方式就可以得到答案的问题。例如，"您的年龄""您最喜欢什么品牌的方便面"等。由于直接性问题能给被调查者一个较明确的回答范围，所以比较容易得到明确的答案，便于统计分析与整理，但对一些窘迫性问题，则不便于采用这种提问方式。

② 间接性问题，是指那些不适宜直接提问，而采用间接提问的方式获得答案的问题。例如，当问及家庭暴力、个人收入、婚姻状况、对政府的态度等问题时，如果采用直接询问的方式，被调查者往往因不愿意或不敢回答而影响调查效果。这时，如果将要提问的问题换成其他人的意见和看法，而由被调查者进行选择和评价，就容易多了，而且还会比直接提问获取更多的信息和资料。

例如，在问及"您认为工厂劳动定额制定是否合理"时，问题过于直接，一般人可能不愿意回答或不真实回答，若改为"听大家议论，大多数人认为工厂劳动定额制定得不是很合理"，就比较容易回答。

（2）按照问题的答案是否已经列出划分

按照问题的答案是否已经列出，可分为开放式问题和封闭式问题。

① 开放式问题，是指只提出问题，不列出答案，而由被调查者自由回答的问题。

优点：由于没有限定答案，所以有利于发挥被调查者的想象力，突破调查者的思维范围，集思广益，获取更多、更深入的信息资料，特别适合询问答案很多又很复杂的问题。

缺点：由于需要被调查者思考并书写答案，增加了回答的难度及回答的时间，被调查者往往不愿意合作；由于答案的多样性，加大了统计整理的难度，不便于进行分析。所以，在问卷设计时应尽量减少对开放式问题的使用。

② 封闭式问题，是指已经列出答案，被调查者只要或只能从中选择一个或几个答案的问题。

优点：由于有现成答案，回答方便，节省了调查时间，被调查者易于合作；答案标准化，便于统计整理和分析。

缺点：只能在规定的范围内回答，由于问卷设计者列举的答案不一定全面，因而缺乏灵活性和深入性，无法反映被调查者的真实想法。

③ 半封闭式问题，是指除给出一定的标准答案，还列出"其他"等开放式答案的问题。例如，"你目前使用的手机品牌是：A. 诺基亚　B. 三星　C. 苹果　D. 摩托罗拉　E. 其他"。

（3）按照提问的内容划分

按照提问的内容，可分为行为性问题、动机性问题、态度性问题。

① 行为性问题，是对被调查者的行为特征进行调查而提出的相关问题。例如，"您是否购买了手机""您是否经常坐公交车"等。行为性问题回答多属于事实问题，回答简单，便于整理，有利于企业了解人们的行为规律，但不利于了解人们的内心活动及心理变化规律。

② 动机性问题，是对被调查者行为产生的原因或动机进行调查而提出的相关问题。例如，"您为什么购买此品牌的手机""您为什么选择在网上购物"等都属于动机性问题，比较适合了解事件或行为产生的原因，所以常常与行为性问题结合使用。

③ 态度性问题，是在对被调查者的态度、意见、看法等进行调查时提出的相关问题。例如，"您是否喜欢××品牌的手机""您认为××品牌手机的质量如何"等都属于态度性问题。

（4）按照提问的答案是否客观存在划分

按照提问的答案是否客观存在，可分为事实性问题和假设性问题。

① 事实性问题，是指要求被调查者回答客观存在的一些事实方面的问题。例如，要求被调查者回答的姓名、年龄、职业、文化程度等。事实性问题能够给调查者提供各种事实资料，常常作为统计分类的依据，为统计整理提供了方便。如将问卷按年龄、职业、文化程度、性别等要素分类，经过整理后就可以掌握各类细分市场的特点，为企业决策提供依据。

② 假设性问题，是指通过假设某一客观事实已经存在，而向被调查者提问来获得答案的问题。例如，"如果住房和汽车您只能选购一种，您会选购哪种"。假设性问题的主要优点体现在能缩小问题的范围，答案比较明确、具体，便于统计分析、整理。但在使用时应注意假

设的客观事实存在的可能性。

以上内容是从不同角度对问题进行分类的,每一种提问方式都有自己的特点,在实际调查时,往往要结合在一起使用。在一份问卷中,既有事实性问题,又有假设性问题;既有行为性问题,又有态度性问题、动机性问题;对问题的回答,既可采用封闭性问题,又可采用开放式问题;对事实性问题、态度性问题,既可采用直接提问,又可采用间接提问等。问卷的设计者可根据调查对象、调查内容、调查方式,选择不同的提问方式。

案例分析2.23　关于消费者诚信维权的市场调查问卷

在"3·15诚信维权宣传月"中,中国太平洋人寿保险股份有限公司进行了一次大型的调查与咨询维权活动,以下是所设计问卷的问题,请判定每一个问题的类型。

1. 请问您在过往的消费过程中,是否遇到过需要消费维权的情况?(　　)
    A. 遇到过　　　　B. 没有遇到过
2. 请问您对理财类消费产品的满意度?(　　)
    A. 很满意　　　　B. 满意　　　　C. 一般
    D. 不太满意　　　E. 十分不满意
3. 请问您在理财计划中,资金主要分布或用于哪些方面?(　　)
    A. 银行储蓄　　　B. 购买保险　　　C. 证券投资
    D. 购买地产　　　E. 其他
4. 您以前是否购买过人寿保险?(　　)
    A. 没有　　　　　B. 公司为我买了　C. 自己买过
5. 您在购买保险后是否遇到过理赔问题?(　　)
    A. 遇到过　　　　B. 没有遇到过
6. 如果您投资人寿保险,您主要会侧重考虑哪方面?(　　)
    A. 养老　　　　　B. 子女教育　　　C. 健康保障
    D. 避税　　　　　E. 其他
7. 您对目前的保险行业有什么建议?

【任务实施】

根据前面设计的调查项目和内容,确定调查问卷的内容,并确定合适的问题类型。

3. 确定问题措辞

在实际调查中,针对同一个问题,往往会因为措辞的差异而产生截然相反的效果。一般在斟酌措辞时应注意以下几方面:

① 尽量使用语意具体、简明、清晰、准确的词语,避免使用含糊的形容词、副词,特别是在描述时间、数量、频率、价格的时候。像"有时""经常""偶尔""很少""很多""相当多""几乎"这样的词,对于不同的人有不同的理解。因此,这些词可以用定量描述代替,以做到统一标准,使被调查者容易回答。

例如,在问及"您对某商场的印象如何"时,提问过于笼统,使人不好回答;若改为"您对某商场的服务态度(产品花色品种、产品价格……)的看法",就比较具体、清晰,容易回答。

又如，在问及"您是否经常食用方便面"时，不同的人对"经常"一词的理解是不一样的，可能有人认为天天食用是经常，也可能有人认为每周食用几次是经常，还可能有人认为每月食用几次是经常。由于不同人的理解不同，所以调查结果可能出现偏差，若将问题改为"您通常一周食用几次方便面"，句意就比较清晰、具体。

② 尽量少使用专业术语，使提问更加通俗易懂、易于回答。例如，某保险公司在调查顾客对本公司业务的印象时，询问了这样两个问题：请问您对本公司的理赔时效是否满意？请问您对本公司的展业方式是否满意？许多被调查者不明白什么是"理赔时效"和"展业方式"，即便给出答案也没有意义。

③ 尽量避免使用令人难堪的词语进行提问。例如，"您下岗后，主要的生活来源靠什么？""您属于白领阶层还是蓝领阶层？"。

④ 避免问题带有诱导性。"诱导性提问"是指提出的问题不是"执中"的，而是暗示出调查者的观点和见解，力求使回答者跟着这种倾向回答。由于诱导性提问可能使回答者的回答有偏见，从而人为地增加了做某一特定回答的机会。例如，"消费者普遍认为××牌子的冰箱好，您对这个牌子冰箱的印象如何？"。

⑤ 应避免断定性提问。所谓断定性提问，就是在提出某个问题时，某一事实已被肯定存在。例如，"您准备什么时候购买空调？"，在提出该问题时，购买空调已被肯定，而对不购买空调的人来说就难以回答。若改为两个连贯问题，先问"您是否准备购买空调？"再问"您准备什么时候购买空调？"就较为严密，避免了断定性提问。

⑥ 注意时间范围的表达，时间过久的问题易使人遗忘。例如，"您去年家庭的生活费支出是多少？""用于食品、衣服方面的支出分别是多少？"除非被调查者连续记账，否则很难回答出来。一般可问"您家上月生活费支出是多少？"显然，这样缩小时间范围可使问题回忆起来比较容易，答案也比较准确。

4．决定问题顺序

提问问题的顺序安排不同，被调查者回答的结果往往也会产生差异。一般来说，问卷中的问题应按一定的逻辑顺序排列。

① 遵循先简单问题，后复杂问题。
② 先次要问题，后主要问题。
③ 先事实性问题，后态度性问题和敏感性问题。
④ 总括性问题应先于特定性问题。总括性问题是指对某个事物总体特征进行提问的问题，如"在选择空调时，哪些因素会影响你的选择"就是一个总括性问题。

特定性问题是指对事物某个要素或某个方面进行提问的问题。例如，"您在选择空调时，耗电量处于一个什么样的重要程度？"总括性问题应置于特定性问题之前，否则，特定性问题在前会影响总括性问题的回答。

另外，内容上应具有一定的连贯性，前后呈现递进关系，使被调查者易于回答。同时，由于访问的方式不同，问题的安排顺序也有一定的技巧。如在使用面谈访问法时，为了气氛更融洽，取得被调查者的配合，一般可将一些简单的开放式问题放在前面，使被调查者无拘无束，自由回答，把封闭式问题放在中间，将一些重要的开放式问题放在后面。如果采用电话访问、寄卷访问、面卷访问，则应将封闭式问题放在前面，开放式问题放在后面。

【任务实施】

按上述确定问题措辞应注意的事项，逐一检查和修改所设计问卷提问的措辞。并根据以上原则确定问题的顺序。

5. 封闭式问题答案的设计

（1）二项选择法

二项选择法是指提出的问题只有两种对立的答案可供选择，被调查者只能在两种答案中选择其一的方法。例如：

您家有彩色电视机吗？　　　　　　①有　　　　②没有
您家的彩色电视机是××牌的吗？　①是　　　　②不是
您是否喜欢××牌的彩色电视机？　①喜欢　　　②不喜欢

问卷问题答案的设计

优点：可求得明确的判断，并在短暂的时间内求得被调查者的回答，并使持中立意见者偏向一方；条目简单，易于统计。

缺点：不能表示意见程度的差别，结果欠精确。这种方法比较适合简单的事实性、态度性、行为性问题的提问。

（2）多项选择法

多项选择法是指提出的问题有两种以上的答案可供选择，被调查者只需在多种答案中选择一项或几项的方法。例如：

现有下列几种品牌的彩色电视机，您准备买哪个品牌的彩色电视机？（可多选）
①TCL　　　　　②熊猫　　　　　③海信　　　　　④厦华
⑤海尔　　　　　⑥康佳　　　　　⑦其他
您准备购买彩色电视机的原因是？（可多选）
①更新需要　　　②增置需要　　　③结婚需要
④代亲友买　　　⑤送礼需要　　　⑥其他原因

这种方法的备选答案较多，比二项选择法的选择强度有所缓和，能较好地反映被调查者的多种意见及其程度差异；由于限定了答案范围，为统计整理和统计分析提供了方便。

（3）顺位法

顺位法又称排队法，是指问卷设计者列出若干个项目，由被调查者按重要性进行排列顺序的一种方法。顺位法在实际应用中主要有两种方法，一是有限顺位法，即按重要程度，规定其顺位数；另一种是无限顺位法，即不规定顺位数，而由被调查者对答案全部排列或按其理解进行排列。例如：

在您购买方便面时，请您按重要程度的顺序排列出您认为最重要的3个影响因素，并将序号写在后面的括号里。（　　　）
①品牌　　　　　②价格　　　　　　③包装　　　　　④促销
⑤亲朋影响　　　⑥方便快捷性　　　⑦其他

这属于有限顺位法，因为调查者只要求被调查者排出前三位的影响因素。如果将该题的题干改成：

在您购买方便面时，请您按重要程度将下列影响因素的顺序排列出来，并将其序号按顺序写在后面的括号里。（　　　）

①品牌　　　　②价格　　　　　　③包装　　　　④促销
⑤亲朋影响　　⑥方便快捷性　　　⑦其他

这属于无限顺位法，因为调查者没要求被调查者排出前几位的影响因素，在进行调查时，被调查者可以对全部答案进行排序，也可根据自己的理解进行排序。

与多项选择法相比，顺位法不仅能反映被调查者的意见、动机、态度、行为等方面的因素，还能比较出各因素的先后顺序，便于被调查者回答，也便于调查者对结果进行统计整理。在实际应用时应注意：一是备选答案不宜太多，否则会造成排序分散，加大整理分析的难度；二是要注意给定答案的顺序，避免对被调查者产生暗示；三是这种方法比较适合在备选答案需要排列顺序时使用。

（4）比较法

比较法是指采用对比的方式，将具有可比性的事物进行对比并做出选择的方法。例如：
请您逐一比较下列各组不同品牌的洗衣机质量，在您认为质量好的牌子后面的"□"打"√"。

①三星牌　□　　三洋牌　□　　②三星牌　□　　美菱牌　□
③三星牌　□　　小天鹅牌□　　④三洋牌　□　　美菱牌　□
⑤三洋牌　□　　小天鹅牌□　　⑥美菱牌　□　　小天鹅牌□

请您逐一比较下列洗衣粉的特性，您认为每一组中哪一个特性更重要。（在后面的"□"打"√"）

①去污性好□　　不伤衣物□　　②去污性好□　　使用量少□
③去污性好□　　环保性好□　　④不伤衣物□　　使用量少□
⑤不伤衣物□　　环保性好□　　⑥环保性好□　　使用量少□

由于比较法是一对一对进行比较，具有一定的强制性，因而更容易使被调查者的态度明朗化，从而更快地反映被调查者的见解和态度。

在使用比较法时应注意：对比项目不宜过多，例如，在上例中列举了4个品牌，就要形成6组对比项目，可见，对比项目越多，形成的对比组合越多，越不便于进行比较；这种方法适合比较具有相同或相似的对比条件的项目，例如，产品的质量、产品的功能、产品的档次等方面相同或相近的可以采用比较法。

（5）图示评比法

在评价性的询问语句下，用一个有两个固定端点的图示连续谱来刻画备选答案或差距，可分辨出受访者微小的差别。例如：

您认为B品牌沙发的舒服度怎么样？请在下列尺度中标出您的评价结果。

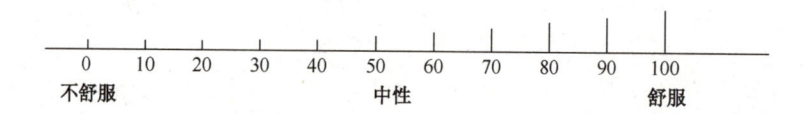

```
    0   10  20  30  40  50  60  70  80  90  100
   不舒服            中性                    舒服
```

（6）列举评比法

列出评价性的询问语句和备选答案，其答案按不同程度给出，备选答案相反的数量一般采用相等设计（又称对称表），被调查者可能选择其中一种答案。其答案没有对或错的选择，只有不同程度的选择。例如：

常见的产品测试尺度的形式主要有：

质量	非常好	比较好	一般	比较差	非常差
式样	非常时尚	比较时尚	一般	不时尚	很不时尚
价格	非常贵	比较贵	一般	不太贵	很便宜
满意度	非常满意	比较满意	一般	不太满意	很不满意
耐用性	非常好	比较好	一般	比较差	非常差
可靠性	完全可靠	比较可靠	一般	不太可靠	非常不可靠

当然，在实际设计中，如果同类的问题连续有几个，就可将同类的若干问题及答案排列成矩阵，以一个问题的形式表达出来，可以大大减少问卷的篇幅。例如：

问题	不注重	比较注重	一般	注重	非常注重
您对生活水质的标准	□	□	□	□	□
您对水中微量元素的认识	□	□	□	□	□
您对生活用水与饮用水的差别	□	□	□	□	□
您对水质对衣物、餐具的危害	□	□	□	□	□

（7）语义差距量表法

运用若干语义相反的极端形容词或短语作为计量尺度的两个固定端点，中间标出差距相等的位置刻度，并设定最不好的位置记1分，其次不好的位置记2分，依次类推，直到标出最好位置的记分值。

例如，"请您对A、B两种品牌的汽车的不同项目的特性做出评价定位（A品牌用实线"—"连接您的评价定位，B品牌用虚线"---"连接您的评价定位）。

马力强劲 ｜｜｜｜｜｜｜｜ 马力太小

车身耐磨 ｜｜｜｜｜｜｜｜ 车身不耐磨

配置齐备 ｜｜｜｜｜｜｜｜ 配置不齐备

舒适度好 ｜｜｜｜｜｜｜｜ 舒适度差

色彩度好 ｜｜｜｜｜｜｜｜ 色彩度差

平稳性好 ｜｜｜｜｜｜｜｜ 平稳性差

式样新颖 ｜｜｜｜｜｜｜｜ 式样陈旧

6. 开放式问题答案的设计

（1）自由回答法

自由回答法又称开放式回答法，是指问卷的设计者只列出问题，而没有给定答案。由于自由回答法只需列出题干，因而自由回答法是问卷设计中比较简单的一种设计答案的方法。

（2）回想法

回想法给被调查者提示回想的范围，让被调查者根据记忆进行回答。在实际进行调查时可用于了解消费者对商品、品牌名称、企业名称和有关广告的印象强度的调查。例如，"请您说出您熟悉的海尔集团的产品"。

（3）再确认法

再确认法事先给被调查者提供某种线索，如文字、名称、图片等，请被调查者回忆确认。一般用于调查被调查者对产品品牌、商品名称、广告等的认知情况。例如，拿出某类商品的图片，然后让被调查者说出商品的名称或说出该产品的广告语。

（4）配合法

配合法出示两类提示物，请被调查者找出提示物之间的一一对应关系，以了解被调查者的认知程度。例如，列出几种冰箱的品牌和对应的价格，请被调查者连线，确定它们的对应关系。

（5）完成句子法

完成句子法是指请对方完成一个未完成的句子。例如，关于某酒店的调查问题"我出去旅行时，选择酒店的标准是什么"。

（6）续成故事

续成故事是指请对方发挥想象完成一个未完成的故事。例如，关于某酒店的调查问题"我来到酒店前，走下出租车……（请您完成下面的故事）"。

（7）看图说话

看图说话是提供一幅画请对方进行描述的方法。

案例分析 2.24　千家伴超市调查问卷

同学：

您好！随着高校的大规模扩招，各高校学生人数不断增加，下沙高教园区作为杭州市最大的高教园区，拥有庞大的学生消费市场。千家伴超市作为下沙高教园区的日常购物超市之一，为了更好地为您服务、提高服务质量及满意度，以及了解消费者的购买状况，特进行一次市场调查（问卷以不记名的方式进行），感谢您的参与！

1．您了解千家伴超市吗？（　　）

A．非常了解　　　B．比较了解　　　C．一般了解　　　D．不了解

2．您在千家伴超市消费过吗？（　　）

A．是的　　　　　B．没有（从第 10 题开始回答）

3．您是通过哪些途径了解千家伴超市的？（　　）

A．同学或朋友　　B．杂志　　　　　C．网络

D．报纸　　　　　E．其他

4．您去千家伴超市的次数为（　　）。
   A．一星期1~3次　　　　　　　B．一星期4~7次
   C．7次以上　　　　　　　　　D．不去
5．您购买以下商品的频率由多到少依次为（　　）。
   A．饼干或面包类　　　　　　　B．泡面类
   C．饮料类　　　　　　　　　　D．学习用品类
   E．生活用品类　　　　　　　　F．其他
6．您对千家伴超市的商品陈列环境的满意度为（　　）。
   A．非常满意　　　　　　　　　B．比较满意
   C．一般满意　　　　　　　　　D．不满意
7．您对千家伴超市的综合印象为（　　）。
   A．非常好　　　B．比较好　　　C．一般
   D．不好　　　　E．不清楚
8．您对千家伴超市员工服务态度的满意度为（　　）。
   A．非常满意　　　　　　　　　B．比较满意
   C．一般满意　　　　　　　　　D．不满意
9．通常您喜欢在哪里购物？（　　）
   A．生活区超市　　　　　　　　B．生活区便利店
   C．外面大型超市　　　　　　　D．不清楚
10．您选择购物场所的理由是（　　）。
   A．方便　　　　B．便宜　　　　C．服务态度好
   D．便利　　　　E．从众心理　　F．其他
11．您一星期的购物消费费用大致为多少？（　　）
   A．60元以下　　　　　　　　　B．60~110元
   C．111~200元　　　　　　　　D．200元以上
12．请您用简短的语句说说千家伴超市在哪些方面需要改进。

您的性别：＿＿＿＿籍贯：＿＿＿＿＿所在院：＿＿＿＿＿访问员姓名：＿＿＿＿
访问时间：＿＿＿＿年＿＿月＿＿日＿＿时开始＿＿时结束

思考 ①你对这份问卷如何评价？你还有要补充的问题吗？
②该份问卷中问题的排序、问题的措辞有无不当之处？说明理由。
③针对该份问卷不恰当的地方，提出改正建议。

2.5.4　问卷的定稿

1．问卷的排版

被调查者接触问卷的第一印象，往往决定被调查者的合作态度和问卷的回收率，所以在

设计问卷时应注意以下 5 点：

① 纸张的选择要好，印刷要精美，可适当配色并点缀一些小的图案，从而引起被调查者的重视，提高答卷质量和回收率。

② 纸张的大小要适宜，便于保管和携带，一般以 16 开或 32 开的纸张为宜。

③ 在使用多页问卷时，应按顺序编号并编好页码，方便被调查者回答，也便于调查者进行统计整理。

④ 问卷的字体和行距不宜太小，一般问卷标题为三号字体，正文部分为小四或五号字体。

⑤ 问卷的布局要合理，要根据问题的内容，给被调查者留有填写答案的空间，尤其是开放式问题，留有的空间要充足。

2. 问卷的评估

经过调查小组的努力，一份精心设计、科学论证的调查问卷初稿就完成了。但是在进行数据收集之前，为了谨慎起见，还应该对问卷进行一次综合评估与修正，直到取得委托方、行业专家等多方的认可，才能投入到实际调查使用中。问卷编写评估包括以下步骤：

① 检查问卷中的问题是否必要。问卷中应该有足够数量和类型的问题，以满足管理者决策的信息需求。每个具体的调查项目都应该有相应的提问，不能遗漏。而且，每个问题都必须服从一定的目的：要么是过滤性问题，用于甄别被调查对象的资格，与抽样方案设计中规定的样本单位要求一致；要么是培养兴趣的，引起受访者兴趣而愿意回答问卷中的问题；要么是过渡用的，要么直接或清楚地与所陈述的特定调查目标相关。如果问题不能达成上述目标中的一个，就是不必要的问题，应该删除。

② 检查问卷的长度是否合适。当问卷设计完成后，应该进行试答测试，判断回答的时间。一般根据不同的调查方式，来确定问卷的合适长度。例如，街头拦截访问或电话访问由于受环境影响，一般问卷的长度不宜太长，最好把时间控制在 20 分钟内，否则，在访问时遭拒绝的概率较高。而入户访问的问卷可以稍长一些，时间在 40 分钟左右，但赠送礼品的价值要稍高一些。如果是一些专业性问题，则必须访问一些行业专家，因为时间较长，所以必须给受访者一定的报酬来获得配合。如调查医生、教师或其他职业人员，时间在 1 小时以上，一般可能要给一定金额的报酬。其他一般是赠送一些小礼品，如毛巾、袜子之类，而从街头拦截到中心点访问，则要求选择一个环境幽雅的场所，如咖啡厅之类的地方，同时，还应给予一定的报酬，这样才能获得受访者的配合。

③ 检查邮寄或留置问卷的外观是否美观。邮寄或留置问卷是由应答者自行填写的，因此，问卷的制作上要特别注意外观的美观，外观是影响受访者是否愿意填写的一个重要因素。问卷一般要求格式规范、各部分间隔明显，应用高质量的纸印刷。如果想提高回收率，问卷可以采用折叠信封式的样式，折叠起来是一封信，打开是一份问卷。

④ 检查问卷版面安排是否规范。问卷四周要留有足够的空白，行间和列间不应太紧，以便访问人员或应答者选择适当的行或列，使各部分问题都非常明晰。

开放式问题应给回答者留有足够的空间，否则，得不到完整的信息。另外，还要考虑问卷的着色编码、字体。如果调查项目以访问特定群体的应答者为基础，则需要对问卷进行着色编码。例如,一位球拍制造商将一种新材料制造的球拍样品分发给300个至少每周进行两次球类运动的人。抽取包括3组,每组100人,即羽毛球运动员、网球运动员和乒乓球运动员。尽管调查目的是了解受访者对球拍材料的评价,但是问题因运动项目不同而变化,为了避免访问员混淆,可以将网球问卷设计成绿色,羽毛球问卷设计成蓝色,而乒乓球问卷设计成白色。各部分的字体大小、字体类型也可以不同。

3. 试答并进行修改

一般来说,所有设计出来的问卷都可能存在一定的问题,因此,问卷设计结束后,应选择有经验的调查员,在小范围内进行试答,以便发现问题并进行修改。在进行试答时,应注意斟酌:问题是否完整,是否需要补充相应内容;词语是否贴切,含义是否清晰;提问的问题顺序是否合理;使用的提问方式是否得当;被调查者回答的时间是否过长等。然后,根据小范围的试答情况,提出修改问卷的具体意见。

4. 定稿并印刷

根据小范围的试答情况,修改完善问卷,进行定稿并大量印刷,以备调查之用。为了保证回收的问卷数量充足,可适当增加印刷问卷的数量,以保证市场调查所需的最小样本数量。

案例演示2.19

"某市居民轿车需求与用户反馈调查"的调查问卷

尊敬的先生/女士:

您好!我是本市汽车经销商A公司的访问员,我们正在进行一项有关私家车需求与使用方面的调查,以便改进公司的工作,更好地为市民服务。我想和您谈一些相关的问题,要耽搁您一些时间,作为补偿,公司将赠送您一份精美礼品。访问的结果不对外公布,仅供市场研究,望得到您的支持与合作。

1. 记录性别
(1)男　　　　　　　　　　　　(2)女
2. 您的年龄是?
(1)20岁以下(终止访问)　　　　(2)20～30岁
(3)30～40岁　　　　　　　　　(4)40～50岁
(5)50岁以上
3. 请问您是否有驾驶执照?
(1)有　　　　　　　　　　　　(2)无
4. 您家是否已购买私家车?
(1)没有(如没有,请跳至第12题)　(2)已购
5. 您的私家车的品牌是:_____。

6．您的私家车是购买的新车还是二手车？
（1）新车　　　　　　　　　　　（2）二手车

7．您的私家车的车龄是？
（1）新车　　　　（2）1～3年　　　（3）4～6年
（4）7～10年　　（5）10年以上

8．您的私家车的购买价位是？
（1）8万元以下　　（2）8～10万元　　（3）10～15万元
（4）15～20万元　　（5）20万元以上

9．您购车时的经济来源是？（可多选）
（1）存款　　　　（2）银行借款　　　（3）向别人借　　　（4）分期付款

10．您对自己的车的感觉是否满意？
（1）非常满意　　（2）比较满意　　　（3）一般
（4）不太满意　　（5）不满意

11．（追问与记录）具体说说您的车的优点与缺点。
优点：_____。
缺点：_____。

12．您对自己车的下列方面的满意情况如何？请在下表的相应表格内打"√"。

项　目	满　意	比较满意	一　般	不太满意	不满意
整车价格					
耗油量					
启动加速性					
外形					
舒适度					
行驶平稳性					
操作灵活性					
制动性能					
车速					
音响效果					
空调效果					
故障率					
内部装饰					
配件供应					
售后服务					

13．如果买车，您认为什么价位的车比较适合您？
（1）8万元以下　　（2）8～10万元　　（3）10～15万元
（4）15～20万元　　（5）20万元以上

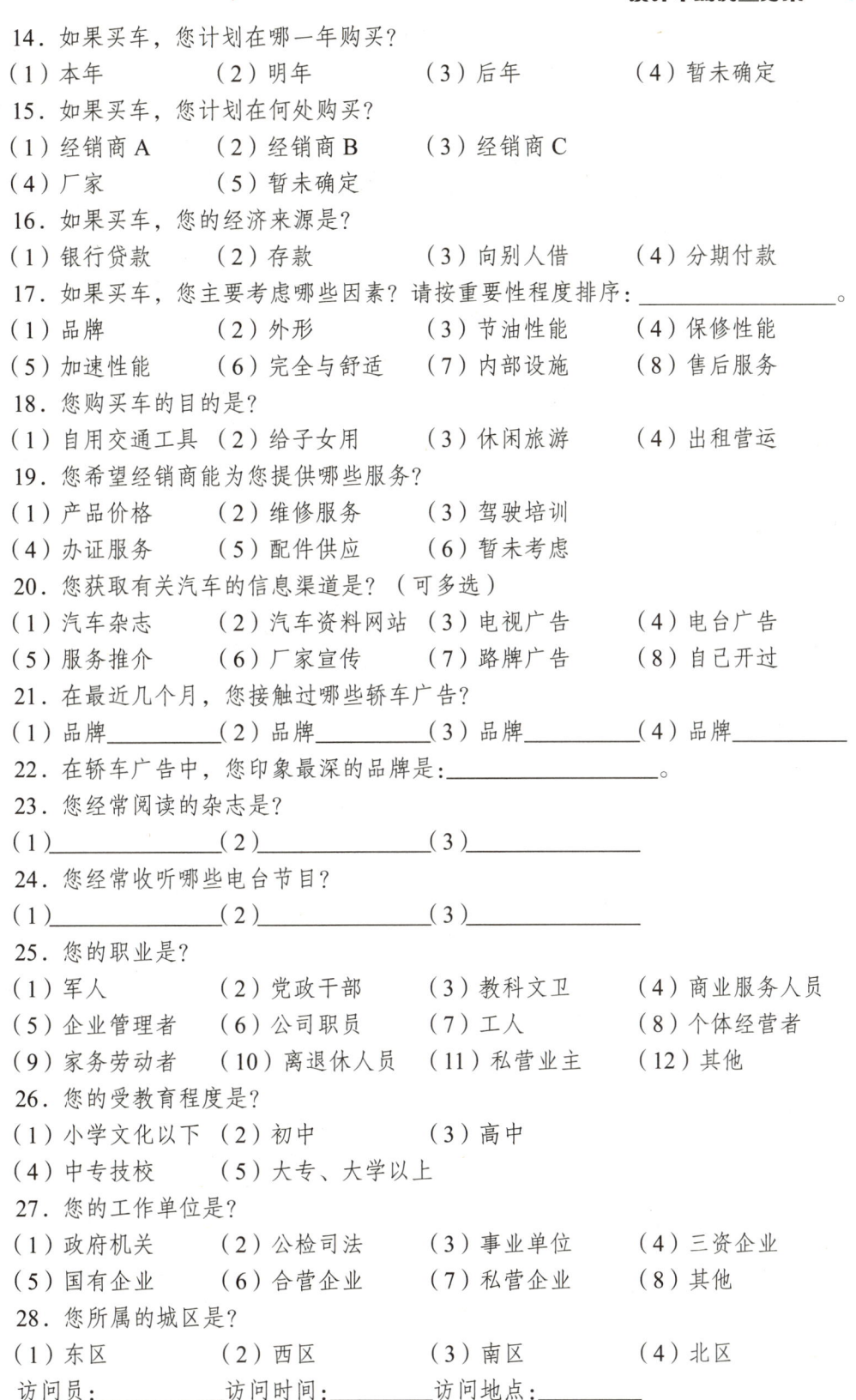

14．如果买车，您计划在哪一年购买？
（1）本年　　　　　（2）明年　　　　　（3）后年　　　　　（4）暂未确定
15．如果买车，您计划在何处购买？
（1）经销商 A　　　（2）经销商 B　　　（3）经销商 C
（4）厂家　　　　　（5）暂未确定
16．如果买车，您的经济来源是？
（1）银行贷款　　　（2）存款　　　　　（3）向别人借　　　（4）分期付款
17．如果买车，您主要考虑哪些因素？请按重要性程度排序：_____。
（1）品牌　　　　　（2）外形　　　　　（3）节油性能　　　（4）保修性能
（5）加速性能　　　（6）完全与舒适　　（7）内部设施　　　（8）售后服务
18．您购买车的目的是？
（1）自用交通工具　（2）给子女用　　　（3）休闲旅游　　　（4）出租营运
19．您希望经销商能为您提供哪些服务？
（1）产品价格　　　（2）维修服务　　　（3）驾驶培训
（4）办证服务　　　（5）配件供应　　　（6）暂未考虑
20．您获取有关汽车的信息渠道是？（可多选）
（1）汽车杂志　　　（2）汽车资料网站　（3）电视广告　　　（4）电台广告
（5）服务推介　　　（6）厂家宣传　　　（7）路牌广告　　　（8）自己开过
21．在最近几个月，您接触过哪些轿车广告？
（1）品牌_____（2）品牌_____（3）品牌_____（4）品牌_____
22．在轿车广告中，您印象最深的品牌是：_____。
23．您经常阅读的杂志是？
（1）_____（2）_____（3）_____
24．您经常收听哪些电台节目？
（1）_____（2）_____（3）_____
25．您的职业是？
（1）军人　　　　　（2）党政干部　　　（3）教科文卫　　　（4）商业服务人员
（5）企业管理者　　（6）公司职员　　　（7）工人　　　　　（8）个体经营者
（9）家务劳动者　　（10）离退休人员　 （11）私营业主　　 （12）其他
26．您的受教育程度是？
（1）小学文化以下　（2）初中　　　　　（3）高中
（4）中专技校　　　（5）大专、大学以上
27．您的工作单位是？
（1）政府机关　　　（2）公检司法　　　（3）事业单位　　　（4）三资企业
（5）国有企业　　　（6）合营企业　　　（7）私营企业　　　（8）其他
28．您所属的城区是？
（1）东区　　　　　（2）西区　　　　　（3）南区　　　　　（4）北区
访问员：_____　访问时间：_____　访问地点：_____

【职业道德培育】

一、市场预测人员必须有公正心

背景与情境：小张接到了主管安排的市场调研项目，要分析预测一下国产婴儿奶粉未来的市场销售趋势。因其了解目前市场现状，他列出了近50个问题，又根据自己的理解和意愿使很多调查问题带有倾向性。小张还很自豪地说："这问题简单，保证一周完成任务。"

问题 请分析小张的做法有何不妥？谈谈你的看法。

分析提示 为了解情况，设计的调查问题既不能不敏感，也不能太冗长。调查对象自愿贡献了他们的时间，不应该对他们索求过多的信息而使其负担过重。过于冗长的调查设计对调查对象来说非常麻烦，而且对回答的质量也有不利影响。另外，市场调查人员在设计问卷的过程中负有道义上的责任，应使所需的信息数据以一种无偏见的方式获得，故意使搜集的资料和信息向一个想要的方向上倾斜，特别是通过诱导而获得信息的做法是不能被原谅的。因此，在调查问题确立后，现场工作开始前，经过模拟工作，使其便捷又合适，才是符合职业道德要求的。

二、问卷设计技巧分析

【案例1】 客户对某产品的价格和服务质量感兴趣，询问消费者："您对它的价格和服务质量满意还是不满意？"

分析提示 该问题实际上包括价格和服务质量两个方面的问题，结果"对价格不满意""对服务不满意"或"对价格和服务不满意"的被调查者可能回答"不满意"，该结果显然得不到客户想了解的信息。

首先，该问题应分为两个问题询问："您对它的价格满意还是不满意？""您对它的服务质量满意还是不满意？"这样，客户可以分别得到某产品的价格和服务质量方面的信息。

其次，调查问卷要避免使用引导性的语句。例如，在设计问卷时"××牌的旅游鞋质优价廉，您是否准备选购？"这样的问题容易引导回答者得出肯定性的结论或使回答者对问题产生反感，简单得出结论，这样不能反映消费者对商品的真实态度和真正的购买意愿，产生的结论也缺乏客观性，结果可信度低。

【案例2】 某公司想把某电视节目制作成VCD盘，配合调查其潜在市场，所设计的问卷中标题和说明部分均表明调查是关于该电视节目的。问卷首先要求被调查者列举最喜欢的3个电视节目（开放题），结果该节目名列榜首，98%的被调查者声称最喜欢该节目。

分析提示 显然结果是有偏差的，原因是标题和说明部分给出了该节目的名称，使得被调查者先对该节目产生或加深了印象，从而诱导被调查者在回答问题时，有意无意地说出这一节目名称，导致结果出现偏差。

再次，问卷问句设计要有艺术性，避免对被调查者产生刺激而不能很好地合作。例如下面两组问句：

（1）您至今未买电脑的原因是什么？

　A. 买不起　　　　B. 没有用　　　　　　C. 不懂　　　　　　D. 软件少

（2）您至今未购买电脑的主要原因是什么？
A．价格高　　　B．用途较少　　　C．性能不了解　　　D．其他

显然，第二组问句更有艺术性，能使被调查者愉快地合作；而第一组问句较易引起填卷人的反感，使填卷人不愿合作，从而导致调查结果不准确。

最后，还得注意提问的措辞，例如，在某调查中有单选题询问"贵公司从事的生产活动"，而现实中许多公司兼营多种产品活动，在选择时仅按照备选答案的顺序，选出见到的第一个自己公司从事的产品活动，而非最主要的产品活动，显然得出的答案有偏差。

【案例3】某VCD光盘生产厂家就市场潜力派员访问调查，询问"请问您是否使用过VCD 2.0版本技术？"。
A．使用过　　　B．没有使用过　　　C．不知道

分析提示　因为不知道什么是2.0版本技术，有些被调查者可能已使用过却选择了"没有使用过"，所得的结果显然有误差。此外，即使对于专业术语或日常用语，不同人的理解也可能不同。

【案例4】请您估计一下，您平均一个月在音像制品上花费多少元？

分析提示　这里的"音像制品"是常用词语，如果不对音像制品范围进行确定，可能会被一些被调查者认为其所含物品是磁带、录像带等。"花费多少元"，可以指购买，也可以指租借，不同人的理解显然也是不同的。

【案例5】某调查曾分别用短句①和长句②对不同样本进行了试验。
① 你的咽喉痛过吗？
② 这个问题是关于咽喉疼痛的，我们正在寻找这方面的信息，请问你的咽喉曾经痛过吗？

分析提示　根据被调查者的医生提供的信息，检查调查所得数据的质量，结果表明长句②得到的回答更真实。

三、实践操作

背景资料：湖南正虹科技发展股份有限公司，是一家以生产销售饲料产品为主营业务的大型企业。公司位于洞庭湖畔的鱼米之乡——湖南省岳阳市屈原管理区境内，地处长沙市和岳阳市两座历史名城之间，东与京广铁路、京珠高速相切，西与湘江—长江黄金水道相连，交通便利，商贸繁荣。

公司是中国饲料行业中较早改制上市的股份制企业（被新闻界誉为"中国饲料第一股"），是中华人民共和国农业部等八部委联合评定的第一批"农业产业化国家重点龙头企业"和农业部评定的第一批"全国农产品加工业示范企业"，在"湖南省十佳农业产业化龙头企业"中排名第一。公司在湖南、湖北、河南、安徽、江苏等16个省市区设有33家全资、控股、参股企业，拥有42条微机控制生产线，主要生产正虹牌猪、鸡、鸭、鱼、牛、羊六大系列120多个品种的饲料产品，年生产能力达200万吨。公司拥有总资产18亿元，净资产12亿元，支配资产总额达50亿元，综合实力在"全国30强饲料企业"中居于前列。

公司致力于以饲料为龙头的农业产业化建设。除了进行饲料生产和销售，还从事优良种

猪繁殖、畜禽养殖、肉食品加工、兽药研发与生产及进出口贸易等业务，拥有国内一流的现代化原种猪场、大型屠宰加工厂和GMP（药品生产质量管理规范）标准兽药生产厂。公司通过"公司+农户"的经营模式，向当地农民提供优良种猪和优质饲料贷放、畜病防治、养殖产品收购和屠宰加工等方面的服务。公司立志在做大、做强、做精饲料主业的同时，多方位、多层次地推动"农业产业工业化"进程。

任务要求：公司为进一步增强企业竞争力，计划针对湖南市场进行一次关于生猪养殖户对产品认知度的市场调查。请你根据背景资料为其设计一份市场调查问卷，符合下表2.17的标准要求。

表2.17 调查问卷评价标准

项 目	分 值	具体评价要求
问卷构成	5	具有问卷标题、前言、被调查者基本情况、调查内容、编码、作业证明记载等基本内容
标题	5	反映出问卷主题，简洁明了
前言	10	包括必要的基本要素，语言简练
提问项目设计	30	内容要全面，问题要清晰，语言要易懂。用词准确，一项提问只包含一项内容，避免诱导性、暗示性、否定形式提问和敏感性问题
提问设计方法	10	要有封闭式问句和开放式问句，其中封闭式问句占80%以上。封闭式问题答案设计符合穷尽与互斥的原则，要根据问题的类型采用多种合适的答案设计形式
问题顺序设计	15	整体逻辑性；问题顺序要遵循先易后难、先简单后复杂、先一般后具体等原则；开放式问句放在后面
问句数量	10	不少于15个问句（开放式问句1～2个）
问卷的可行性	15	问题的充分性和必要性，通过问卷能且只能收集到调查目的需要的市场信息

任务2.6 撰写和提交调查方案

任务布置

	任 务 单
	任务2.6 撰写和提交调查方案
任务描述	笔记本电脑、手机和平板电脑悄然成为大学生进入大学校园的流行装备"三件套"，其中手机更是成为人手一部的必备单品，市场容量巨大。为评估某品牌手机在本学院的营销环境，手机生产商要求市场调查部门组织一次关于本学院手机市场情况的市场调查。 以自己所在学院为背景，开展小组讨论，撰写"本学院手机市场调查"的调查方案，要求格式正确、内容完整、结构合理、条理清楚
任务目标	（1）熟悉市场调查方案的评价标准；掌握市场调查方案撰写的基本格式、内容要求及相关技巧。 （2）能根据调查任务，设计撰写一份完整的市场调查方案

项目 2 设计市场调查方案

续表

实施指导	任务分析	市场调查方案要求具有可行性和可操作性。可行性要求方案能体现调查的主题和目的，调查对象和调查内容选择正确、完整；可操作性要求调查方式、方法的选择要科学，组织计划与时间安排具体、合适，经费预算合理，整个方案能够在实际中有效组织实施
	理论补给	（1）市场调查方案结构。 （2）撰写注意事项。 （3）调查方案可行性分析的方法。 （4）调查方案的总体评价
实施指导	实施过程	（1）整合已完成的调查内容、方式和方法等内容。 （2）按照调查方案要求补全基本要素。 （3）制作调查方案 PPT。 （4）小组汇报展示。 （5）教师点评
	拓展提高	案例分析"不成功的调查"，理解市场调查中应尊重调查对象的隐私、感受和尊严，养成敏锐的观察力、准确的判断力和市场调查人员应有的职业道德素养
执行记录	执行团队	
	任务执行	
	任务汇报	
	教师点评	
成绩评定	个人自评	
	小组互评	
	教师评价	
	总　　评	

案例导入

××饰品连锁店市场情况调查方案

一、前言

饰品是最近几年迅速发展的时尚消费品之一。据市场反应和观测，饰品行业的市场成长曲线呈急剧上升之势。但是，由于在饰品连锁加盟运营中出现一些素质低的加盟商和极度模仿的行为，导致了加盟商的信任度问题。

为配合××饰品连锁店进入市场，评估饰品行业环境，进行市场进入可行性分析，制定相应的广告策略及营销策略，预先进行全国饰品连锁市场调查大有必要。

本次市场调查将围绕3个立足点：消费者、市场、竞争者。寻找××饰品连锁店进入市场的市场定位和创新性。

二、调查目的

① 为该产品进入市场提供客观依据。
② 为该产品的销售提供客观依据。
③ 了解购买饰品的消费者的情况。

④了解竞争对手销售策略、广告策略。
⑤了解该项目的市场可行性。

三、市场调查内容

1．消费者调查

主要了解消费者统计资料；消费者对饰品的消费形态；消费者对饰品的购买形态；消费者对希望购买的饰品的描述；消费者对饰品的了解途径及对广告的反应等。

2．市场调查

主要了解目前国内饰品的销售形式、品牌及销售状况；消费者对饰品的需求及购买力状况；饰品连锁店的市场潜力测评；饰品销售通路状况等。

3．竞争者调查

主要了解目前有哪些饰品连锁运营商，包括其品牌和饰品价格情况；市场上现有饰品连锁加盟店销售状况；目前饰品连锁店的定位和形态；竞争对手的广告策略及销售策略。

四、调查对象及抽样

因饰品连锁店有一定的市场成熟度，并且一部分饰品连锁店的运营相对比较成功，其定位和形式非常相似，所以，在确定调查对象时，适当针对目标消费者，点面结合，有所侧重。从而寻找到新的突破口，形成自己的市场定位和运营模式。

调查对象组成及抽样：调查城市选择北京市、杭州市、广州市、成都市、武汉市等，调查对象包括消费者1000人，其中饰品店消费者500人、目标主要消费群500人、饰品加盟店30家、商场专柜20家。

五、市场调查方法

①调查方法：以访谈为主，观察为辅。
②访问员要求：仪表端正、大方；举止谈吐得体，态度亲切、热情，具有把握谈话气氛的能力；经过专门的市场调查培训，专业素质较好；具有市场调查访谈经验；具有认真负责、积极的工作精神及职业热情。

六、市场调查程序及安排

市场调查总共用时30天。第一阶段：初步市场调查2天；第二阶段：计划阶段3天；第三阶段：问卷阶段5天，包括问卷设计2天、问卷调整确认2天、问卷印制1天；第四阶段：实施阶段12天，包括访问员培训2天、实施执行10天；第五阶段：研究分析5天，包括数据输入处理2天、数据研究分析3天；第六阶段：报告阶段3天，包括报告书写2天、报告打印1天。

七、经费预算报价

市场调查总体服务费用。（略）

思考 请分析上述调查方案设计是否科学可行。

【理论补给】

在市场调查方案的主要内容确定之后，市场调查人员可撰写市场调查方案书。市场调查方案有两方面的作用：一是用来提供给客户（即调查委托方）或本企业领导审议检查之用，以作为双方的执行协议；二是用来作为市场调查人员实施执行的纲领和依据。因为方案书是客户看到的第一份书面材料，同时作为调查项目委托人与承担者之间的合同或协议的主体，它在很大程度上决定着项目成功与否，它的撰写非常重要，必须按照一定的格式要求去写。方案书的起草与撰写一般由项目的主管来完成。

2.6.1 市场调查方案书的结构

调查方案书的结构主要包括封面、目录、正文和附录四部分。

1. 封面

封面主要包括方案书的名称、客户的名称、研究机构的名称和时间。方案书的封面设计尽量做到与众不同且有特色，文字内容、印刷形式、字体设计、纸张质量都应符合企业形象战略，既能显示公司的实力，又能引起顾客的注意和兴趣。

方案书的标题要求概括说明调查的主题，使被调查者对所要回答的问题有一个概括性的了解。标题的形式一般是"××市场调查方案"。

2. 目录

目录可以使客户或读者很容易找到感兴趣的部分，其内容主要包括方案书各部分的标题和页码。

3. 正文

正文包括标题、前言、调查目的、调查项目与内容、调查对象与调查单位、调查方式与方法、调查表的设计、资料整理与分析方案、调查时间与进度、调查组织计划、经费预算11个方面的内容（有些内容如调查组织计划可列入附录）。这一部分是方案的主体，其主要内容在前面任务中已讲述，这里只简单介绍。

（1）标题

正文的标题要求与封面标题一致。

（2）前言

前言简明扼要地介绍整个调查主题出台的背景原因。例如，前面"案例导入"中的"××饰品连锁店市场情况调查方案"的前言为：

饰品是最近几年迅速发展的时尚消费品之一。据市场反应和观测，饰品行业的市场成长曲线呈急剧上升之势。但是，由于在饰品连锁加盟运营中出现一些素质低的加盟商和极度模仿的行为，导致了加盟商的信任度问题。

为配合××饰品连锁店进入市场，评估饰品行业环境，进行市场进入可行性分析，制定相应的广告策略及营销策略，预先进行全国饰品连锁市场调查大有必要。

本次市场调查将围绕3个立足点：消费者、市场、竞争者。寻找××饰品连锁店进入市场的市场定位和创新性。

（3）调查目的

调查目的较前言部分稍微详细点，主要指出项目想研究的问题和可能的几种备用决策，指明该项目的调查结果能为企业带来的决策价值，或经济效益、社会效益，以及在理论上的重大意义等。

（4）调查项目与内容

调查项目与内容指明主题调查的主要内容，规定所必需的信息资料，列出主要的调查问题和相关理论假说。

（5）调查对象与调查单位

调查对象与调查单位主要是为了解决向谁调查和由谁来具体提供资料的问题。

（6）调查方式与方法

调查方式与方法主要说明采用什么方式确定调查对象，选择什么样的方法收集资料，具体操作步骤是什么。如果采取抽样调查，就必须说明抽样方案、所取样本大小和样本的分配。

（7）调查表的设计

如果采用询问法或是观察法收集资料，就得设计调查表（包括调查提纲和调查问卷）或观察表等。一般在方案中只列出需要做的调查表的名称，每一种调查表的具体内容都以附件形式附在方案的后面。

案例演示 2.20

案例"某市居民轿车需求与用户反馈调查"方案中表述为：

四、调查表和问卷设计

1．居民私家车需求与用户调查问卷
2．经销商商圈研究调查表
3．竞争对手调查提纲

（8）资料整理与分析方案

随着经济理论的发展和计算机的运用，越来越多的现代统计分析手段可供我们在分析时选择，如回归分析、相关分析、聚类分析等。每种分析技术都有其自身的特点和适用性，因此，应根据调查的要求，选择最佳的分析方法并在方案中加以规定。此部分内容将在本教材"项目4"中具体介绍。

（9）调查时间与进度

调查时间与进度包括调查时间与调查工作期限。调查时间是指调查在什么时间进行，需要多少时间完成，即调查资料所属的时间。

如果所要调查的是时期现象，就要明确规定资料所反映的是调查对象从何时起到何时止的资料。如果所要调查的是时点现象，就要明确规定统一的标准调查时点。

不同的调查主题,不同的调查方法,有不同的最佳调查时间,例如,对于入户调查,最好的调查时间是在晚上或休息日,这时家中有人的概率大,成功率高;若采用观察法掌握超市的人群流量,为了使样本具有较好的代表性,应选择不同的时间段,因为一天当中不同的时间范围内,人群流量存在很大差异,在一周当中,工作日和休息日的人群流量也有很大不同。只有对观察的时间段进行精心设计,才能有科学、合理的推断结果。

调查期限是规定调查工作的开始时间和结束时间,包括从调查方案设计到提交调查报告的整个工作时间,也包括各个阶段的起始时间,其目的是使调查工作能及时开展、按时完成。为了提高信息资料的时效性,在可能的情况下,调查期限应适当缩短。调查的方法和规模不同,调查工作的周期也不同。例如,邮寄调查的周期较长,而电话调查的周期较短。大规模的入户调查,其周期通常也是比较长的。因此,对于调查的工作时间和进度安排,事先应有周密的计划。

案例分析 2.25 轿车需求调查进度安排设计

"某市居民轿车需求与用户反馈调查"方案中调查时间和调查期限的安排如下:

1．时间:私家车拥有量的调查标准时点为本月末,私家车需求量的调查时距为近 3 年。
2．期限:从本月 1 日到下月 30 日共计 60 天完成,包括调查策划、实施和结果处理。
(1)调查策划、确定调查目标 5 天。
(2)查询文字资料 3 天。
(3)进行实地调查 20 天。
(4)对资料进行汇总、整理、统计、核对及分析 20 天。
(5)市场调查报告初稿 7 天。
(6)调查报告的修改与定稿 3 天。
(7)调查报告完成、提交 2 天。

(10)调查组织计划

调查组织计划是指为确保实施调查的具体工作计划;主要是指调查的组织领导、调查机构的设置、人员的选择和培训、工作步骤及其善后处理等。在必要时,还必须明确规定调查的组织方式。

对于规模较大的调查机构,调查的组织计划要体现并处理好几种关系,包括方案设计者、数据采集者、资料汇总处理者及资料开发利用与分析者的相互关系;调查中的人、财、物各因素的相互关系;调查过程中各环节、各程序、各部门之间的相互关系。这些关系处理得好,任务的安排就能做到科学、合理、平衡和有效。

案例演示 2.21

在"大学生对手机需求情况调查方案"中,调查组织计划设计如下:

1. 人员安排

根据调查方案,在某大学及市区进行本次调查需要的人员及具体配置如下:

调查督导 1 名,调查员 20 名(其中 15 名调查员对消费者进行问卷调查、5 名调查员对经销商进行深度访谈),复核员 1~2 名(可由督导兼职,也可另外招聘)。如有必要,还将配备辅助督导(1 名),协助进行访谈、收发和检查问卷与礼品。问卷的复核比例占全部问卷数量的 30%,全部采用电话复核方式,复核时间为问卷回收的 24 小时内。

2. 调查员的规定

(1)仪表端正、大方。
(2)举止谈吐得体,态度亲切、热情。
(3)具有认真负责、积极的工作精神及职业热情。
(4)调查员要有把握谈话气氛的能力。
(5)调查员要经过专门的市场调查培训,专业素质好。

3. 调查员的培训

培训必须以实效为导向,本次调查员的培训决定采用举办培训班、集中讲授的方法,针对本次活动聘请经验丰富的调查员面授调查技巧和经验,并对他们进行思想道德方面的教育,使之充分认识到市场调查的重要意义,培养他们强烈的事业心和责任感,端正工作态度和作风,激发他们对调查工作的积极性。

(11)经费预算

在市场调查方案设计中,应考虑经费预算,以保证项目在可能的财力、人力和时间限制要求下完成。市场调查费用的多少应根据调查目的、调查范围和调查的难易程度而定。

① 调查经费的内容。调查经费活动一般包括资料收集、复印费;问卷设计、印刷费;实地调查劳务费;数据输入、统计劳务费;计算机数据处理费;报告撰写费;打印装订费;组织管理费;税收;利润等。

一般市场调查时间紧张,但实际上尽快完成调查结果,费用可能减少;另外,企业也应给予充分的经费,以保障调查的成功。

根据若干市场调查案例可以总结一般的经费预算比例,即策划费 20%、访问费 40%、统计费 30%、报告费 10%。若接受委托代理的市场调查,则需加上全部经费的 20%~30% 的服务费,作为税款、营业开支及代理公司应得的利润。

案例演示 2.22

某市场调查费用预算表如表 2.18 所示。

表 2.18 某市场调查费用预算表

费用支出项目	数量(份)	单价(元)	金额(元)	备 注
方案设计策划费	1	20000	20000	
抽样设计实施费			2000	
问卷设计费	1	1000	1000	

续表

费用支出项目	数量（份）	单价（元）	金额（元）	备 注
问卷印刷装订费	4400	4	17600	
调查员劳务费	220	100	22000	
……				
总　　计			62600	

② 调查公司报价技巧。对于调查机构来说，一般情况下，应该把成本分细一点，可以在大的方面酌情报价。例如，对于调查方案、问卷设计、抽样方案、高级统计分析及调查报告方面的费用，由于客户的调查部分做起来比较困难，价格可以适当地报高一些。在比较小的方面，尤其是客户比较了解或客户自己也可以做的事情，如问卷印刷费、访问员报酬等，则应该实事求是地报价。在更加细小的地方或者客户比较了解的事项，应该大度地表示"免费为客户提供服务"。

价格是方案的主要内容和争取客户的主要部分之一，应该仔细考虑和斟酌。例如，可以说"本着为客户着想和经济的原则，经过认真计算，调查活动共需要各项经费××元。"具体项目费用预算可以列出估价单，让客户明白调查费用都花在什么地方。开头或者最后不要忘记说明"为了体现我公司一贯为客户服务的宗旨，我公司将在×××方面免费为客户提供以下服务：如信息资料的录入费用、管理和监督费用等。"在最后竞争时，则一定要以确定的具体数据，证明调查公司的实力。因此，可以表达为"本公司本着为客户服务的精神，在人员的高素质和高技术水平的支持下，以最低的成本费用，完成市场调查任务，满足客户的需要"。介绍时，也应该说明或者暗示关于价格的问题可以商量等。而且应该注意的是，除非签订合同，否则不要在方案上写关于具体价格的问题，也不要主动谈到价格问题，或者只是确定一个比较模糊的价格范围，把具体价格的确定放到最后解决。一般情况下，在争取到服务项目后，再根据客户的财务状况和调查活动要求、竞争对手的策略和信息资料、客户的价格心理和谈判心理，仔细斟酌，最后才可以在合同书上写明费用的数额。

4．附录

此部分主要是对调查方案的一些补充说明材料，主要包括调查项目负责人及主要参加者、抽样方案及技术说明、调查表及问卷有关技术说明、数据处理所用软件等。

2.6.2　撰写注意事项

1．内容完整

一份完整的市场调查方案的11个部分内容均应涉及，不能有遗漏，否则就是不完整的。当然在具体格式方面，本章提供的范本并不是唯一的，对于不同的调查项目，调查设计不同，内容的次序也不完全一样，中间内容也可适当合并或进一步细分，设计人员在具体进行市场调查设计时需要灵活地、创造性地加以应用。

2. 结构灵活

如果方案书的篇幅不是很长的（比如 3 页纸以内），封面和目录部分可以不要，直接是正文内容和必要的附录。

2.6.3 调查方案可行性分析的方法

在调查复杂的社会经济现象时，调查方案的设计通常不是唯一的，我们需要从多个调查方案中选取最优方案。同时，调查方案的设计也不是一次完成的，而是需要经过必要的可行性研究，针对调查方案进行试点和修改。众所周知，决策失误是最大的失误。可行性研究是科学决策的必经阶段，是进行科学设计调查方案的重要步骤。因此，对调查研究工作而言，事先对方案进行科学的可行性研究是非常必要的。针对市场调查方案进行可行性研究的方法有很多，如经验判断法、逻辑分析法、试点调查法等。

1. 经验判断法

经验判断法是指通过组织一些具有丰富市场调查经验的人士，对设计出来的市场调查方案进行初步研究和判断，以说明调查方案的合理性和可行性的方法。例如，针对广州市白领阶层的消费支出结构进行研究，就不宜采用普查的形式，实际上这样做既没必要也不可能。在对白领阶层这一概念进行量化处理之后，我们完全可以采用抽样调查的方式。国家统计局在对我国全年农作物收成做出预测时，常采用抽样的方法对一些农作物做重点调查，这一方法也属于经验判断范畴。总之，经验判断法可以节约人力、物力，并在较短的时间内做出快速的预测。当然，这种方法也是有局限性的，这主要是因为我们的认识是有限的，并且事物的发展变化常有例外，各种主要客观因素都会对我们判断的准确性产生影响。

2. 逻辑分析法

逻辑分析法是指从逻辑的层面对调查方案进行把关，考察其内容是否符合逻辑和情理的方法。例如，对于学龄前儿童进行问卷调查、对没有通电的大草原上的牧民进行电视广告的偏好调查等，这些都有悖常理和逻辑，也是缺乏实际意义的。但是，如果对某企业做一次民意调查，想知道一项新的福利改革制度在职工中的支持度，该企业有 1000 人，其中销售人员 300 人，生产人员 200 人，科研人员 500 人，只准备选取样本 100 人进行问卷调查。在进行抽样设计时，从逻辑上讲，我们按工种人员在总人口中所占的比例进行样本抽取，显然更符合科学和逻辑。照此思路，我们将有如下样本分配方法：

$$销售人员取样数 =300/1000×100=30（人）$$
$$生产人员取样数 =200/1000×100=20（人）$$
$$科研人员取样数 =500/1000×100=50（人）$$

3. 试点调查法

试点调查法是指通过小范围内选择部分单位进行试点调查，对调查方案进行实地检验，以说明调查方案的可行性的方法。具体地说，试点的用意在于以下两点：

① 调查目的在于对调查方案进行实地检验。我们的调查方案是否切实可行，可通过试点进行实地检验，检查调查目标的制定是否恰当，调查指标的设置是否正确，有哪些考核项目应该增加，哪些项目应该减少，哪些地方应该修改和补充。试点工作完成后，要及时提出建议，对原方案进行修订和补充，以便使制定的调查方案科学合理，能切合实际情况。因此，我们可以说试点调查方法实际上是借鉴实验科学的思想，是实验科学思想在社会科学领域的成功运用。

② 试点调查还可以理解成实战前的演习，可以让我们在大规模应用之前及时了解我们的调查工作哪些是合理的，哪些是我们工作的薄弱环节。

运用试点调查法进行调查方案的可行性研究，还应注意以下几个常见问题：

第一，应选择好适当的调查对象，应尽量选择规模小，具有代表性的试点单位。必要时我们还可采用少数单位先行试点，然后再扩大试点的范围和区域，最后全面铺开，循序渐进。

第二，事先建立一支精干的调查队伍，这是做好调查研究工作的先决条件。团队成员包括有关调查的负责人、调查方案设计者和调查骨干，这将为做好试点调查工作提供组织保证。

第三，调查方法和调查方式应保持适当的灵活性，不应太死板，事先确定的调查方式可以多准备几种，以便经过对比后，从中选择合适的方式。

第四，试点调查工作结束后，应及时做好总结工作，认真分析试点调查的结果，找出影响调查的各种主观因素、客观因素，并进行分析。

试点工作也可理解为在时间要求并不是那么紧迫的前提下，或者说在我们对方案的设计把握性不大时所做的一种小范围测试，万一我们失算也不会损失过大，并且这是一种很好的调整方案的方法。

2.6.4 调查方案的总体评价

市场调查方案的总体评价有其重要意义。首先，在于架起了方案与实施的桥梁，为研究创造了条件；其次，对于研究者来说可以不断总结提高，推动市场调查的发展。评价主要从方案设计是否体现调查目的和要求，方案设计是否具有科学性、完整性和可操作性，方案设计能否使调查质量有所提高等3个方面来进行。

1. 方案设计是否体现调查目的和要求

例如，在关于××品牌专营店商业选址调查中，从调查目的出发，确定调查内容、调查范围、调查单位，并据此设置了一系列完整的观察指标体系，基本上能体现优秀商业地段应具备的条件，体现了调查目的和要求。

2. 方案设计是否具有科学性、完整性和可操作性

例如，在关于××品牌专营店商业选址调查中，对商业氛围、交通条件、银行网点、卫生环境、居民居住、休闲娱乐等各个方面，设置了许多相互联系、相互制约的指标，形成了一套比较完整的指标体系，其特点是全面、系统、适用性强。

3. 方案设计能否使调查质量有所提高

影响调查数据质量高低的因素有多方面，但调查方案是否科学、可行，对最后的调查数据质量有直接的影响。

例如，在某品牌口服液广告效果调查方案对计划进行人员安排时，考虑到可操作性，还特别考虑招聘市场营销专业的女大学生作为调查员，一是女大学生形象好，不会给被调查者带来威胁感，可使访问更容易成功；二是招聘大学生会使调查成本降低；三是可向大学生提供一个社会实践的机会。这是皆大欢喜的一件事。

案例演示 2.23

某市居民轿车需求与用户反馈调查方案

一、调查目的与调查任务

调查目的是了解或收集居民轿车需求与现有用户使用等方面的各种信息，为公司调整、完善市场营销策略提供信息支持。调查任务为准确地系统地搜集该市私家车市场普及率、市场需求潜力、购买动机与行为、用户使用状况等方面的信息。

二、调查对象与调查单位

调查对象为该市的全部市区居民家庭，不包括市辖县的居民家庭。调查单位为每户居民家庭。

三、调查项目与内容

1．被调查家庭的基本情况

调查内容包括户主的年龄、性别、文化程度、职业；家庭人口、就业人口、人均年收入、住房面积、停车位等。

2．居民家庭私家车拥有情况

是否拥有私家车，拥有私家车的类型、品牌、价位、购入时间等。

3．用户车况与使用测评

主要包括节能性能、加速性能、制动性能、外观造型、平稳性、故障率、零件供应、售后服务等项目的满意度测评。

4．私家车市场需求情况调查

包括第一次购车或重新购车的购买意愿、购买时间、购买品牌、期望价位、购买目的、选择因素、轿车信息获取等方面的测评。

5．经销店商圈研究

包括本经销店顾客的地理分布、职业分布、收入阶层分布、文化程度分布、行业分布及商圈构成要素等项目。

6．竞争对手调查

包括竞争对手的数量、经营情况和策略等。

四、调查表和问卷设计

1．居民私家车需求与用户调查问卷
2．经销商商圈研究调查表
3．竞争对手调查提纲

五、调查时间和调查期限

1．时间：私家车拥有量的调查标准时点为本月末，私家车需求量的调查时距为近3年。
2．期限：从本月1日到下月30日共计60天完成，包括调查策划、实施和结果处理。

六、调查方式与方法

1．方式
（1）居民私家车需求与用户调查采用简单随机抽样调查方式，样本量为1000户。
（2）经销店商圈研究采用本经销店建立的用户信息库做全面的调研分析。

2．方法
（1）居民私家车需求与用户调查采用调查员上门访问（问卷测试）的方法。
（2）竞争对手的调查采用现场暗访调查及用户测评等方式获取相关信息。
（3）居民私家车的社会拥有量和普及率通过走访统计局、交通大队了解。
（4）居民的消费收支情况及社会经济发展状况通过统计年鉴来了解。
（5）利用本经销店的用户信息库进行分类统计和信息开发。
（6）召开一次用户焦点座谈会。

七、资料整理方案

（1）用户数据的整理方案。包括编制用户特征分布数列，私家车类型品种分布数列，价位、购入时间分布数列，私家车使用满意度测评数列等。
（2）需求数据的整理方案。包括编制需求者特征、购买欲望、购买动机、购买行为、购买时间、购买选择、信息获取等分布数列。
（3）编制本经销商商圈层次划分数列、客户的分类统计数列等。
（4）对定性资料的分类归档。
（5）对居民私家车市场普及率统计、市场需求潜力和市场占有率的测定。

八、资料分析方案

（1）进行用户分布及满意度分析。重点揭示用户的特征，为调整营销目标提供信息支持；用户满意与否的分析是为改进营销工作提供依据的，也作为选择供货商的依据。
（2）需求潜力、需求特征、需求分布、需求决定因素研究，这是为市场营销策略的制定、调整和完善提供信息支持的，应重点揭示向谁营销、营销什么、怎样营销的问题。
（3）本经销店竞争优势与劣势研究、提高市场竞争力的策略研究。
（4）编写市场调查报告。重点揭示调查所得启示，并提出相应的建议。

九、市场调查进度

（1）调查策划、确定调查目标5天。

（2）查询文字资料3天。

（3）进行实地调查20天。

（4）对资料进行汇总、整理、统计、核对及分析20天。

（5）市场调查报告初稿7天。

（6）调查报告的修改与定稿3天。

（7）调查报告完成、提交2天。

十、调查组织计划

（1）由市场营销教研室全面负责规划与实施。

（2）使用训练有素的30名市场营销专业大学生作为调查员。

（3）由市场营销教研室教师对调查员的访问质量进行抽查，并及时审核。

十一、费用预算（略）

附件：

（1）居民私家车需求与用户调查问卷

（2）经销商商圈研究调查表

（3）竞争对手调查提纲

【职业道德培育】不成功的调查

背景与情境：某公司在新年到来之际，设计了一项活动，包括两项内容：一项是了解来到现场的顾客对商场及销售产品的满意度；另一项是就未来改进服务、提高顾客满意度和提高市场竞争力，向顾客征求意见，以分析未来顾客对公司服务方面的各种期盼，并提出改进办法和措施。各商场接到任务后，回来急急忙忙地就安排下去了。第二天各商场就开始做这项工作，由于事前未进行培训、讲解，现场很多销售人员在面对顾客时根据统一定制的表格，一项一项向来往的顾客征求意见和建议，结果有的顾客回答了几个问题就不愿说了，有的顾客一开始就拒绝，很多销售人员感到很不自在。这项工作进行得很不顺利。

问题 这项工作为什么会是这个结果？你认为问题出在哪里？

分析提示 市场调查人员和现场销售人员经过认真培训，知道一些调查技巧，尽量使调查对象配合。其办法是向顾客详细解释调查的目的，运用调查的一些技巧，并在调查前明确规定现场销售人员和调查对象双方的责任和期望。此外，调查对象有权利拒绝回答使其感到为难的问题，如果他们感到不便，也可随时终止调查。现场销售人员有义务尊重调查对象的隐私、感受。这是市场调查人员应有的职业道德素养。

技能检测：扫描二维码进行在线测评

项目2 技能检测

项目 3　实施市场调查

一家企业经营成功与否，全靠对顾客的要求了解到什么程度。

——[匈牙利] 波尔加·韦雷什·阿尔巴德

项目 3　实施市场调查

目标	德育培养目标	（1）培养学生敬业、理性、尊重他人、关心他人和与人为善的市场调查职业道德素养，能尊重被调查者的个人隐私，遵守行业自律准则。 （2）培养学生敏锐的观察力、准确的判断力和严密的逻辑思维能力，具备一定的管理能力
	知识学习目标	（1）掌握市场调查人员的素质要求。 （2）掌握市场调查人员的培训内容，了解培训方法。 （3）了解对市场调查项目控制与调查人员控制的内容。 （4）熟悉市场调查的准备、组织、实施的一般程序。 （5）掌握入户访问和街头拦截式访问的基本知识，掌握实地调查的相关技巧
	职业能力目标	（1）能够根据调查任务特点、要求组建相应的市场调查团队。 （2）能够合理有效地组织、实施对市场调查人员的培训。 （3）能够有效管理控制市场调查人员，管理与控制市场调查项目实施。 （4）能根据设计的调查方案有序地实施调查，开展实际市场调查访问活动，有效收集相关信息
	职业素养目标	培养口才表达、协调沟通、团队协作、计划组织、决策、自我管理能力
任务	任务 3.1　组织与培训市场调查人员 任务 3.2　管控市场调查现场	
重点	市场调查的管控和调查技巧	
难点	实地调查的方法与技巧	
方法	项目教学法、任务驱动法、情境教学法、角色扮演法、头脑风暴法、案例教学法	

任务 3.1　组织与培训市场调查人员

任务布置

任务单		
任务 3.1　组织与培训市场调查人员		
任务描述		笔记本电脑、手机和平板电脑悄然成为大学生进入大学校园的流行装备"三件套",其中手机更是成为人手一部的必备单品,市场容量巨大。为评估某品牌手机在本学院的营销环境,手机生产商要求市场调查部门组织一次关于本学院手机市场情况的市场调查。 利用设计好的调查表,小组成员轮流角色扮演街头拦截式访问和入户访问,培训合格的调查人员,为实施市场调查做好充分的组织准备
任务目标		（1）了解访问员队伍组建标准、选聘程序和培训方法,理解市场调查人员的素质要求;熟悉市场调查的准备、组织、实施的一般程序。 （2）掌握市场调查人员的培训内容;掌握入户访问和街头拦截式访问的基本知识和实地调查的相关技巧
实施指导	任务分析	通过角色扮演,提升市场调查人员的道德素养、市场调查基础知识、业务素质、心理素质和身体素质
	理论补给	（1）市场调查人员队伍的组建。 （2）市场调查人员的培训
	实施过程	（1）了解市场调查人员应该具备的素质要求。 （2）针对调查过程中可能出现的问题,小组讨论,确定应对的方式方法。 （3）小组成员轮流扮演,一人扮演调查人员,另一人扮演被调查者,进行模拟访问。 （4）小组角色扮演比拼赛。 （5）教师点评
	拓展提高	讨论"××××市场调查项目访问员手册"和"小王的虚假调查案例分析",理解虚假调查会影响调查结论,养成尊重事实、实事求是的工作态度和严谨的工作作风
执行记录	执行团队	
	任务执行	
	任务汇报	
	教师点评	
成绩评定	个人自评	
	小组互评	
	教师评价	
	总　评	

项目 3 实施市场调查

案例导入

对北京市新能源电动汽车目标市场的调查

某新能源电动汽车生产企业为了解北京市新能源电动汽车市场消费者的构成、消费者在购买时对新能源电动汽车的关注因素、消费者对新能源电动汽车市场的满意程度等,需要对目标消费者进行一项调查。

该生产企业把这个调查项目委托给专业的市场调查公司,市场调查公司专门成立调查小组,设立项目主管、实施主管和调查督导,并招聘一些经管类专业的大学生作为兼职调查人员参与调查。项目主管统筹管理整个项目,制订项目运行计划和进程表,保证能够按时向客户提交报告。实施主管负责计划的实施,并挑选合适的调查人员,对督导团队进行管理。调查督导的主要职责是培训并指导调查人员的工作。

经过调查小组的分工及协作,调查项目得以顺利进行。委托方也通过调查报告更好地了解目标市场及目标消费者,为某新能源电动汽车生产企业的生产及营销决策的制定提供了依据。

针对这个项目的组织实施,市场调查人员需要将方案付诸实施,根据调查方案的相关要求和调查计划的具体安排,有组织地、细致地、系统地收集各种市场资料。市场调查资料的收集工作需要大量的人力、财力做支撑,而且该阶段的调查容易产生误差,因此,组织、管理、控制便成为这一阶段工作成效的基本保障。具体工作包括以下几个方面:

第一,组建调查队伍,选择合适的调查人员。
第二,对调查人员进行培训,提高其业务素质。
第三,管理控制市场调查,包括对调查项目的控制及对调查人员的控制,保障调查作业的质量。

思考 实施市场调查需要做好哪些工作?

【理论补给】

组织实施市场调查的关键是拥有一支高素质、高效率、快速反应的市场调查人员队伍。因此,招聘访问员、培训访问员、管理与控制市场调查现场就成为市场调查实施的主要工作内容。

3.1.1 访问员队伍的组建

1. 建立访问员队伍的标准

只有明确了组建访问员队伍的标准,才能在访问员队伍建设中有针对性地开展工作。一支好的访问员队伍的标准大致可以从这样几个方面来衡量:

(1) 访问员的数量

访问员数量的确定主要根据公司业务的状况。相对公司业务来讲,访问员的数量过多或过少都不利于访问员队伍的建设。一般一个调查业务每年有 100 个项目,调查范围主要在省内,按每次需要调查人员 20 人左右计算,可以储备 500 名左右的访问员。

(2) 访问员队伍结构

① 访问员队伍的等级结构,即不同等级的访问员数量。有的公司将访问员分为初级访问员、中级访问员、高级访问员。一般来说,在访问员队伍中高级访问员的数量比较多,这样可以承接一些复杂性的调查项目,保证调查质量。

② 访问员队伍的文化层次结构,即不同文化层次的访问员数量。目前,访问员队伍中主要是在校大学生居多。一般来说,访问员的文化水平应尽可能在高中学历以上,否则会影响访问质量和对访问要求的理解。

③ 访问员队伍的来源结构,即不同来源的访问员数量。为了保证不同类型项目的顺利执行,在招聘访问员时,应该考虑从不同的途径或渠道招聘访问员。目前,访问员队伍主要来源是当地大学、职业院校的在校大二学生和大三学生及下岗职工,但有的项目需要专业人士参与。因此,需要在访问员队伍中适当储备一些兼职的专业人士。比如,在访问员队伍中可以有一些医务工作者和教育工作者,这样一些特殊类型的项目就可以克服进入的障碍。

(3) 访问员可用于现场工作的时间

在招聘访问员时,必须要求访问员详细登记他们的空余时间,主要包括在一周的什么时间有空闲,一周有多少空余时间等。一般来说,一支好的访问员队伍,访问员的空余时间基本上能够均匀覆盖现场工作时间。

(4) 访问员对现场工作和公司的认同度

一支好的访问员队伍,其中绝大多数的访问员应该对现场工作和公司有很高的认同度。只有认同公司,访问员才能自觉接受公司的文化和管理制度,才能树立信念和信心,在现场实施中克服各种困难,完成工作。

2. 访问员的基本要求

访问调查实际上是一项复杂的工作,需要与不同文化层次、不同职业、不同个性特征的人打交道。只有具有较高的基本素质和职业道德精神的人,才能做好这项工作。

(1) 思想政治素质

思想政治素质是决定访问员成长方向的关键性因素,也是影响市场调查效果的一个重要因素。

① 政治素质。要求熟悉国家现行有关方针、政策、法规。

访问员队伍的组建与培训

② 道德修养。访问员应具有较高的职业道德修养，表现在调查工作中能够实事求是、公正无私，不能满足于完成任务而敷衍塞责，也不能迫于压力屈从或迎合委托单位和委托单位决策层的意志。

③ 敬业精神。访问员应具有强烈的社会责任感和事业心。在调查工作中要认真、细致，具有敏锐的洞察力，掌握有价值的资料和容易混淆的虚假资料；凭自身业务素质，分析和确定资料的真实性和可靠性，反复核实，做到万无一失。

④ 谦虚谨慎、平易近人。访问员的主要工作是与受访者打交道。一些谦逊平和、态度友好的访问员往往容易得到受访者的配合，从而能够获得真实的信息；而那些脾气暴躁、盛气凌人的访问员，容易遭到拒答或得到不真实的信息。

（2）业务素质

① 具有市场调查的基础知识。访问员不是专业的研究人员，但应该具备市场调查基础知识；了解调查工作中访问员的作用和他们对整个市场调查工作成效的影响；了解调查计划的有关信息；掌握访谈过程中的技巧；熟知询问问题的正确顺序；熟悉记录答案的方法；在访问中能保持中立态度。

② 具有一定的业务素质。访问员的业务能力体现在这几个方面：第一，阅读能力，理解问卷的意思，能够没有停顿地传达问卷中的提问项目和回答项目。第二，表达能力，要求访问员在调查过程中能够将询问的问题表达清楚。第三，观察能力，具有敏锐的观察能力，判断受访者回答的真实性。第四，书写能力，能够准确、快速地将受访者的回答记录下来。第五，独立访问能力，访问员能够独自到达指定的地点，寻找指定的受访者，并进行访问。第六，随机应变能力，调查中会遇到各种各样的人，所以访问员要随机应变，适应不同类型的人的特点。

③ 身体素质。身体素质包括体力和性格。市场调查工作是一项非常艰苦的工作，特别是入户访谈和拦截调查，对访问员的体力要求较高。同时，访问员的性格最好是外向型的，善于交际、谈吐自如，善于倾听，善于提出问题、分析问题、解决问题，如遭拒绝或不被理解，也要求访问员有较强的心理素质和抗挫折能力。

总之，一个合格的访问员应勤学好问、有思想、有知识并具有创造性，他们必须善于倾听，善于思考，善于提出问题、分析问题、解决问题。

3. 招聘访问员的程序

访问员的工作直接关系到调查资料和调查信息的质量，因此，访问员的招聘工作必须按照规范程序来进行，这样才能保证招聘到合格的访问员。一般包括以下5个步骤：

（1）刊登招聘访问员的招聘启事

通常由访问员督导到当地大专院校、中专院校、居委会张贴和分发招聘启事，或到各求职中心填写招聘要求，也可以在求职报上刊登广告。一般需要在招聘启事上写明招聘访问员的目的、访问员的工作内容、应聘访问员的基本要求、应聘方式、联系方式、联系时间和联系人。在大学招聘时一般考虑如下因素：

① 专业背景。通常调查公司倾向于选择文科类专业的同学，特别是心理学、社会学、市场营销专业的学生。

② 性格特征。通常调查公司优先考虑性格外向、反应快、语言表达能力较强的同学,因为在一些方言地区开展调查时,要求访问员不仅要普通话好,还要会当地方言。

③ 品质背景。通常招聘那些在校表现优秀、品质较好的学生,特别是一些家庭条件困难、肯吃苦耐劳,希望通过调查工作锻炼自己意志的学生。

④ 经验背景。通常有一定社会实践经验且参加过调查工作的人更好。

⑤ 性别。由于青年男性在入户访问或其他场合容易给受访者造成较多的不安全感,因此,公司通常以招聘女性访问员为主。当然,这并不代表不用男性访问员,如一些异地访问、晚上访问、农村地区访问,可能男性访问员更合适。

(2) 访问员的报名和面试

让应聘者通过电话报名,并预约面试时间。面试是筛选访问员的第一道程序。首先,让应聘者填写个人基本信息,即填写应聘登记表,通过填写应聘登记表可以了解应聘者的基本情况及书写能力。其次,由访问员督导与其进行交谈,通过交谈可以了解其基本素质,交谈的内容可以参考访问员基本素质要求。最后,由面试的督导填写面试记录表,确认初步合格后,通知其参加基础培训的具体时间。

(3) 访问员的培训与考核

访问员培训的主要内容包括基础培训、技能培训、技巧培训和项目培训四方面,每个方面又有许多具体的内容和要求。基础培训是访问员的入门培训,其目的是帮助访问员了解公司文化、理念,现场工作的意义,现场工作的快乐和辛劳;向访问员介绍并描述现场工作的一些基本技能。培训后,由访问员督导分批通知参加过基础培训的应聘者进行基础考核。

(4) 试用访问

培训考核通过者可编号录用,但是这批访问员必须经过试用期后才能成为正式的访问员。在试用期里,如果发现有的访问员不能胜任访问工作,必须让其重新接受培训和考核。

3.1.2 访问员的培训

访问员培训的主要内容包括基础培训、技能培训、技巧培训和项目培训四方面,每个方面又有许多具体的内容和要求,不同内容的培训,培训方法也有一些差异,主要采取集中讲授、模拟示范,以及与个别指导相结合的方法。访问员的培训项目、培训内容与培训方法如表3.1所示。

表3.1 访问员的培训项目、培训内容与培训方法

培训项目	培训内容	培训方法
基础培训	公司基本情况简介 市场调查的基本知识 如何确定市场调查问卷的性质 访问员的态度和行为准则 受访者的心态把握 如何处理访问中发生的特殊情况	集中讲授:基本知识由督导讲授 模拟示范:具体问题结合问卷进行模拟,由督导充当受访者,访问员进行现场访问,全部演练完成,进行培训总结

续表

培训项目	培训内容	培训方法
技能培训	如何使用接触表 如何使用随机表 如何提问和如何追问 如何记录受访者的答案	集中讲授：由督导结合案例进行讲解 模拟示范：结合调查问卷进行模拟示范等
技巧培训	访问前的技巧 访问中的技巧 访问结束时的注意事项	模拟示范：由督导作为受访者，在访问员访问时督导进行指导 个别指导：由经验丰富的访问员在现场进行指导，如陪访等
项目培训	针对具体调查项目进行的培训 该项目的调查内容和调查目的 该项目的问卷结构、问卷的内容 该项目的调查时间、调查步骤和调查注意事项	集中讲授：由督导交代本次调查的任务、要求、配额分配，完成时间 个别指导：由督导陪同试访后，发现问题并进行指导 加强管理：对特定调查项目实施现场督导，加强对访问员的监督，并对交回的问卷及时复核，监控过程

1. 基础培训

（1）公司基本情况

介绍公司的成立时间、业务范围、发展规模、人员构成及公司在行业内的竞争力，公司的文化、管理制度等。让访问员认可公司，对公司充满信心和信任，以能加入公司为荣。

（2）市场调查及访问的基础知识

讲解市场调查的基本概念、流程和作用，访问类型、访问流程、注意事项和访问技巧，问卷的各种题目类型、操作方法和技巧、访问记录方式。

（3）访问员的工作要求

① 树立正确观念。访问员的职责是用专业知识和技巧，以严谨的态度收集市场信息。一个专业的访问员应该树立下列观念：

a. 保持积极的访问心态，认识到访问是有意义的工作。市场研究是通过收集消费者的意见，使企业不断改良产品和服务，以更好地为广大消费者服务。访问员是主要资料的直接收集者，是市场研究最关键的环节之一。因此访问员承担的工作是一项极富意义的工作。

b. 坚持规范的访问态度，认识到只有真实的信息才是有用的。施行标准的访问规范可以保证访问质量，保证取得的信息能真实地反映消费者的意见。

c. 树立整体观念，认识到只有相互沟通才能共同进步。每位访问员都是整个项目的有机组成部分，其工作的质量直接影响整体的工作水准。在工作中，访问员要服从督导的安排，多与督导沟通，共同克服困难，以便做好每一次访问。

② 遵守访问准则。访问员直接与受访者接触，其言行与态度直接影响受访者对问卷的理解。为了减少人为的影响，确保调查结果的准确性，制定严格的访问准则是非常必要的。访问员在进行现场访问时必须做到以下几点：

a. 必须保持客观和中立的态度，不能加入自己的意见和观点，以此来影响受访者。

b. 不要携带任何与研究无关的产品去做访问。

c. 客观地询问受访者本人，不要妄自推测受访者的回答，让受访者"同意"自己的看法，即不要想当然。

d. 只要受访者理解题意，给出的答案无对错之分，就可以按照统一规范的方法进行访问。

e. 完全按照问卷上问题的次序逐字逐句地提问。

案例分析 3.1 不一致的调查结论

普瑞辛格调研公司给《中国财富》出示了两组数据，来说明调研的严谨性。同样的调研问卷，完全相同结构的抽样，两组数据结论却差异巨大。国内一家知名的电视机生产企业在某年年初设立了 20 多人的市场研究部门，就是因为下面的这次调查，部门被注销，人员被全部裁减。

调查问题：您会选择哪种品牌的电视机？

其中一组的结论是：有 15% 的消费者选择本企业的电视机；另一组得出的结论却是：36% 的消费者表示本企业的产品将成为其购买的首选。巨大的差异让公司高层非常恼火，为什么完全相同的调研抽样，会有差距明显的结果呢？公司决定聘请专业的调研公司进行调研，找出问题的真相。

普瑞辛格的执行小组受聘同参与调查执行的访问员进行交流，并很快提交了简短的结论：首先，第二组在调查执行过程中存在误导行为；调研期间，第二组的访问员佩戴了公司统一发放的领带，而领带上有本公司的标志，其标志足以让受访者猜测出调研的主办方。其次，在调查过程中，第二组的访问员把选项的记录板（无提示问题）向受访者出示，而本企业的名字处在记录板的第一位。以上两种做法，使访问员向受访者泄露了调研主办方的信息，影响了消费者的客观选择。

思考 在上述案例中，两个小组的做法对调查结果的有效性会产生什么样的影响？怎么做才能保证调查结果的有效性？

2. 技能培训

访问员的基本技能包括如何使用接触表、如何提问、如何追问、如何记录受访者的答案。

（1）如何使用接触表

接触表是用来记录访问员与受访者接触情况的表格，根据项目类型的不同分为入户接触表（见表 3.2）、街访/中心地设点接触表、电话接触表，各类表格内容大同小异，这里主要介绍入户接触表的使用方法。

访问中解除表与示卡的使用

入户接触表又叫入户登记表或地址表，它是事先经过科学抽样方法抽取的、按一定要求抄录的一定数量的受访者地址。它关系到样本的代表性，所以访问员必须正确使用，即按入户接触表顺序逐户访问，不得打乱地址顺序挑选访问或随意涂改地址，每敲一户人家的门必须填写相应的入户情况。入户情况通常有两种：未成功访问和成功访问。未成功访问又分为住户的原因和受访者的原因。

表 3.2　某日化用品消费者行为入户接触表

区属名称：箭弓山居委会　　　地址块编号：33　　　项目名称：某日化用品消费者行为调查
访问员姓名：张三　　　　　　访问员编号：007　　　项目编号：107898

序号	样本详细地址	未成功访问										成功访问			
		住户原因				受访者原因									
		无人在家	住户拒访	不是居民户	其他	受访者不在家	拒访 男	拒访 女	配额已满	过滤条件不符	中断访问	其他	男	女	受访者姓名	受访者电话	访问日期	其他
1	广厦新苑C8-302												√		何××	××	××	

① 因住户的原因未成功访问。

a．无人在家：通常在刚开始敲一户人家的门时，如果确认没人在家，并不是简单放弃这一户，而是要记录敲门的日期，另外还要安排两次不同时间的敲门。要注意一天内同一户不能超过两次。经过 3 次不同时间敲门后确实无人在，才可放弃该地址。

b．住户拒访：地址内有人在家，但拒绝访问。

c．不是居民户：地址上的住户是单位、铺面等。

d．其他：例如，地址上的住户无法接触，如有密码门、门卫不让进等。

② 因受访者的原因未成功访问。

a．拒访：找到合格的受访者，但本人拒绝访问。

b．配额已满：受访者同意接受访问，但此类人的配额已满。

c．过滤条件不符：受访者条件不合格。

d．中断访问：由于访问时间太长，或受访者临时有事而中断访问。

e．其他：合格的受访者外出，无法预约等。

③ 成功访问的记录。对符合条件的、能够接受访问的受访者，要记录相应的受访者姓名、性别、问卷编号、访问日期及电话号码等。

案例演示 3.1

某市场调查公司承接了一项关于"某日化用品消费者行为调查"的调查项目，该项目调查范围为长沙市市内，采取随机抽样方式、入户访问的方法进行调查。

1．第一次抽样：抽样框由城区 5 个区共 306 个居委会的名单组成（开福区 77 个居委会、芙蓉区 58 个居委会、雨花区 67 个居委会、天心区 65 个居委会、岳麓区 39 个居委会）。将 306 个居委会名单进行编号，并按编号顺序排列，采取等距离抽样方式，随机抽取第一个居委会名单后，再按 28 的间距进行抽取。共抽取了 25 个居委会，组成了新的抽样框（见表 3.3）。

2．第二次抽样：将按第一次抽取的居委会组成的抽样框名单来收集居民户名单，建立以居民户名单和住址地图组成的抽样框，从该样本框中按各居委会居民户总数量进行等比例抽样，抽出各居委会应访问的居民户配额。

假定第二次抽样中正好抽到了岳麓区箭弓山居委会广厦新苑 C8 栋 302 室，这时访问员根据抽样调查员提供的样本名单和地址，可以进行入户访问。

3．入户访问接触登记：入户访问成功后要进行入户登记，为审核配额提供依据。

表3.3　某日化用品消费者行为调查抽样框

城　　区	抽取的居委会名称		
1 芙蓉区	1．朝阳居委会	2．韭菜园居委会	3．燕山街居委会
	4．金沙里居委会		
2 天心区	1．白沙井居委会	2．新开铺居委会	3．新天居委会
	4．桂花居委会	5．桂庄居委会	6．沙河居委会
3 岳麓区	1．长华居委会	2．窑塘村居委会	3．金星居委会
	4．咸嘉湖居委会		
4 雨花区	1．新星居委会	2．麻园湾居委会	3．赤岗岭居委会
	4．金地居委会	5．美林景园居委会	6．雨新路居委会
5 开福区	1．花城居委会	2．金鹰居委会	3．戴家河居委会
	4．马栏山居委会	5．大明居委会	

（2）如何提问

一个项目的访问通常由一定数量的访问员完成，如果每位访问员都按照自己的理解去访问，可能会得到有偏差的答案，甚至可能与题目本身的意思风马牛不相及。为了保证访问工作按照统一的标准进行，通常要求访问员按照如下原则提问：

① 清晰完整地按照问卷题目的原话读出"问题＋题目中包含的解释"。

② 按照问题的原有顺序提问。

③ 让受访者理解提问内容，不可误导受访者，不可过度解释。

④ 重读有下画线的关键词。

⑤ 较复杂的问题，适当地完整重复问题。

⑥ 读题及读示卡时留出适当的时间让受访者理解。

⑦ 提问过程中留意受访者的反应。

⑧ 过渡句完整读出，以引导受访者集中注意力。

⑨ 发音清晰，音量和速度控制在适中水平。

访问中提问、追问与记录的技巧

（3）如何追问

由于受访者可能不太了解项目的真正目的，所以给出的答案比较随意、模糊、不完整。为了真正深入地了解他们的思想，尤其是针对开放性问题，需要采用追问的方式。追问的原则是深入、客观地挖掘受访者所要阐明和理解的意思，但又不至于因诱导产生偏差。追问的次数通常是一次提问、两次追问。追问的主要方法及注意事项如下：

① 重复问题。当受访者听到问题后保持完全沉默时，可能是没有理解问题，或还没有决定怎样回答，重复所问的问题，有助于受访者理解问题，并鼓励其回答。

② 重复受访者的回答。访问员边记录回答，边重复受访者的话，这样可以刺激受访者进一步谈出他们的看法，拓展他们的回答。

③ 观望性停顿。访问员要学会察言观色，当看到受访者有更多的话要说时，利用停顿或沉默，并伴随观望性注视，鼓励受访者积极思考，并给出完整回答。

④ 中性的追问语句。采取向受访者提一个中性问题进行追问,了解受访者的真正动机或者一个模糊词语的真正意思。如"您的意思具体指什么?""您可否进一步解释一下?""您为什么这样说?""您认为它在哪方面好?"等。

案例演示 3.2

案例 1

问题:您喜欢这种洗衣机的什么呢?
第一次回答:品牌。
追问:您喜欢品牌的意思是?
第二次回答:知名度高。
追问:您还喜欢什么呢?
第三次回答:服务好。

案例 2

问题:您喜欢这种洗衣机的什么呢?
第一次回答:喜欢,不错。
追问:您说的"喜欢,不错"是指什么?
第二次回答:服务好。
追问:您说的"服务好"是怎么个好法?
第三次回答:48 小时保证上门维修,且不收维修费。

以上同一开放式问题,采取不同追问方式,得到了不同的信息。案例 1 是勘探性追问,通过追问,拓展了受访者的回答,获得了更多信息,完整地记录了受访者所喜欢的内容。案例 2 是明确性追问,因为第一次回答的是"喜欢,不错",意思比较模糊,通过追问找出明确、具体的答案,尽管最后的回答中有两个方面的喜欢,但说明这位受访者对于冰箱的服务和品牌同样看重。

在追问时特别要注意以下几点:

① 不可以使用具有提示性或诱导性的字眼。例如常见错误:如果您不喜欢这种品牌,您认为是质量不好吗?正确的追问应该是:如果您不喜欢这种品牌,主要是不喜欢哪方面呢?

② 不要咄咄逼人,像盘问证人一样。例如,"您为什么不喜欢这种品牌?请讲出理由。"

③ 每次追问后要给受访者留下足够的思考时间。不要让受访者感到压力,产生急躁情绪。

(4) 如何记录受访者的答案

收集受访者回答的答案,是每个实施项目的真正目的,所以要求访问员准确记录,以保证信息的正确、完整。针对不同的问题,记录方法不一样。下面就封闭题与开放题的记录方法进行简单介绍。

① 封闭题记录。

a. 在与答案对应的数字上画封闭的圆圈。如受访者选择的答案对应序号为 3,则在 3 这个序号上画圈。

b. 如果圈错地方或者受访者又选出另外一个答案而否定原答案，则在错误答案上画双斜线，以示删除，同时圈出正确答案。

　　c. 如果删错答案，在已删答案旁写出对应答案的数字，再重新圈出。

　② 开放题记录。

　　a. 先听清楚受访者的回答，按原话逐字逐句记录，不要概括，包括他们的语法错误和俚语。

　　b. 如果受访者说得太快，可通过请求受访者"请放慢些，以便我记录"或边重复对方说话边记录。

　　c. 若听不清楚或记得没把握，可重复一下受访者的回答。

　　d. 有问必答，所有问题一经提问，必须记录受访者的回答，即便回答"不知道""不清楚"等，也要加以记录。

　　e. 按题目正确提问和追问，取得最终答案后，在答案后注明"已追问"。

　　f. 对于模糊的答案或不完整答案要进行深度追问，深度追问最多不超过 3 次。对每次追问答案用不同的符号表示出来。

　　例如，第一次追问的答案用（），第二次追问的答案用 [ ]，第三次追问的答案用 { }。

　（5）示卡的运用

　　示卡是帮助受访者回答问题的辅助工具。在访问一些封闭式问题时，有的题目答案选项较多，访问员在读给受访者听的时候，受访者不能清楚地了解选项内容。这时将答案写在一张卡片上出示给受访者，让其自己看。

　① 出示示卡的要求。

　　a. 示卡必须单面出示。

　　b. 示卡在自己面前准确翻好后，再出示给受访者，不要把示卡摊在桌子上乱翻，受访者看完后及时收回，不要让受访者随意乱翻。

　　c. 翻动示卡的幅度尽量小些，避免显得手忙脚乱，令受访者提前看到后边的内容，从而造成误导。

　　d. 先出示卡片，然后看着卡片内容，边指边一个答案一个答案地读出，令受访者听到的同时也能看到。

　　e. 要求受访者直接回答出与所选答案相对应的编号。

　　f. 如果受访者给出的答案恰好处于两个答案的中间值，请向受访者确认。

　② 示卡出示的 4 种情况。

　　a. 逐一读出，逐一确认。要求访问员按示卡的顺序，读一个答案，让受访者确认一个答案，直到读完所有答案。常用于关键题目的回答，如受访者所在的行业等。

　　b. 按顺序读出示卡上的答案，不用读出所有答案。按示卡内容顺序读出，直到受访者给出答案，即可停止读示卡，常用于单选题。

　　c. 读出示卡上的所有答案，让受访者选择，常用于简单的选项题。

　　d. 无须读出示卡上的答案。让受访者看示卡上的答案，并选出所选答案的相应编号，常用于个人资料题。

3. 入户访问技巧培训

　　一次访问能否顺利完成，不仅需要访问员具有一定的专业知识和基本技能，还必须掌握一定的访问技巧。技巧的运用常贯穿整个访问过程，主要包括访问前、访问中、访问后3个阶段，下面以入户访问为例说明访问常用的技巧。

（1）访问前的技巧

① 注意仪表，着装大方整洁，头发、手指甲干净，所带的手袋不要过大，正好装下示卡、问卷和礼品等访问工具即可。

② 入户。随着社区规范化管理，多数楼房安装了电话对讲系统或有物业管理的门卫，同时，人们防卫心理增强，给入户访问增加了一定难度。如何成功入户访问呢？可以采取的应对措施如表3.4所示。

访问中入户的技巧

案例演示3.3

表3.4 入户访问的应对措施

选择好入户的时间			入户访问的应对措施
星期一至星期五	晚上6：30到9：30之间	被铁闸阻挡	若有人开门进去或出来，可跟随入内 与已接受过访问的人家联络，帮助开门；直接按门铃说明来意；善意地说谎，如忘带钥匙、送煤气等
星期六、星期日	早上9：30到晚上9：30之间	被门卫阻挡	出示证件，力求说明自己的身份和目的，如经过耐心说服仍未入内，则礼貌地退出并速与督导联系 收好资料，若无其事地从门卫前经过 说出已经接受过访问的受访者姓名

③ 敲门。访问员要通过敲门才能进入受访者的家。这时，访问员要注意敲门的声音和节奏，敲门声要适中，敲门声太小，受访者可能听不到敲门声。

④ 示意礼品。如果访问备有礼品，在访问开始时，访问员可以委婉地暗示"我们将耽误您一点时间，届时有小礼品或纪念品以示谢意，希望得到您的配合。"但不可过分渲染礼品，使人觉得有占小便宜的感觉。

⑤ 入户的开场白。介绍本人身份、报出单位名称、主动出示证件（预先佩戴好胸卡）。自我介绍是访问员与受访者的第一次沟通，是能否获得受访者合作的关键。一般要求话语简单明了、态度友善、有礼貌。

案例演示3.4

您好，我叫张明，是×××调查公司的访问员，这是我的证件。我们正在进行一项有关日用品方面的调查研究，包括衣、食、住、行多个方面，目的是想了解消费者的意见，为企业促进产品和服务的改进提供参考。需要耽误您一点点时间，请教您几个问题。我可以进来同您谈一谈吗？谢谢。

从以上开场白看，访问员不仅要说明访问目的，同时还要站在受访者角度，说明访问的社会价值和对消费者的利益。

在受访者家门口，访问员不应该问一些容易让受访者拒绝的问题。比如"您现在忙吗？"，受访者一定会说"是的，现在很忙"，这样访问员入户的可能性就没有了。又如"我可以迟一些再来吗？"，受访者一定会说"可以，以后再说"。这样访问员不但没有进行调查的机会，而且下次什么时候再来也没有确定。

案例演示 3.5

拒访的对策如表 3.5 所示。

表 3.5　拒访的对策

受访者拒绝的借口	应 对 策 略
太忙	完成调查只需几分钟，或××时候再来访问可以吗
身体不舒服	对不起，打扰了，××时候再来访问可以吗
年龄大	我们正需要听听您的意见
不好答、不会答	问题一点也不难，答案无所谓对或错，很多人都做过，而且都做得很好
不感兴趣	我们正在进行抽样调查，每一个被抽到的人的意见都很重要，否则结果就会产生偏差，请您协助一下
不便说	能理解，这也是为什么调查都是保密的原因。我们不要求您填上姓名，调查结果也不是一个人的意见
我不太了解情况，访问别人更合适	没关系，您把您知道的说出来就可以了
您的问题太多	对不起，问题看起来多一点，但都很简单
不懂得填写	没关系，很简单，我给您讲一讲，您就会了
不识字、不会做	没关系，我们不要您填写，只要您回答问题就行了

（2）访问中的技巧

入户以后，每个家庭的人数、环境都会成为影响访问顺利进行的干扰因素。所以，控制局面非常重要，通常从以下几方面进行控制：

① 环境的控制，座位的选取。入户的第一件事就是选取一个有利于开展访问的位置坐下。正确坐法是与受访者面对面坐，或坐在受访者右手边，并主动提出想坐在桌子或茶几的旁边，以利于记录。为了减少噪声，以免受访者分心，选择远离电视及音响的位置，或请求受访者坐在背对电视机的位置，尽量减少旁人的干扰。

入户访问的现场管控技巧

② 访问中的控制。在访问中经常会出现受访者翻动示卡、问卷，家人发表意见，受访者出现不耐烦的情况，这时访问员应该采取应对措施，集中受访者的注意力，消除外来干扰。

案例演示 3.6

访问中的应对措施如表 3.6 所示。

表 3.6　访问中的应对措施

出 现 情 况	应 对 措 施
受访者翻阅问卷、示卡等	访问员将问卷、示卡都控制在自己手上，其他的资料放到袋子内，可解释"这些资料会在访问过程中让您看到"或者"访问结束后，您可以再慢慢看"

续表

出现情况	应对措施
家人发表意见	提醒受访者我们只想了解他本人的意见。如"××先生（或女士），我们这次想了解您的意见，请您仔细想想……"或有礼貌地提醒其他家人不要打扰。如"××先生（或女士），现在我们只想听他个人的意见，若您有什么意见，待会儿我们再聊。"或"大家都讲话，我来不及记录大家的宝贵意见，能让我先听完他的意见吗？非常感谢！"
受访者出现不耐烦情绪	我们要随时注意受访者情绪的变化，如果发现有不耐烦情绪出现，我们可以这样处理："您辛苦了，需不需要休息一下我们再继续？"或"您的意见对我们非常重要，因为大家将根据您的意见对产品进行改进。您看您的意见多重要。下面还有一些内容，希望您再合作一下，非常感谢您！"等
另有访客	向受访者说明访问时间，如"我最后再耽误您3分钟，可以吗？非常感谢！"如受访者觉得不方便，可与他另约访问时间

要想顺利完成访问任务，访问时要与受访者进行良好的沟通，取得受访者的积极配合；学会用声音、眼神、态度、积极的心态与受访者沟通；控制访问节奏，做到快慢有序；提问后，给受访者适当的思考时间；访问时保持与受访者及其周围人的礼貌和沟通，营造一种融洽的访问氛围。

（3）访问后的技巧

① 感谢被调查者。访问员要感谢受访者抽出时间与自己合作，使用"谢谢您的合作！"等用语，并使受访者感受到自己对这项调查研究做出了贡献。

② 迅速检查问卷。看有没有遗漏，问题的答案有没有空缺，问题的答案是否有前后不一致的地方，是否有需要受访者澄清的含糊答案，单选题是否有多选的情况等。

③ 在准备结束调查时，给受访者一个最后提问的机会，以示对他的尊重，并告诉他如有可能，还要进行一次回访，希望给予合作。如果有事先准备的礼品要在该阶段送出。

④ 离开现场时，访问员要表现得彬彬有礼，为受访者关好门并对受访者及其家人说再见。

4. 街头拦截式访问技巧培训

（1）街头拦截式访问法的准备工作

① 准备问卷，并全面了解问卷内容。一般来说，街头拦截式访问会使受访者措手不及，这就需要访问员说明调查的目的和内容。为此，访问员必须全面了解问卷内容，只有熟悉内容才能清晰、熟练地介绍，赢得受访者的信赖。

② 相关知识的准备。对不同的调查内容要有相关知识的积累。

街头拦截式访问的技巧

③ 预先观察调查地点。对于街头拦截式访问的调查地点，访问员应实地了解一下调查地点的环境、人流等情况，看那里是不是做街头拦截式访问的好地方。便于调查的地点一般是人流较多的购物、休息之处。在定点拦截法中邀请受访者走到调查地点会有一些难度，因此，访问的地点应根据调查样本的特点和行为来决定，既不能凭主观想象决定，也不能"一刀切"，可以将受访者带入调查地点为前提，事先对调查地点进行适当布置，这样可以烘托气氛，有利于调查。

案例演示 3.7

梦乡香皂在上海做香型测试时，采用了商业区拦截访问调研技术。由于以往的调研已经证明梦乡香皂的主要消费者是 18～35 岁的年轻人，所以要获知的就是他们对香皂的新香型的评价。他们的做法是，在上海市四川北路、淮海中路各选一个点，让访问员拦截路过的行人（每隔 10 人），这能提高随机度。同时要求即使几人以上结伴的消费者都符合控制要求，也只能访问其中一人。这些抽样的规定有效地提高了调研的质量。

④检查调查所需的物品。一般访问员需要带两支笔、供回答问卷的硬板等。访问员着装要整齐。

（2）拦截式访问的操作技巧

①准确寻找被调查对象。环顾四周，寻找出可能会接受调查的目标对象。街头人群具体分行走人群和留步人群。留步人群要找那些单个在一边休息或似乎在等人的对象，径直走上前去询问他们。如果被拒绝，也要很有礼貌地说"对不起，打扰您了。"对于行走人群，主要观察对方是否单人行走、步伐的缓急、手中是否提有过多的物品、神色是否轻松等。

②上前询问，注意姿态。选准调查对象后，就应积极地上前询问。上前询问的短短几步也是有讲究的，朝调查对象起步应该缓步、侧面迎上。整个行走过程中，目光应对准受访者。当决定开口询问时，应在受访者右前方或左前方一步停下。

③开口询问，积极应对。良好的开始是成功的一半，开口的第一句话很重要。在第一句话中，要有准确的称呼、致歉词和目的说明。访问员可以说"对不起先生，能打扰您几分钟做一个调查吗？"，良好心态、笑的魅力、语言表达要协调配合。

对于询问，调查对象会有许多种反应。第一种是不理睬你，这说明他对街头拦截式访问极度拒绝，向他致歉就可以结束了。第二种是礼貌地拒绝你，这时应根据对方的借口回应，如对方说没时间，可以应对说"只需一点点时间"；最好还能让对方看看调查问卷，以求调动兴趣。第三种可能是流露出一些兴趣，问你做什么调查；这时要把握住机会，让对方看看调查问卷，并向他解释调查的内容，及时递上笔；只要让对方接过，一般就能让对方接受你的调查。第四种情况较为少见，对方一口答应接受调查。

④完成一次调查后，先不要将问卷取下。在展开新的调查时，可以当着受访者的面将已用过的问卷取下，这样可以使受访者更易于接受调查。

⑤随步询问，灵活处理。在应对行走人群时，让对方自动停下脚步是一个不错的切入点，说明对方对你有兴趣。如果对方不愿停下脚步，这就需要我们跟随对方走几步，同时力争用话语引起对方的兴趣。不可直截了当地要求对方停下脚步。一般跟随对方走出 10 米依然无法让对方停步，就应当终止。

⑥收集受访者信息要加倍小心。对于受访者的信息资料，如姓名、年龄、住址、电话等，有时也需要在街头拦截式访问中得知。甚至有时调查的目的就是要了解受访者的基本信息，以便开展营销活动，这一内容的调查要小心处理。在调查中要尊重他们的权利，不能强求。在调查开始时，先要诚实地将自己的真实身份、调查目的、了解他们的基本资料的原因告知受访者。同时向他们告知我们的义务，询问他们是否愿意告知自己的基本信息。只要处理得当，一般在这样的情况下，受访者都会愿意留下他们的信息资料。

（3）调查完成后的必要工作

① 当受访者回答完所有问题后，应当浏览一遍，不要有所遗漏。

② 准确判断不同文化背景的受访者的回答的真正含义。不同职业、不同文化背景的人，其回答也有不同的价值观念。

例如，"感觉××牌自行车外形如何？"，教授、商人可能均回答"很时髦"，但前者的真正意思可能是"虚有其表，不切实际"，而后者的意思则有可能是"样式新潮"。

③ 向受访者表示感谢，与其告别。

④ 在所有的问卷都完成后，需要整理一下。在调查过程中往往会有废卷和白卷的情况。第一是切忌作假，第二是不要将问卷毁损。在街头拦截式访问结束后将所有的问卷交给负责人，这是最原始的资料，需要集中整理统计，形成有效的营销信息资料。

5. 项目培训

项目培训的目的是让访问员了解某特定调查项目的有关要求和正确的访问操作方式，使所有访问员都能以统一的口径和标准的做法进行访问，保证访问结果的准确性。同时，进一步明确访问纪律和操作规范。项目培训主要包括以下几方面内容：

（1）相关行业的背景知识

由于市场调查涉及各行各业，每个行业都有各自不同的专业知识，如日用品、汽车、医药等，而访问员未必对每个行业都熟悉。所以，适当地介绍一些相关的行业背景知识，可以帮助访问员理解每一个问题的含义，同时也可以使访问员听懂受访者的回答。

例如，在调查护肤用品时，受访者回答某产品深层护理效果较好，什么是深层护理呢？在培训时应该让访问者了解皮肤的结构、护肤品的功能等相关产品知识。

（2）该调查项目要求

针对某特定调查项目，督导在培训时应重点让访问员明确样本量大小、受访者条件、调查方式及时间进度的要求、抽样框和抽样方法、配额分配情况等。

（3）该调查项目工具

培训督导要对访问时必须携带的工具、礼品进行简单介绍，包括示卡、问卷、照片、抽样样本的地址表、录音录像设备等访问工具，并现场示范如何正确使用这些工具。

（4）问卷内容的详细讲解

培训督导应该向访问员解释每一个问题的含义及问题之间的逻辑关系，使所有访问员按照统一和正确的理解进行访问。问卷内容讲解是项目培训的关键，主要从以下几个方面入手：

① 问卷整体结构。概括每部分的内容，使访问员有一个大致的了解。

② 问题的讲解。完整读出问句，分析题意，讲解一般的做法，引入特殊例子，强调关键处理原则。

③ 问卷逻辑关系。对前后关联的题目，可以采用流程图的方式突出逻辑关系，帮助访问员了解问卷逻辑关系。

④ 及时总结。问卷的每个部分结束后，明确各部分的逻辑关系和操作难点，并解答访问员提出的疑问。在讲解完整份问卷后，进行要点总结，同时要介绍访问中对常见问题的处理技巧，强调访问中应遵守的规则。

（5）模拟访问

模拟访问是查验访问员是否正确理解每个问题的测试方法。通过模拟访问可以预先锻炼访问员处理各种情况的应变能力。模拟效果的好坏取决于扮成受访者的督导是否会设计情境，是否善于积极引导。

案例演示 3.8

保险公司调查培训手册

1. 保险公司介绍保险业务情况及注意事项
2. 调查过程及要求

（1）提前一天打电话，预约访问时间及地点，每天暂定为5个，实际发放6份问卷。要求如下：

① 每个样本联系3次以上，如不在，可放弃。

② 语言诚恳热情，表述清楚，减少拒访（开场白见问卷）。

③ 说明自己的身份、姓名，说明来意，进行甄别，说明调查结束后将赠送小礼品，约定时间、问清楚地址及联系方式（做好记录）。

④ 如不能按时访问，应及时电话告知，另约时间。

⑤ 带好证件和物品：问卷、文件夹、调查卡片、地图、调研所简介、调查证、学生证、校徽、圆珠笔、礼品。

（2）调研要认真，严格按问卷进行，一问一答出示卡片，不要问东问西。衣着整齐，记住市场调研所电话，可以留一份给受访者。调查结束，赠送礼品后如遇障碍或不符合礼品赠送要求的不要赠送。调查结束后，检查一遍问卷，看是否有漏答的题。

① 每天早上8点出发；晚上8～9点在调研所回收问卷、座谈、领取问卷、礼品。

② 礼品务必送到，如受访者确实不收，礼品交回并说明原因。

③ 问卷填写方式：a. 访问员提问、填写，不允许受访者填写，部分问题向受访者出示调查卡片；b. 画"O"，封闭独立，不连笔；c. 字体清楚端正。

④ 访问注意：衣着整洁，彬彬有礼，自信微笑，谈吐大方，不卑不亢。

⑤ 注意交通安全和人身安全。

⑥ 调研过程中如有问题及时打电话联系，受访者如有问题可以让其电话询问。

案例演示 3.9

背景：某品牌超市欲进军某城市高校园区市场，预先对该城市高校园区开展市场调查。请你为该次市场调查准备人员。

业务分析 人员准备需要从组织到培训等方面来做准备。

业务程序

（1）招聘市场调查人员。

（2）考察其道德素养、市场调查基础知识、业务素质、心理及身体素质。

（3）选择培训方法：选择集中式课堂教授法与模拟式训练法相结合的培训方法。

（4）确定培训内容：需要从责任培训、项目操作培训、访谈技巧培训等方面开展。

业务说明 该业务主要考察市场调查人员的职业素养与培训内容的确定。

【职业道德培养】

小王的一次调查

背景与情境：小王是一名大学生，暑假期间，他在某市场调查公司做兼职。一次，他被公司派出去为某一委托企业做消费者问卷调查，调查结束以后，小王发现许多受访者对于开放式问题不予配合，担心这会影响自己的业绩，于是他找同学帮忙填写受访者未填写完的问卷。

问题 该市场调查公司在派遣人员进行调查时存在什么问题？小王的行为符合营销伦理的要求吗？

分析提示 该市场调查公司在派遣人员进行调查时，应对调查人员进行培训，尤其是对新员工更应该严格培训，最好以"传、帮、带"的形式进行培训，并且在整个调查过程中，该公司应该有严格的督导制度，进行监控。小王在调查结束后，找同学帮忙填写问卷，这一定会影响调查信息的质量，这种行为不符合营销伦理的要求。

××××市场调查项目访问员手册（节选）

（一）访问员应遵循的原则

1．在访问开始前，访问员要完全按照问卷中的开场白介绍自己及此次调查的目的。"您好，我是××公司的访问员。我们正在进行一项有关××××与生活方面的研究，想向您请教一些关于××××消费方面的亲身感受和意见……"同时为了打消受访者的顾虑，也可以再解释一下访问所得数据的应用方法，数据仅供统计汇总，不涉及个人。

2．自始至终，在任何情况下都保持礼貌的语言举止。

3．访问过程中，访问员最好与访问对象面对面而坐或面对面而立，避免访问对象看见问卷内容。

4．访问时要求针对一名访问对象进行访问，不允许其他人员参与。

5．当访问对象答题遇到困难时，请按培训中规定的方法，帮助其准确理解问卷内容，不可用自己的价值观影响、诱导访问对象，不允许使用诱导性的语言，请记住你应该永远是中立的。

6．在访问过程中，请尽量不使用"调查"这样敏感的字眼，而用"访问""听取意见""请教"等。在称呼访问对象时，不要使用"你""你家"等，应使用"您""您家"等。

7．在访问结束后，填写问卷封页有关信息，向访问对象表示真诚地感谢，并送上此次访问的纪念品。

8．在访问过程中出现各种问题，访问员可在与项目负责人（督导）通话后，讲明自己的姓名、具体位置及需要解决的问题，等待督导的指示；有关技术性的所有问题，访问员只服从项目负责人（督导）的指导。

9．访问员访问完毕后,需先根据问卷要求完成自检,检查无误后方可交予项目负责人(督导)进行审核,如访问员所交回问卷未完成自检,则不予以回收。

10．当面对比较有顾虑的零售店店主时,请访问员表明我们是受××××厂家的委托进行市场调查,主要是想了解各种××××的销售状况,我们将对数据进行汇总处理,我们的调查不针对零售店个体。

(二)问卷使用的一般规则及要求

1．本次项目主要采用入户访问调查方法,问卷应由访问员向访问对象宣读,由访问对象回答,由访问员负责记录,禁止访问对象自己填写问卷。

2．访问员应在访问前熟悉问卷,准确理解每一个问题及所列选项,保证问卷不出现逻辑性错误。访问中做到准确、流利、自然地提问,不给访问对象照本宣科的感觉。

3．访问员应向访问对象宣读问题及选项,但问卷中所有的"说不清""不了解"选项不要读出。问卷中个别题目针对"说不清"或其他无法回答的特殊情况,都有相关说明,如:某道题目中提示如果受访者觉得"都一样/都差不多"填写"96"、"说不清楚"填写"99",请按照说明准确填写,"无"可直接填写"无"。其他没有此类说明的题目,如果受访者坚决拒绝回答或实在想不清楚、不了解,应在问卷上注明,并及时向督导反馈,只有经过督导同意,才可填写通用的拒答编码"9998"、通用的想不清楚编码"9999",空下不填写将视为访问员没有询问。

4．问卷中【】内的黑体字是对访问员工作的特别提示,不必向访问对象读出,但访问员应严格按要求工作,如:【横线上填写实际价位,并在所属区间上填写相应选项序号】。

5．问卷中( )内的黑体字是对特殊词语的具体解释,帮助访问员和受访者加强对问卷的理解,可以视情况向受访者读出,如"您家在一起住(一周内至少有5天在此居住)的有几口人"。

6．针对选择题(封闭题),如果已经预留出横线(无特殊要求的话),请在横线处填写对应答案选项的序号或直接填写答案,用正楷字体填写清楚。

7．针对开放题,请先确认访问对象的回答是否有效(所答所问)、具体,否则进行追问,然后将有效答案记录在答题横线上,记录访问对象的原话,不要加以概括、整理。

8．如果访问对象的回答在提供选项之外,请先确认回答是否有效(所答为所问),然后将答案记录在"其他"上。访问中出现意外情况,请详细记录在问卷空白处,不要硬性将访问对象的回答归入某一选项,访问结束后,访问员可与督导联系,探询上述特殊情况的处理方法。

9．问卷中有很多题要求【出示卡片】,访问员在访问中应及时协助访问对象参看卡片,未出示卡片的访问,将按作弊行为处理。同时问卷中也有【无提示】字样的题目,访问员应完全让受访者独立回答问题,而不能提示问卷中的选项内容。

10．问卷封页右上方的问卷编号栏请不要填写,问卷封页有关于访问员姓名、访问员编号、访问时间、访问对象的姓名、地址及电话等记录,在访问完成后,访问员应用正楷填写清楚;若上述内容填写不清、有错误,导致无法复核的,问卷将按废卷处理。此次项目要求留有可与访问对象直接联系的电话、家庭电话或移动电话(注意请求访问对象及时回复,予以配合)。

（三）问卷使用的详细说明（以消费者问卷为例）及受访者条件

年龄在 15（含）~60（含）岁；不从事××××及市场调查相关工作。
语言表达良好、思路清晰，回答态度认真。

封面部分

（1）请在全部访问内容结束后再填写此部分。
（2）请访问员按照封面的问题详细真实地记录受访对象的个人资料。
（3）请在访问地区中地级市/直辖市及县/区前的横线上填写对应地区的"编号+名称"文字，在镇/乡前面的横线上直接填写名称文字。各地级市/直辖市的序号直接参见封面，各县/区的序号参见卡片的第一页。
（4）受访者联系电话至少要填写其中一个。
（5）所属地域的判断原则，请参照《执行说明》文件中对城市和农村的定义。重点注意，城管镇区域属于城市。（请督导提前确认）
（6）请注意填写访问开始时间及结束时间。注意结束时间大于开始时间，字迹务必清晰工整。

Q 过滤题部分

（1）此部分的过滤量、累加数值需要严格准确记录。
（2）Q1 题主要是调查家庭人口总数，询问一起居住的每周至少有 5 天居住在此的人口数，按照性别分别记录。

重点注意：只要问卷没有全部完成访问，此问卷就不算成功样本，问卷还得继续使用，同时在访问下一户时，Q1 题的记录量就需要累加。只有当问卷全部成功访问之后，并在 Q1 题中男性和女性的最大累加数值上画"\"，才表示累加结束。下一户的访问使用新的问卷，并重新计算过滤量（见问卷最后一页）。

原则：问卷没完成，Q1 题就累加记录。

（3）Q2 题是调查家庭人口中××××消费者的数量，和 Q1 题一样，问卷内容没有全部访问完成，在访问下一户时此题目就要累加记录。

原则：问卷没完成，Q2 题就累加记录。

（4）Q3 题详细记录家庭中××××消费者的情况，包括性别、年龄，填入表格的原则：按照年龄先分类，"15~60 岁"的填入上半表，"14 岁以下和 61 岁以上"的填入下半表。

（5）KISH 表的应用。将"15~60 岁"的消费者先按年龄从小到大，再按先男后女的原则排序，然后参照 KISH 表的随机号，在随机号和最大成员交叉的号码上画圈，该号码代表的那位成员即是选定的访问对象。如果此方法选定的访问对象无法接受访问，可以顺次访问下一个符合条件的××××消费者。注意随机号由督导在访问前按照从 1 到 0 的顺序用红笔圈好，保证每个随机号被圈选的次数一致，同时不允许在随机号处有任何修改。

（6）针对访问不成功的情况。

如果该户无"15～60岁"的××××消费者,则记录完 Q3 题（下半表格）后结束访问,继续进行下一样本户的调查。重点注意:此份问卷要继续使用,Ql 题和 Q2 题要继续累加记录。Q3 题中也要在前一户的基础上继续填写。

如果利用 KISH 表确定的××××消费者无法接受访问,则顺次选择下一个"15～60岁"的能够接受访问的××××消费者进行访问。

（7）重点注意:Q3 表格中填入的人数（上下表格相加）应该与 Q2 题××××消费者数是相等的。原则:Q3 表中人数之和要等于 Q2 题××××消费者数。

A 部分：×××× 消费行为研究

（1）A1、A2、A4a 题有特殊要求，既要填写序号又要圈选相应的选项。

（2）A3 题××××类型的判断。

（3）A6、A7、A8b 题中都有"消费价位所属区间"的问题，需要访问员根据受访者回答的消费价格，对照卡片 A4 找到对应的价位区间序号，并将序号填到横线上。

（4）请注意此部分问题的计量单位，请访问员注意准确记录，如有需要请准确换算。

（5）针对 A11a 题和 A12 题都选"1"的受访者，才提问 A13 题，否则直接跳至 B 部分。

以下省略。访问员手册是对访问问卷的每个问题需要注意的事项，以及对操作要求的详细说明，访问员只有在熟悉访问员手册内容的情况下才能进行正确访问。访问员手册由调查项目策划公司制定。

任务 3.2　管控市场调查现场

任务布置

任　务　单	
任务 3.2　管控市场调查现场	
任务描述	笔记本电脑、手机和平板电脑悄然成为大学生进入大学校园的流行装备"三件套"，其中手机更是成为人手一部的必备单品，市场容量巨大。为评估某品牌手机在本学院的营销环境，手机生产商要求市场调查部门组织一次关于本学院手机市场情况的市场调查。 按照前期设计的市场调查方案，分小组进行实地调查，完成信息搜集
任务目标	（1）掌握任务实施和现场管控的相关知识，熟悉市场调查实施的基本程序。 （2）锻炼入户访问和街头拦截式访问的基本技能，培养人际沟通能力、交流能力、自我管理能力和团队协作能力

项目 3 实施市场调查

续表

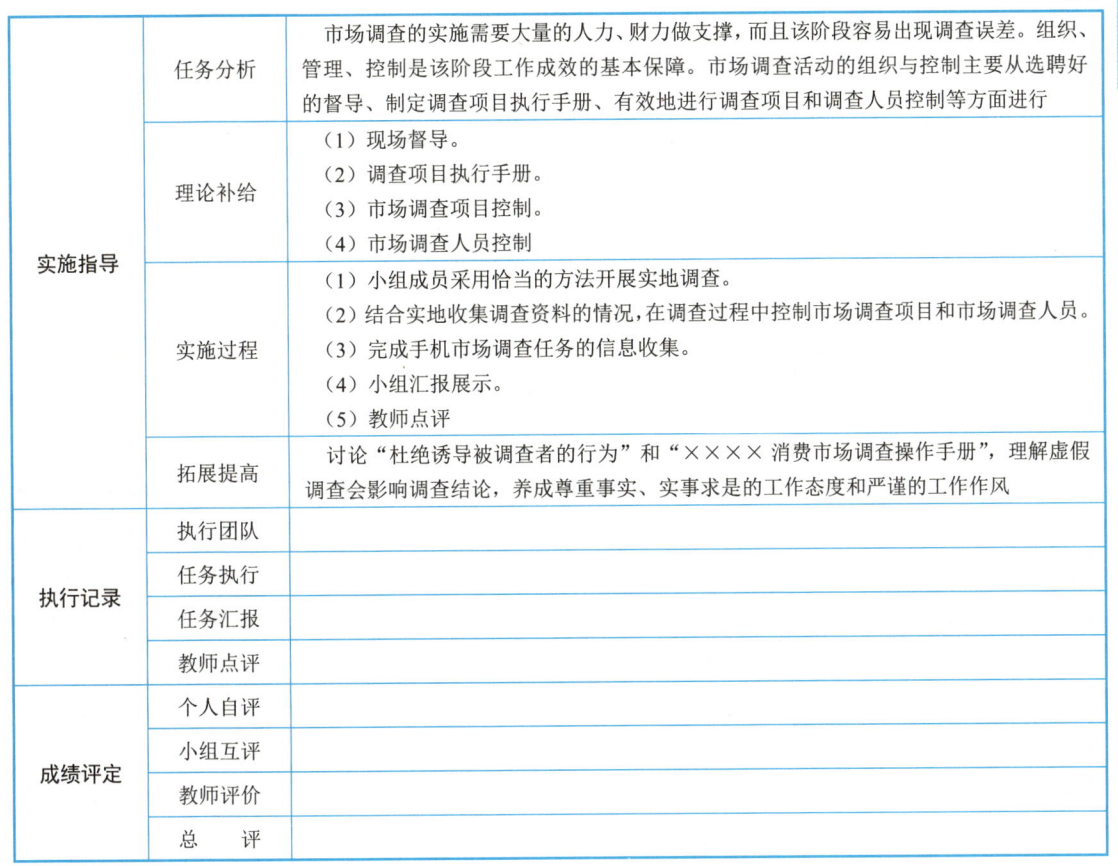

实施指导	任务分析	市场调查的实施需要大量的人力、财力做支撑,而且该阶段容易出现调查误差。组织、管理、控制是该阶段工作成效的基本保障。市场调查活动的组织与控制主要从选聘好的督导、制定调查项目执行手册、有效地进行调查项目和调查人员控制等方面进行
	理论补给	（1）现场督导。 （2）调查项目执行手册。 （3）市场调查项目控制。 （4）市场调查人员控制
	实施过程	（1）小组成员采用恰当的方法开展实地调查。 （2）结合实地收集调查资料的情况,在调查过程中控制市场调查项目和市场调查人员。 （3）完成手机市场调查任务的信息收集。 （4）小组汇报展示。 （5）教师点评
	拓展提高	讨论"杜绝诱导被调查者的行为"和"××××消费市场调查操作手册",理解虚假调查会影响调查结论,养成尊重事实、实事求是的工作态度和严谨的工作作风
执行记录	执行团队	
	任务执行	
	任务汇报	
	教师点评	
成绩评定	个人自评	
	小组互评	
	教师评价	
	总　　评	

案例导入

汇联商厦的消费者调查

作为在商圈中发挥特殊作用并取得一定成绩的中型百货商店,汇联商厦急需对消费者的基本特征有一个全面的了解,以便制定更具针对性的营销策略。汇联商厦负责市场营销管理工作的姜科长与某理工大学商学院联系,提出合作完成此项调查工作。

经双方的数次协商,准备采用店内问卷调查、店外拦截式问卷调查、目标顾客入户访问3种方法相结合的方式来收集研究分析所需的资料。由于数日后是五一国际劳动节,所以决定利用当日人流量大的特征,完成一项拦截式问卷调查,专门收集出现在汇联商厦门口附近的行人的态度信息。某理工大学商学院师生设计了专门用于拦截式调查的问卷。

拦截式问卷调查的实施时间：5月1日至5月3日,每天10:00至16:00。

调查人员数量：某理工大学商学院营销专业第二学士学位班的12位同学。

调查现场监督：某理工大学商学院的老师、汇联商厦相关人员。

配合这次调查的行人的奖励是由汇联商厦提供一份标有汇联商厦标记的小礼品。调查正式开展前虽已对调查人员进行了培训,但必须再次强调:所有问卷必须是"你问他答你记录"的方式完成;所有问卷不得有涂改的痕迹,否则视为废卷;每完成 10 份调查问卷应立即交到"资料汇总部"接受审查,查找问题,总结经验。

调查如期完成,共收到合格调查问卷 456 份(发放问卷 500 份)。

思考 通过以上案例,请思考如何实施市场调查?需要做哪些准备?如何对市场现场进行管控?

【理论补给】

如果市场调查人员将方案付诸实施,就意味着市场调查资料的收集工作正式开始。该阶段的主要任务是组织调查人员深入实际,按照调查方案的要求和安排,有组织地、系统地、细致地收集各种市场资料。为保证该项任务的真实可靠,需要对市场调查现场进行有效管理和控制。

管控市场
调查现场

3.2.1 现场督导

督导是对现场调查进行监督、控制,保证访问员按要求进行访问的现场管理者。督导的能力关系到一个项目是否顺利、高效地实施。

1. 督导的基本素质

一个好的督导除了具有逻辑思维、口齿清晰、耐心细致、能克服困难、认真负责等基本素质,还应具备以下能力:

(1)管理能力

在现场采集数据的过程中,各种各样的干扰因素都会影响数据采集的进程和质量,为了获取满意的采集结果,科学、有效地管控这一过程就显得尤其重要。一个督导管理能力的强弱基本上决定了一个项目能否按时成功完成,所以,管理能力是督导首要的基本素质。在现场实施过程中,督导的管理能力主要表现在以下几个方面:

① 对访问员的管理。在项目执行过程中,督导必须管理好所有参加项目的访问员的数据采集工作,保证数据采集的有效性和准确性。

② 对项目执行信息的管理。督导应该把项目执行过程中产生的各种信息,系统并有序地收集、整理和归档,及时向与项目有关的人员和客户递交信息资料。项目执行中的主要信息有配额完成情况、项目实施进度、实施中出现的问题等。

③ 对意外事件的处理。在项目执行过程中,访问员会遇到各种复杂情况,督导作为现场负责人,有责任对出现的意外情况做出迅速处理。例如,现场调查受到保安或者其他人员的

干涉，督导可以与他们进行接触，征询合作。

（2）沟通能力

在现场实施调查过程中，督导会和各种与项目有关的人员产生工作上的联系。如和研究部、数据处理部的同事交换信息，向执行现场实施的访问员了解访问中的各种情况，和委托项目的客户发生联系，还会与受访者进行交流。在这样多方向的联系和信息交换过程中，督导必须具备很强的人际交往能力和沟通能力。

（3）培训能力

培训能力是督导的一项极为重要和基本的能力。访问员对市场行业的认识、对调查公司的认识、对公司文化的理解和认同、对现场实施工作的理解和实施技能的掌握、对具体项目要求的理解等，都是通过各类培训获得的。因此，良好的培训能力对于督导工作的有效开展是至关重要的。在现场实施中，培训主要包括基础培训、项目培训和访问员的再培训。这3种培训针对的对象和目的各不相同，因此各自的侧重点会有所差异，对督导培训能力的要求也会有所侧重。要求督导熟练掌握各部分培训内容，并进行实际训练。

（4）专业能力

专业能力是衡量一个督导是否合格的重要因素。作为一名督导，专业能力的高低可以决定其在工作上的成就。

① 良好的专业知识。了解和掌握市场调查的基本知识、现场实施的基本概念和要求、各类访问的类型特点和基本要点等。

② 过硬的访问能力。熟悉各类访问工作，并且有相当丰富的实践经验，能够胜任任何一种类型的现场实施调查工作。

③ 具有良好的计算机操作技巧及其他与现场实施有关的操作能力。

（5）良好的职业道德

良好的职业道德，是指督导在现场工作中必须遵守行业规范和公司的章程。一个不具备良好职业素养的督导是不可能胜任现场实施这一工作的。

① 必须有职业感和工作使命感。在操作项目时，能够全身心地投入，并且站在客户利益的角度来发现问题、解决问题。

② 必须具备基本的是非标准。在具体实施中，必须以遵循科学的原则来判断问题、解决问题，而不是以个人的喜好、外界的干扰来评判问题。

③ 必须有严格的保密意识。坚决替客户保守商业机密，不向受访者、访问员、其他客户或他人（包括家人）泄露客户的商业机密。对受访者的个人资料保密，不利用任何受访者资料进行一切与项目无关的活动。保守公司的机密，在未经公司允许的情况下，不得向任何第三方提供公司的任何情况和资料。

（6）团队协作能力

一个项目的完成关系到各个部门的通力合作，因此，督导的团队合作能力也是影响其工作成效的一个很重要的因素。

① 必须学会倾听他人的诉说，诸如研究部的项目说明、访问员对项目问题的陈述、各种相关人员的建议等。

② 必须学会站在他人的角度来看待问题、思考问题。比如，在项目执行过程中，应该学会站在客户角度来看待项目的进程，这样就会理解执行时间紧迫的原因，从而积极推动项目进程。

③ 必须学会知道别人需要什么，包括知道研究人员需要什么、什么是数据处理人员需要的产品、什么是客户想知道的信息等。

2. 督导的职责

督导在调查中负责管理访问员，按管理职责分为现场督导和常规督导。

（1）现场督导的职责

现场督导一般在街头访问或者电话访问时对访问员进行管理，街头访问很难对受访者的身份进行事后复核，如果没有现场督导，访问员的作弊基本上就无法被证实。利用现场督导是一种事前控制误差发生的方法。现场督导的主要职责包括：

① 监督访问员是否进行真实调查。大多数街头访问是由一名督导带领若干名访问员，在同一个调查点进行访问。督导在不影响访问员工作的情况下，在访问现场附近观察访问员与受访者接触的情况，并计算访问时间，以判断访问员工作是否认真负责、监督访问员是否进行真实调查。

② 及时检查访问质量，纠正可能产生的偏差。在访问结束后，督导也可以对受访者进行现场复核，询问其接受调查的主要内容，监督访问员是否进行真实完整的调查。如果发现访问员对问卷理解错误或者出现其他失误，要及时进行解释，帮助访问员及时纠正错误。

在电话调查中，督导从电话监听中发现访问员的叙述方式不合理，可以在电话结束后及时指出，避免访问员再次出错。现场督导还可以对调查进度进行控制，尤其是进行配额控制，从而使整个调查工作有序地进行，避免在调查时间结束时才发现进度、配额等方面的问题。

③ 处理现场意外情况。在调查现场比较复杂的情况下，督导可以作为现场负责人进行处理。例如，现场调查受到保安或者其他人员的干涉，督导可以与他们进行接触，征询合作。现场意外还包括现场调查环境与预想情况不同，例如，当访问员到达某居民区后，发现该居民区正在拆迁，住户已经离开。这些情况的处理，都需要现场督导进行决策。

④ 为访问员提供现场服务。现场督导要做好访问员的服务工作，例如，为异地访问的访问员安排食宿等。在按时计酬的调查项目中，督导应判断访问员的工作强度，适时地安排访问员休息。在入户调查的形式中，有时一名访问员负责一个居民点调查，为每名访问员安排现场督导是不现实的。此时，现场督导可以采取热线电话支持的形式。督导向访问员提供一个固定的电话号码，要求访问员定时报告调查进度，当出现意外情况时，及时进行联系，这种方式能有效避免错误的积累，但对访问员素质要求较高。

（2）常规督导的职责

常规督导不出现在调查现场，主要负责访问员的招聘、培训及充当访问员的联络人。其主要工作职责如下：

①招聘与组织访问员。大多数调研公司都聘用兼职访问员，常规督导应保持与当地大专院校、中专院校的紧密联系，通过人才市场，或者直接到大专院校、中专院校学生实践部招聘兼职访问员。在具体的项目中，常规督导负责向访问员交代工作内容、报酬标准，在调查结束后，常规督导负责核定访问员的工作量，并发放报酬。

②培训访问员。常规督导主要对访问员进行基础培训和项目培训，组织模拟访问，根据项目要求选派合适的访问员，确保顺利、高效地完成专项调查任务。

③回收并审核问卷。回收并审核问卷是常规督导的一项重要工作，由于访问员人数较多，每名访问员完成访问后交回的问卷都需要审核，工作量非常大，一般采用的方法就是每若干名访问员编为一个小组，安排一名常规督导负责，访问员的所有问卷都由该督导回收后进行逐份审核，确定有效问卷数，当发现问题时要责令访问员返工。

督导应由有调查经验的人员担任，所有担任督导的人员必须经过调查实践操作。因此，许多调研公司的督导都是从公司内部的访问员队伍中晋升上来的。

3.2.2 调查项目执行手册

访问调查作为收集一手资料的重要手段，具有工作量大、工作过程难以控制等特点，这与资料的真实性与准确性、访问操作程序的规范化有很大关系，因此，每个具体调查项目都会制定相应的访问员手册和督导手册，或者将访问员手册与督导手册合二为一，编写调查项目执行手册。

1. 访问员手册

访问员手册是访问员在执行访问任务过程中必须遵守的准则和操作规程的汇编。调查主题与调查目标不同，调查范围和调查对象不同，调查方法不同，都会使调查操作程序产生很大差异，所以必须通过访问员手册明确调查的具体操作规程，才能让不同访问员按统一标准进行操作，确保收集的信息资料准确、完整。访问员手册主要包括：①访问员在访问过程中应遵循的基本原则，基本原则要适用于任何一个访问项目；②问卷使用的一般要求，问卷填写时常见情况的处理规则，如缺失答案的统一编码；③针对具体调查问卷的填写说明，对于一些难以理解或者在试访问中出现较多的问题，要进行详细解释，给访问员适当提醒。

2. 督导手册

督导手册是对督导工作的具体要求与操作规程的汇编。督导手册包括督导的基本职责、具体调查项目在实施中可能出现的问题、督导特别需要注意的事项。督导手册要明确现场复核内容与要求、督导管理的关键点、督导对访问员培训的内容。

3. 调查项目执行手册

调查项目执行手册，又称项目执行指令，是项目执行的工具、环境要求、配额分配等具体内容的汇编。有的调研公司将访问员手册和督导手册的内容放入调查项目执行手册中，因此，调查项目执行手册就成为访问调查的行动指南。

3.2.3　市场调查项目控制

1. 监督调查方案的执行

调查方案直接关系实地调查作业的质量和效益。调查人员的工作能力、职业态度、技术水平等会对调查结果产生重要影响。一般来说，调查人员应具有沟通能力、创造力和想象力；调查费用因调查种类和收集资料精确度的不同而有很大差异。调查组织者应事先编制调查经费预算，制定各项费用标准，力争以最少的费用取得最好的调查效果；调查进度日程是指调查项目的期限和各阶段的工作安排，包括规定调查方案设计、问卷、抽样、人员培训、实地调查、数据录入、统计分析、报告撰写等完成日期。为保证调查工作的顺利开展和按时完成，调查者可制定调查进度日程表，对调查任务加以具体规定和分配，并对调查进程随时进行检查和控制，保证按调查方案的设计有序推进。

2. 审核调查问卷

在问卷的初稿完成后，调查人员应该在小范围内选择一些有代表性的调查对象进行试调查，了解问卷初稿中存在哪些问题，以便对问卷的内容、问题、答案、问题的次序检测和修正。发现问题，应该立即修改。如果试调查使问卷内容发生了较大的变动，调查人员还可以进行第二轮测试，以使最后的定稿更加规范和完善。

3. 审核抽样方法

抽样方法的选择取决于调查研究的目的、调查问题的性质及调研经费和允许花费的时间等客观条件。调查人员应在掌握各种类型和各种具体抽样方法的基础上，对拟选择的抽样方法进行验证。只有这样才能在各种环境特征和具体条件下及时选择合适的抽样方法，以确定每一个具体的调查对象，从而保证数据收集的科学性。

3.2.4　市场调查人员控制

市场调查人员收集受访者的问卷是研究的重要信息来源。但是，在实际中由于各种原因，调查人员的问卷来源不一定真实可靠，所以必须对调查人员进行适当的监控，以保证调查问卷的质量。

在收集市场调查资料的过程中，要加强对市场调查人员的控制。主要从市场调查过程的真实性、完整性和准确性三方面予以控制。

1. 调查过程的真实性

调查过程的真实性是指在真实的时间、地方对真实的人做真实的调查，并真实地填写调查记录。对调查过程真实性的监控一般利用下列手段来判断。

（1）现场监督

在调查人员进行现场调查时，有督导跟随，以便随时进行监督并对不符合规定的行为进行指正。这种方法对电话访谈、拦截式访问、整群抽样调查比较适合。一般对调查人员的现场监督可以从对以下几个方面来进行：

① 对调查技巧的监督。对调查技巧的监督是指通过在现场观察和分析，发现调查人员是否真正掌握相关的调查技巧。主要观察调查人员是否能够娴熟地打开局面、提出问题、展示图片、运用其他演示资料；是否能够使调查回到主题；是否能够记录主要观点，而不是仅仅记录无关紧要的答案等。如果督导发现存在这样或者那样的问题，要在适当的时候予以纠正，或重新培训或现场示范。调查人员能够熟练掌握技巧，并确信可以开展调查时才允许正式调查。

② 对调查时间的监督。对调查时间的监督，有多种监督方法。一种是从整体访问时间和个别调查时间的分配是否合理来监督。如果一份入户访问需要25分钟才能完成，而在连续的3个小时内，某调查人员居然完成了20份调查记录，就显得较为可疑了。也可以核查一份平均用时约5分钟的调查，而某位访问员总是能在2分钟内完成是否存在问题。除了单一时段的长短和总时段的可信与否，对调查时间的监督，还可以查询是否在规定调查时间段内完成了应有的调查，并在规定时间内是否把调查记录如期交回等，这些问题都会影响调查项目的顺利完成。

③ 对访问态度的监督。通过监督调查人员的访问态度，可以发现调查人员是否认真地投入现场工作，是否能够胜任某项调查工作，是否容易获得正确的调查结果，是否会做出合理的记录，等等。对访问态度的监督可以从三方面来进行：一是观察调查人员在调查时是否认真倾听，是否积极提问，是否会记录一些重要内容等；二是在现场观察调查人员与受访者交流时的热情程度和耐心程度。市场调查是一次人与人交流的过程，不良的情绪会带来不好的回应；三是从调查记录中去发现，一个重视访问的调查人员，他的问卷填写应当是清楚的、容易辨认的，并且是经过自我检查的。

（2）审查问卷

对调查人员收集来的问卷进行检查，主要检查时间、地点、受访者、调查内容等是否如实填写，是否有遗漏；答案之间是否前后矛盾；笔迹是否一样等。

（3）电话回访或实地复访

根据调查人员提供的电话号码，可由督导或专职访问员电话回访。如果电话回访找不到有关的受访者，根据调查人员提供的真实地址，由督导或专职访问员实地复访这种方法比电话回访真实可靠，但需要花很多的时间和精力。

在电话回访和实地复访过程中，通常要根据这几个方面来判断调查人员访问的真实性：一是电话能否打通或地址能否找到；二是家中是否有人接受访问；三是接受调查的问题是否跟该调查吻合；四是调查时间是否跟问卷记录时间相符；五是受访者所描述的调查人员形象是否与该调查人员相符；六是访问过程是否按规定的程序和要求执行。

2. 调查过程的完整性

调查过程的完整性是确保问卷信息可以分析使用的重要条件。如果调查问卷上填写的都是"不知道""不置可否"或者空白答案，则很可能是不完整的调查。至于回答留有空白或者"不知道"的情形究竟有多少才算问卷不完整,需要根据具体的调查而定。通常情况下,回答这些答案的比例不应该超过全部答案的10%。有经验的督导会通过比较大多数调查人员调查记录中不完整的比例,得出平均数,并抽取与平均数差距较大的记录予以复核。另外一种不完整的情况是调查人员由于粗心或者懒惰没有把问卷填写完整,这种情况在问卷审核时就可以筛选出来。

3. 调查过程的准确性

调查过程的准确性是调查记录质量复核最重要的内容之一。当一份已经完成的问卷具备了真实性、完整性后,却存在不准确的问题,这是一件很可惜的事。

为了确保访问的准确性,在选聘调查人员和开展试调查时要控制严格。因为调查工作主要是真实、准确地记录受访者的回答和反应,如果由于调查人员能力不够而发生记录不准确或者理解失误的情况,那调查的质量就无从谈起了。

案例演示 3.10

由调查人员引起的问卷质量问题

① 调查人员自己填写了很多问卷,没有按要求调查受访者。
② 调查人员访问的对象并不是调查方案中指定的人选。
③ 调查人员按自己的想法自行修改问卷的内容。
④ 调查人员没有按要求发放礼品。
⑤ 有些问题漏记或没有记录。
⑥ 有些问题的答案选择太多,不符合规定的要求。
⑦ 调查人员嫌麻烦,放弃一些地址不好找或家里没人的受访者。
⑧ 家庭成员的抽样没有按抽样要求实施。

【职业道德培育】

一、小王的虚假调查案例分析

背景与情境: 小王在一次消费者购物习惯的调查中,被要求采访10位经常在大型商场购物、年龄在60岁以上的男性消费者。由于客观原因,小王在规定的时间内寻找符合这些条件的受访者面临一定的困难。当寻找到一位愿意配合完成问卷调查的受访者时,他的年龄却不到60岁,这时小王便诱导这位受访者,在公司电话审核时,请他帮忙谎称自己60岁,进而完成了一份调查问卷。

问题 小王的工作行为符合职业道德与营销伦理要求吗?

分析提示 调查人员填写假的回答或伪造采访的行为,会严重影响调查数据的准确性,降低市场调查问卷的质量水平。小王的行为使得调查数据失准,调查真实性"掺水",所以小王的工作行为不符合职业道德与营销伦理要求。

二、××××消费市场调查操作手册

（一）项目基本概况

本项目主要从消费者和零售户的角度展开，整合研究××××消费市场状况。在消费者调查中，调查研究的内容主要包括××××市场容量及结构、××××市场未来发展趋势及消费行为研究三大篇，同时充分考虑流动人口消费及金融危机影响状况；在零售户调查中，主要以市场销量、价格异动及重点品牌市场表现调查为主，并辅以零售户对××××公司的相关服务满意度调查。

本项目的执行期为 2022 年 5 月 21 日至 6 月 12 日，执行地点为湖北省的 17 个地区（包括 12 个地级市、1 个自治州、4 个省直辖县级行政单位），覆盖了湖北省的 102 个县级单位（包括市辖区）。总样本量为 17241 个。其中零售户入户访问 1914 个，消费者入户访问 14727 个，特殊人群拦截式访问 600 个。具有执行时间紧、样本量大、数据精度要求高等特点。

本次调查的部分样本由委托方参与调查执行，委托代理公司是通过项目招标最后确定的，竞标结果由招标小组成员综合评定产生。希望大家通力合作、共同努力，保证顺利且高质量地完成调查任务。

（二）调查目的

主要是调查湖北省××××消费市场容量及结构的测算、预测；了解湖北省××××销售市场现状、品牌表现、市场异动等情况；了解湖北省××××消费市场的未来发展趋势并对其进行预测分析；对湖北省××××消费者特征及消费行为进行分析研究；调查零售户对湖北省各地市××××公司的服务工作的满意度。

（三）受访者条件

1. 问卷调查内容

消费者问卷：主要调查消费者的××××消费量及消费品牌、消费习惯等。

零售户问卷：主要从零售户角度了解××××市场销售状况及对××××公司服务的满意度。

2. 消费者问卷受访者条件

年龄在 15（含）～60（含）岁之间；不从事××××及市场调查相关工作；语言表达良好、思路清晰，回答态度认真。

青少年消费者：15～19 岁之间。

高档消费者。

3. 零售户问卷受访者条件

零售店主要负责人，了解该零售店每月销售量、库存量、缺货量及××××价格等信息；不从事市场调查相关工作；零售户经营状况符合抽样要求；语言表达良好、思路清晰，回答态度认真。

（四）关于执行方法

1. 访问方法

采取入户面对面访问的方式。访问采用访问员读录法，由访问员读出问卷，受访者回答，访问员填写问卷。每次访问时间大约 30 分钟。访问完毕给予受访者一份纪念品。

2．样本量分布

本次调查的执行地点为湖北省 17 个地区（包括 12 个地级市、1 个自治州、4 个省直辖县级行政单位），共涉及 102 个县级单位（包括市辖区）区域。

本次调查消费者的样本量为 17241 个，其中零售户样本个数为 1914 个，消费者样本个数为 15327 个。

消费者的入户调查主要采用 PPS 抽样，即根据各区域的人口数量分配样本量，县级单位（包括市辖区）人口数量越多，分配的样本量越多。零售户的抽样分布与消费者入户访问保持一致，同时要符合各业态及销量的配额要求。

样本分布覆盖城市和农村两大区域。"城市"包含市辖区中的街道，以及县级市中县政府或县级市政府驻地所在的镇；"农村"是指除上述以外的全部地区，包含市辖区中的镇、乡及下属村，以及县级市中除县政府和县级市政府驻地所在的镇以外的其他所有镇、乡及下属的村。

对消费者的访问包括入户访问和拦截访问两种方式。其中，针对中低档小区、住宅区的访问，采用入户访问。拦截访问的主要目的是补充青少年及高档产品消费者的需求消费特征，拦截地点分别设在学校聚集区、商场附近等人口流动较大的场所，以及高档小区、写字楼门口等，样本量按照人口比例分配在 17 个地区。

② 零售户访问。××××零售户的抽样分布与消费者入户保持一致。除了保证每个地级市的总样本量，平均每成功执行 7 个入户访问，就需要在同一地区调查 1 个 ×××× 零售户（具体到乡镇），同时也要满足每个地级市业态及销量配额的要求。

（五）抽样方法

1．抽样原则

本项目定量调查的抽样采取多阶段随机抽样方式。

各地实际执行量按照样本分布数量扩大 10% 的比例后完成（具体到乡镇）。市辖区中的街道区域严格遵守地块抽样流程进行随机抽样，确定小区后按照右手原则进行具体样本户的选取。乡镇（包括城关镇）区域直接按照右手原则的方式进行抽取。其中每个小区随机抽取的样本不超过 15 户，每个乡镇最多不能超过 60 户。

当被抽中的样本户中存在两个满足要求的受访者时，为确保家庭成员中的每一个这样的成员都有相等的概率被抽中，采用 KISH 表来确定。

××××零售户样本的选取与消费者入户访问保持一致。除了保证每个地区的总样本量，平均每成功执行 7 个入户访问，就需要在同一地区调查 1 个 ×××× 零售户（具体到乡镇）。

2．具体的抽样方法

地块抽样法。

第一步，计算出每个市辖区街道区域需要完成的执行量。例如，武汉市的江岸区在街道区域的样本量为 194 个，按照扩大 10% 的比例计算，最终的执行量为 213 个。

第二步，计算出每个市辖区街道区域需要的地块。例如，要求每个社区完成样本为15户，则江岸区的街道区域至少需要的地块是213÷15=15个。

第三步，制作该行政区的地块图并选取。找出该行政区的地图，按所需地块数扩大5倍绘制抽样的地块图。例如，江岸区的街道区域需要15个地块，则在地图上至少要画出地块15×3=45个。用与经线和纬线平行的直线，将该行政区的地图分割成边长相等的小块。注意要空出江河、大型广场等区域。

将每个地块进行编号，确定一个起始点，然后按照隔三抽一的原则抽取地块。例如，绘制完地块图后，假设将江岸区的市辖区街道区域分成45个地块，对这45个地块逐一编号。假设起始编号为4，则按照隔三抽一的原则抽取出4、7、10、13、16……共15个地块。

第四步，在地块中抽出社区。针对选出的每个地块，画对角线，对角线交叉的地方为行走起始点。站在起始点面朝西，然后按照右手原则进行，碰到的第一个居民小区即可开始执行。确定小区后按照右手原则方法进行样本户的选取。

（六）质量控制方式

（1）项目执行督导、访问员必须受过专业培训并且通过考核，才可正式执行访问。

（2）各地代理公司在项目执行过程中，5月29日之前，3天一汇报进度；5月29日之后，一天一汇报进度。

（3）代理公司将第一天内完成的所有问卷（覆盖所有访问员）第一时间送至武汉的公司，由督导及项目经理进行审核。

（4）客户如果陪访，项目总督导通告代理公司督导，代理公司要提前做好准备工作，保证客户陪访不出问题。

（5）在执行过程中总督导与项目经理、所有督导24小时保持联络。

（6）受访者条件与甄别条件是必须复核的内容。

（7）封面信息（根据督导手册要求）、跳答、逻辑题、开放题、漏答是必须审核的内容。

（8）代理公司100%审核问卷，并且保证电话复核不低于50%，实地复核不低于20%，电话复核和实地复核均提交录音。

（七）具体要求

要求每位访问员熟练掌握过滤题部分Q1～Q3题的过滤原则及记录方法，掌握KISH抽样法并且严格按照该法抽样。

请将详细的抽样方案（具体执行的镇或乡的名称）在5月19日下班前发给总督导，审核通过后方可开始执行。

KISH表的操作：请访问员将符合受访条件的15（含）～60（含）岁的消费者先按年龄从小到大、再按先男后女的原则排序，然后参照KISH表，在随机号和最大成员交叉的号码上画圈，该号码代表的那位成员即是选定的受访者。

封面信息必须完整。正确圈选地级市(省辖市)的序号，直接填写县级市/市辖区的名称，并详细填写具体访问地址。

注意每个地级市（省辖市）的配额要求，其中包括性别、消费量、××××类型、××××价位、居住年限等信息的配额要求。

工作日期间，访问员尽量下午4点之后入户，以保证受访成功率。访问开始后，各地代理公司要按时进行项目进度汇报。并在当天下班前发邮件给项目总督导，再由总督导发送给项目经理。项目总督导当天整理各地项目进度，然后汇总并发邮件给项目经理（不晚于第二天上午10点）。

技能检测：扫描二维码进行在线测评

项目3 技能检测

项目 4　形成市场调查结果

对市场调查资料的最佳利用,不是其字面上的内容,而是其可能暗示的内容,要看出字里行间蕴含的意义。这些事实资料表明何种趋势、何种偏差、何种冲突、何种机会,对决策有用的信息,也许就存在事实资料之外。

——马克·麦考马克

项目 4　形成市场调查结果

目标	德育培养目标	培养学生敏锐的观察力、准确的判断力和严密的逻辑思维能力,能准确分辨调查中收集信息的真伪,正确判断数据的合格性,做出恰当的数据处理
	知识学习目标	(1) 了解资料整理的含义。 (2) 熟悉资料整理应注意的问题。 (3) 掌握市场调查资料的陈示方法。 (4) 掌握定性、定量描述与解析分析的方法。 (5) 了解市场预测的概念、特征、原则、种类、步骤和基本方法
	职业能力目标	(1) 能够对问卷进行登记、审核、分组、编码与录入。 (2) 能够采用合适的手段对市场调查资料进行陈示。 (3) 能够对调查资料进行定性、定量描述和解析分析。 (3) 能够运用简单方法对市场进行一定的预测
	职业素养目标	培养学生口头表达能力、团队协作能力、逻辑思维能力、理解能力、分析与解决问题能力
任务	任务 4.1　整理市场调查资料 任务 4.2　分析预测市场信息 任务 4.3　撰写与提交市场调查报告	
重点	市场调查资料的整理、分析及报告撰写	
难点	调查资料的定性和定量分析方法	
方法	项目教学法、任务驱动法、情境教学法、角色扮演法、头脑风暴法、案例教学法	

任务 4.1 整理市场调查资料

任务布置

	任 务 单	
	任务 4.1 整理市场调查资料	
任务描述	笔记本电脑、手机和平板电脑悄然成为大学生进入大学校园的流行装备"三件套",其中手机更是成为人手一部的必备单品,市场容量巨大。为评估某品牌手机在本学院的营销环境,某品牌手机生产商要求市场调查部门组织一次关于本学院手机市场情况的市场调查。 完成手机市场实地调查资料的整理、编码和列示	
任务目标	(1)能根据实地调查资料,完成资料问卷登记、审核与分组。 (2)能为问卷编码、利用 Excel 录入数据;能将调查资料列示成频数表或统计图,培养学生的信息处理和分析能力。 (3)强化学生的职业道德素质,树立正确的职业观念、职业良心,促进健全职业人格的塑造	
实施指导	任务分析	在完成问卷的回收及相关资料的收集工作后,市场调查人员要先对收集的资料进行鉴别和整理,将收集到的一手资料进行编码,转化为计算机可以识别的数字,并将这些数字输入计算机,以便后续的数据统计分析工作
	理论补给	(1)调查资料审核。 (2)资料的编码与录入。 (3)数据的分类与汇总。 (4)数据的陈示。
	实施过程	(1)按照"数据审核—数据编码与录入—数据的分类与汇总—数据陈示"的基本程序,对收集有关任务的相关资料进行整理,完成对调研数据的"粗加工"。 (2)采用合适的形式将数据资料陈示出来,进行"深加工"。 (3)小组汇报展示。 (4)教师点评
	拓展提高	主题分享"数据整理的正确步骤",掌握数据整理的步骤,了解合格数据的要求和处理方式,培养学生严密的逻辑思维能力和准确的判断力
执行记录	执行团队	
	任务执行	
	任务汇报	
	教师点评	
成绩评定	个人自评	
	小组互评	
	教师评价	
	总 评	

案例导入

Sunrise 购物中心数据处理

Sunrise 购物中心是一家拥有百余家分店的购物中心。最近,管理人员发现需要了解更多顾客的满意程度。艾米是 Sunrise 购物中心的市场调查负责人,现在她车子的后备箱中堆满了 1000 多份调查问卷。她仔细看了许多问卷,很多问题的回答五花八门。

艾米起初试图凭直觉了解每个问题的一般答案,但后来她想比较顾客的年龄、收入和来 Sunrise 购物中心的次数,以便更好地找出这些不同人群的特征。虽然她急着想将这些调查问卷分类并进行手工计算,但她知道自己没有时间做。一个人整理这些表格并记录下正确数据得花上一两周的时间。

她应该怎样才能把这些信息变为一张分析所必需的详细摘要表呢?笨拙的办法是调查人员阅读所有的问卷,记下笔记,并从中得出结论,这显然不是一个很好的办法。专业调查人员不用这种不正规且效率低的方法,而是遵循一个程序进行资料的处理与分析。

思考 为什么要遵循一定的程序来处理、分析资料?正规的资料处理与分析程序是什么样的?

【理论补给】

4.1.1 市场调查资料整理的含义

市场调查资料整理是根据市场调查目的和分析研究的需要,运用科学的方法对市场调查获得的大量的原始资料进行审核、分组、汇总、列表,或对二手资料进行再加工,使其综合化、系列化、层次化,成为适用的信息资料的工作过程。

市场调查资料整理主要包括数据审核、数据编码与录入、数据的分类与汇总、数据陈示等方面的内容。

调查资料审核

4.1.2 调查资料审核

在通过实地调查收集上来的原始资料中,有些是可以直接使用的,有些则不合乎要求而不能使用。调查资料的审核就是对原始资料进行审查与核实,检查资料中是否存在问题,以达到去粗取精、去伪存真的目的。它是资料整理中的一项重要工作,对保证调查结论的准确性起着重要的作用。

1. 资料审核内容

调查资料的审核主要包括四方面,即资料的准确性、完整性、有效性和及时性。

(1) 准确性审核

准确性审核是指审核访问员的操作是否按照调查的正常程序和规范进行,重要工作是否有记录、有备案、可查证,各流程职责是否明确。在审核时,针对每位访问员所做的调查问卷的10%～20%,通过电话核实或者复核员再次访问受访者进行复核。复核的主要内容有:

① 查实问卷上的受访者是否真正接受了调查。比如,询问其在什么时候接受过有关调查。

② 查实受访者是否符合过滤条件。比如,一项调查可能要求对月收入在3000元以上的居民家庭进行调查,那么复核中受访者再次被问到月收入时,回答是否一致。

③ 检查是否按规定的方式进行访问。比如,拦截访问应在指定的咖啡厅内进行,那么审核受访者是否在该咖啡厅内接受过访谈,还有邮寄访问是否按时寄回问卷等。

④ 查实问卷回答内容是否全面、真实。比如,是否存在以下现象,访问员偷工减料,或者受访者中途退出访问,访问员代为填写后面的问题等;还有回收的问卷中发现所有的答案选择没有变化,如封闭式问题中的单项选择全部都是"A",也可能说明受访者回答的内容不真实。

(2) 完整性审核

完整性审核是指审核问卷是否包括所有的信息,所有问题的答案是否完整。完整性审核包括以下两方面:

① 检查调查问卷是否收全,计算问卷回收率。

② 检查调查问卷中所有问题是否都填写齐全,对于缺失答案的问卷,要查明原因,然后决定是否采纳,如果采纳,应采取措施补填,否则就应剔除该问卷。

(3) 有效性审核

有效性审核是指审核问卷上的信息资料有无造假、虚报、前后不一致等情况,以及问卷是否符合配额要求。例如,在一份调查问卷中,调查对象一方面表明其月薪低于1000元,而在同一张表中又表明其频繁出入高档酒店、购买高档商品,从逻辑上分析,前后不一致。有时候调查问卷本身没问题,但同类受访者的配额超过了规定,这样的部分问卷也只能视为无效,需要补齐其他样本配额。

(4) 及时性审核

及时性审核是指各资料是否符合调查的时效性要求,如查看网络资料的发布日期、图书馆文献的记录日期、问卷资料填写和提交日期,审核所得资料是否为符合要求的资料。避免将失效、过时的信息资料当作决策的依据。

2. 审核的一般程序

一般调查资料的审核需要经过五层审核,有些重要项目需要九层甚至更多层的审核。

(1) 访问员自审

访问员在受访者填写或回答完毕后,要当场对问卷进行审查,看是否有遗漏,有无前后矛盾、逻辑错误等显而易见的问题,从而进行追问以确认答案,并要及时填写好问卷上要求填写的访问开始时间与结束时间、访问地点等信息,使之成为完整问卷。

(2)现场督导审核

现场督导得到所督导区访问员收集的问卷后,需要进行第二次审核,可采用电话复核和实地复核两种方式,复核时间为问卷收回 24 小时内。复核人员不能为访问人员。复核的基本任务是把每一份问卷从头到尾看一遍,看问卷信息是否完整、前后是否一致,检查是否为无效问卷,访问员的工作是否规范,访问进度是否正常等。复核也可抽取一定数量的问卷,按受访者留下的电话、地址进行电话复核或实地复核,如果受访者的电话是空号、停机或屡次无人接听,地址不存在,或反映未接受过访问员的访问,或反映访问时间未达到要求、与访问员填写的信息不一致等,则可视该问卷为无效问卷,不能通过审核,并需要及时与访问员核实,对访问员提出要求和指导。若由于问卷无效导致访问配额达不到要求,还需要尽快与访问员沟通,增加访问量。

(3)QC 督导审核

执行调查公司的 QC 督导在访问开始后开展两三天一次的审核,以把握和控制现场访问的质量。QC 督导主要通过问卷中事先设定好的逻辑性问题对问卷的真实性、准确性进行审核。

(4)策划公司审核

制定调查方案的策划公司阶段性地对执行调查公司提交的问卷进行抽查复核。一般复核比例为 10%～50% 不等。也可通过审核发现调查设计的难易程度、可行性等,并对不同调查团队的调查质量进行评估和控制。

(5)项目委托方审核

项目委托方对调查资料进行审核,一般也是采取抽查复核的方式,以确保根据资料推断结论的准确性和真实性,并视其为调查质量的主要方面。

3. 资料审核的一般方法

(1)分析判断法

分析判断法是指运用知识和经验对资料进行分析判断的方法。比如夸大的数据,前后矛盾、含糊其词的信息等可能存在问题;再如通过分析受访者的工资与职位、年龄、行业、生活方式是否一致等判断受访者的问卷质量。

(2)核对法

核对法是指将信息资料与客观事实、权威资料相核对进行评价的方法。比如将受访者填写的住房情况与楼盘资料对照,看是否真实,所填写的产品价格是否与实际市场价格一致等进行判断。

(3)比较法

比较法是指将来自不同渠道或不同表现形式的信息资料进行比较,证实资料的准确性的方法。比如将所收集的资料随机分成两部分,比较其中部分问题的分析结论是否趋向一致,或将电话访问与拦截访问的问卷结果进行比较。

(4)佐证法

佐证法是指通过调查、收集能验证原信息资料的真实性、准确性、适用性的佐证来鉴定资料的一种方法。比如通过调查录音、受访者笔迹、实地复核调查等方式鉴定资料的准确性和真实性等。

4．不合格问卷的处理方法

（1）对答案缺失问卷的处理

答案缺失的问卷分为 3 种情况：

① 空卷或绝大多数问题没有回答，此类问卷应作废。

② 个别问题没有回答，可能是由于访问员遗漏、疏忽或受访者不愿回答所致，这类问卷应作为有效问卷，应采取补救措施，比如由访问员回忆或对受访者进行补充调查，或归入"暂未决定"或"其他答案"中。

③ 相当多的问卷对同一个问题都没有回答，这类问卷仍应作为有效问卷，因为这很有可能是问题本身的设计出了问题，可删除此项提问。

（2）对回答明显错误的问卷的处理

回答明显错误是指回答前后矛盾或答非所问，如没有使用过某产品却回答了购后评价的问题，这类问卷应作为无效问卷。

（3）对敷衍作答的问卷的处理

如全部或者大多数题目的答案都只选择 C，或开放式问题均未作答等，都应视为无效问卷。

4.1.3 资料的编码与录入

1．编码

编码就是将原始资料转化为计算机可以识别的数据或符号的过程。在大规模的问卷调查中，通过编码技术和计算机，可以大大简化调查资料的统计汇总工作，因此，资料编码是调查资料整理和分析中的一项重要工作。编码的类型有两种：预编码和后编码。

调查资料的编码与录入

（1）预编码

预编码是在问卷设计的同时就对问题设计出编码。大多数问卷中的问题都是封闭式的，而封闭式问题都采用预编码，因为这类问题的答案是设计好的。

① 单选题，编码方法是可直接将答案的选项对应的序号作为编码，即 A、B、C、D 分别对应 1、2、3、4。

② 多选题，编码方法一般有两种：一种是将各个可能回答的答案选项都设为一个 0～1 的指示变量，如果被调查者选择了该答案，此变量的取值为 1，否则为 0；另一种是将变量定义为所选题号，变量值为选项号，变量排列顺序即为选择答案的顺序。

③ 排序题，编码方法是将变量设为第一重要、第二重要、第三重要……然后将每个选项分别用 1、2、3……编码代替。在统计时分别统计每个选项在第一重要、第二重要、第三重要中出现的频率，然后对每个重要性程度分别赋予权重，最后求出每个选项的加权平均分就可以了。

案例演示 4.1

以下是千家伴超市调查问卷的一部分,请为该问卷编写编码簿。

1．您在千家伴超市消费过吗?（　　　）

　A．是的　　　　　　B．没有（终止）

2．您去千家伴超市的次数为（　　　）。

　A．一星期1～3次　　　　　　B．一星期4～7次

　C．7次以上　　　　　　　　　D．不去

3．您是通过哪些途径了解千家伴超市的?（　　　）（多选）

　A．同学或朋友　　B．杂志　　　　C．网络

　D．报纸　　　　　E．其他

4．您购买以下商品的频率由多到少依次为（　　　）。

　A．饼干或面包类　B．泡面类　　　C．饮料类

　D．学习用品类　　E．生活用品类　F．其他

根据以上情况和编码方法,制定编码表(见表4.1)。

表4.1　千家伴超市调查问卷的编码表

问题编号	变量名称及变量说明	编码		
1	是否在千家伴超市消费过	1—是的	0—没有	9—未回答
2	去千家伴超市的次数	1——星期1～3次　2——星期4～7次　3—7次以上 4—不去　　　　　0—未回答		
3	了解千家伴超市的途径	1—同学或朋友　　2—杂志　　　　　3—网络 4—报纸　　　　　5—其他　　　　　00000—未回答		
4	购买商品的频率由多到少排序	1—饼干或面包类　2—泡面类　　　　3—饮料类 4—学习用品类　　5—生活用品类　　6—其他 按考虑的优先顺序排列,排在第一位的为最优先考虑的因素,依次递减,若不够六位,以"0"补足 000000—未回答		

（2）后编码

后编码是指在调查工作完成以后再设计的编码。问卷中有时会设计一些开放式问题,这类问题的调查者事先不知道可能的答案种类,只能在资料收集好之后根据受访者的回答内容来决定类别的指定代码,也就是只适合利用后编码。对于开放式问题,我们也将其指定为一个变量,然后将答案进行编码。具体的编码步骤如下:

第一步,翻阅所有的调查问卷,将开放式问题的所有答案一一列出。

第二步,把含义相近的答案归为一组,对含义相差甚远且出现次数极少的答案一并以"其他"来概括,作为一组。

第三步,为所确定的统计分组选择恰当的描述词汇。

第四步,为每个统计分组编上代码。

第五步,把每份回收问卷中开放式问题的答案归到相应的组中,并以该组的代码作为此题答案的编码。

案例演示 4.2

在一项关于居民购买空调行为的调查中,设置了"你对'静音空调'这个产品概念有何看法?"这一开放式问题,受访者的回答是多种多样的,通过分类归纳得到了答案分布表,并进行了编码,如表 4.2 所示。

表 4.2 居民对静音空调看法的答案分布及编码表

序 号	答 案 分 组	相近问卷份数	编 码
1	符合环保需求	325	1
2	符合发展趋势	286	2
3	符合消费需求	316	3
4	希望尽快推出	198	4
5	有可能实现	312	5
6	不可能实现	350	6
7	其他	213	7

2. 录入数据

(1) 手工录入

常用的录入方法是通过键盘录入专门的统计分析软件中(如 Excel、SPSS),本教材主要以 Excel 软件为例进行介绍。Excel 软件有两种录入方法:一是以单独数据文件的形式录入,直接在单元格中输入,左手方向键,右手小键盘。因为问卷的答案统一为数字,所以直接输入也有较快的速度。二是使用 Excel 记录单录入数据,左手 Tab 键,右手小键盘。选中数据区域的任意一个单元格,执行"数据"—"记录单"命令,打开"记录单"窗体,单击"新建"即可录入数据,按 Tab 键向下移动光标,按"Shift+Tab"组合键向上移动光标,按 Enter 键完成数据的录入,并自动打开新的录入窗口,方便下条数据的输入。

但是键盘的录入出错率很高,这就要求有防错的措施,一般有以下几个方面:

① 挑选工作认真、有责任心、技术熟练的录入员。
② 加强对录入员的监督管理。
③ 定期检查录入员的工作质量和工作效率。
④ 对录入的资料进行抽样复查,一般复查比例为 25% ~ 35%。
⑤ 二次录入或双机录入,即相同的资料由不同的人进行两次录入,或相同的资料在两台不同的机器上录入,比较并找出不一致的数据,确定差错,然后加以更正。

(2) 机器录入的方法

随着计算机技术的快速发展,计算机应用的迅速普及,数据的录入工作已逐渐从手工处理转变为计算机操作。机器录入适合比较大型的市场调查及处理大量的数据输入工作。

案例演示 4.3

假如在"千家伴超市调查"中,我们获得了 10 份调查问卷,其数据录入如图 4.1 所示。

	A	B	C	D	E	F	G	H	I	J	K
1	问卷编号	问题一	问题二	问题三	问题四						
2					第1位	第2位	第3位	第4位	第5位	第6位	
3	1	1	3	12	3	2	1	4	5	6	
4	2	1	1	123	4	3	2	5	1	6	
5	3	1	1	23	2	4	5	3	6	1	
6	4	1	2	135	2	3	5	1	4	6	
7	5	1	3	2	4	5	2	1	3	6	
8	6	1	2	34	1	2	4	5	3	6	
9	7	1	2	135	3	2	4	5	1	6	
10	8	1	3	1234	2	3	5	4	1	6	
11	9	1	1	25	3	5	2	1	4	6	
12	10	1	4	12	3	2	5	4	1	6	
13											
14	统计										
15	总问卷数		10								
16											
17				频数	频率（百分比）						
18	问题一1										
19	问题一0										
20											
21	问题二1										
22	问题二2										
23	问题二3										
24	问题二4										
25											
26	问题三1										
27	问题三2										

图 4.1　千家伴超市调查问卷数据录入

4.1.4　数据的分类与汇总

市场调查的目的在于了解总体的一般情况，而非单个调查对象的详细情形。通过编码之后，录入的数据就构成了一个数据矩阵。面对这样一个矩阵，调查人员的任务就是压缩数据，把隐藏在大量分散数据中的重要信息揭示出来。对重要信息的揭示，是通过对原始数据进行统计分析，通过制作频数表来实现的。频数是指变量为某一取值的个数。调查问卷中的每一个问答题或项目都可以用一个变量表示。

制作频数表离不开对调查资料的分组。有时，对资料的分组早在设计问卷时就确定了，有时则需要在回收问卷之后确定分组的标志。一般来说，数据分组有以下几个主要原则：

① 分组的组数应适当，以便能够真实地反映数据的差异。组数太少，可能会掩盖重要的信息；组数太多，又起不到分组的作用。

② 各组内的回答应性质相同、答案相似；而各组之间的回答应有差别，即各组之间的答案性质不同。

③ 各组之间应是互相排斥且又包含所有的情形。各组之间不能有任何重合部分，每一个答案只能放在唯一的组内；同时，各组又包含所有可能出现的答案，不存在有一个答案找不到合适的组可归入的情况。

对于离散型变量，其变量值都是整数，变量值之间有明显的界限，因而，组的上限、下限可用肯定的数值表示，组限非常清楚。如工人按职工人数分组为：

| 99 人以下 | 100～499 人 |
| 500～999 人 | 1000 人以上 |

对于连续型变量,其变量值有小数,组限不能用肯定的数值表示,只能用前一组的上限与后一组的下限重叠的方法表示。如工厂按职工工资分组为:

900 元以下	900～1100 元
1100～1300 元	1300～1500 元
1500 元以上	

一般来说,把达到上限值的单位划入下一组内,即"上组限不在内"原则。例如,当职工的工资为 1100 元时,该变量应属第三组而不是第二组。

本部分我们将以图 4.1 的录入数据为例,对分类与汇总方法进行介绍。

1. 对调查问卷不做分类,统计单选题

(1) 使用 COUNTIF 函数

第一步:如本例中,单击单元格 C21,再单击"插入"菜单,选择"函数"选项,弹出"插入函数"对话框。在"或选择类别"下拉列表中选择"统计",在"选择函数"列表中选择"COUNTIF",如图 4.2 所示。

第二步:单击"确定"按钮,出现"函数参数"对话框,Range 就是要统计的区域范围,本例中输入"C3:C12";Criteria 是你在这个范围内查找数据的条件,输入"1"(见图 4.3),按 Enter 键,所得结果 3 即为问题二"去千家伴超市的次数"中选择"一星期 1～3 次"的人数,如图 4.4 所示。使用绝对引用或重复以上步骤,可以得出其他选项的频数。以上步骤也可直接在 C21 单元格中输入公式"=COUNTIF(C3:C12,1)"。

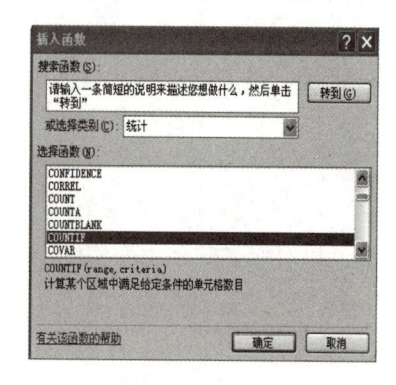

图 4.2 "插入函数"对话框　　　　图 4.3 "函数参数"对话框

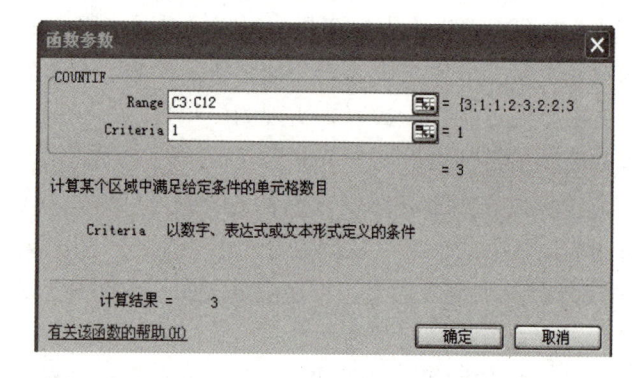

(2) 使用自动筛选功能

选中数据区域的任意单元格,然后单击菜单"数据"—"筛选"—"自动筛选"。单击 C1 单元格右边的下拉按钮,选 1,此时可在状态栏看到"在 13 条记录中找到 3 个"(见图 4.5),将"3"填入 C21 单元格就行了,减少了输入公式的麻烦。然后再筛选 2 和其他,筛选完改回"全部",以免影响其他题目的筛选。当问卷很多时,需冻结字段行,才能使字段行和统计区处在同一屏幕,方便进行筛选和输入筛选结果。

项目 4 形成市场调查结果

图 4.4 COUNTIF 函数统计单选题

图 4.5 自动筛选统计单选题

2. 对调查问卷不做分类，统计多选题

（1）使用 COUNTIF 函数

多选题的答案并不只含有 1 或 2 或 3，而是几个，直接模仿使用统计单选题时的公式无效。因为 Excel 默认将 12、15、34 等字符串当作数字串，COUNTIF 无法算出数字串中含有几个 1、几个 2，但对文本格式字符串有效。所以，使用 COUNTIF 前需将多选题的答案数据转为文本格式。转换方法：选定数字列（本例中为 D3:D12 单元格），然后使用"数据"—"分列"命令。在文本分列向导中，单击两下"下一步"按钮，到达步骤 3，选中"列数据格式"下的"文本"单选按钮（见图 4.6），完成即可（效果见图 4.7）。接着，单击 C26 单元格，选择 COUNTIF 函数，在"函数参数"对话框的 Range 中输入"D3:D12"；Criteria 中输入"*1*"，然后按 Enter 键，即可求出问题三答案中含有选项 1 的个数。如果要求含选项 1 和选项 3 的答案的个数，包括 13、123、135、1234 等，则在 Criteria 中输入"*1*3*"。或直接在 C26 单元格中输入公式"=COUNTIF(D3:D12,"*1*")"，其他的同理可得。

（注：只是将多选题答案的单元格格式改为文本，COUNTIF 函数的结果是不正确的。）

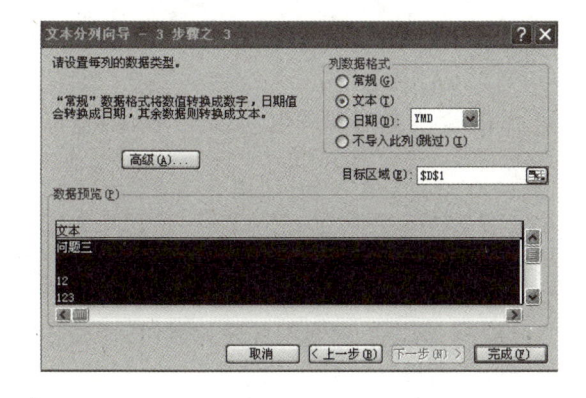

图 4.6 文本分列向导 -3 步骤之 3

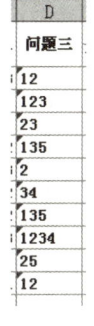

图 4.7 文本结果

（2）使用自动筛选功能

同方法（1），需要先选定数字列，然后使用"数据"—"分列"命令将数字转化为文本。使用自动筛选之后在多选题右边的下拉菜单中选"自定义"，选"包含"，右边输入1或2或3可计出相应的个数。要求只含12，不包括123、1234，可选择"等于""12"；要求含12，包括123、1234之类，可选择"等于""*1*2*"，如图4.8所示。

单独统计问卷每个问题的频数

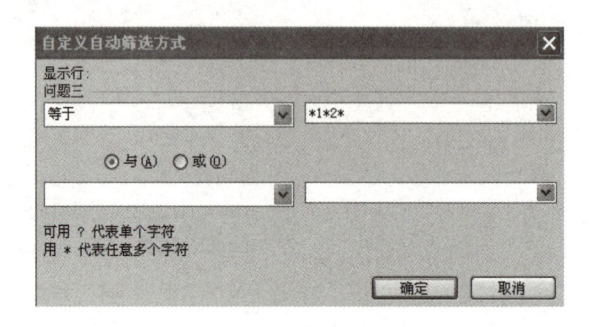

图4.8　自定义自动筛选多选题

3．对调查问卷进行分类，统计单选题

案例演示 4.4

下面是一份简化后的关于手机使用的调查问卷。

1．您的性别是（　　）。

A．先生　　　　　B．女士

2．您使用过的手机品牌有（　　）。

A．诺基亚　　　　B．摩托罗拉　　　C．索爱

D．三星　　　　　E．联想　　　　　F．其他

3．您的手机价位是（　　）。

A．1000元以下　　　　　　　　B．1000～2000元

C．2000～3000元　　　　　　　D．3000元以上

假设问卷有10份，录入数据如图4.9所示。

如果要统计男、女中各选择的价位，即将第一题和第三题复合分组，这里有两种方法，分别为直接求频数和直接求频率。

（1）直接求频数

①排序，选中"问题一"这一列的任意一个单元格，选择"数据"—"排序"命令，弹出"排序"对话框，如图4.10所示，在"主要关键字"下拉列表中选择"问题一""升序"，在"次要关键字"下拉列表中选择"问题三""升序"，单击"确定"按钮完成对数据的排序，结果如图4.11所示。

注意：使用"分类汇总"功能时，一定要按分类对象进行排序！

② 执行"数据分类汇总"命令,打开"分类汇总"对话框,此时如果当前列表或选定区域哪一行包含列标签,就会报错,弹出错误提示框,单击"确定"按钮,会另外打开"分类汇总"对话框,如图4.12所示。

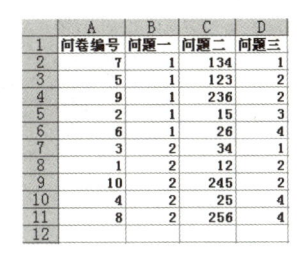

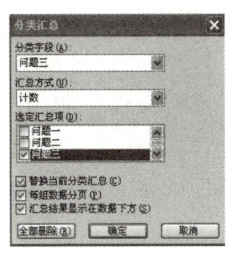

图4.9 手机调查录入数据　　图4.10 "排序"对话框　　图4.11 排序结果　　图4.12 "分类汇总"对话框

③ 先将"分类字段"设置为"问题三","汇总方式"设置为"计数","选定汇总项"为"问题三",再选中"替换当前分类汇总""每组数据分页""汇总结果显示在数据下方"复选框。单击"确定"按钮返回。

④ 分类汇总完成,如图4.13所示为分类汇总的结果。

(2) 直接求频率

① 打开如图4.9所示数据表,单击"数据"—"数据透视表和图表报告"选项,弹出"数据透视表和数据透视图向导—3步骤之1"对话框,选择"Microsoft office Excel 数据列表或数据库"作为数据源,选择"数据透视表"作为报表类型,如图4.14所示。

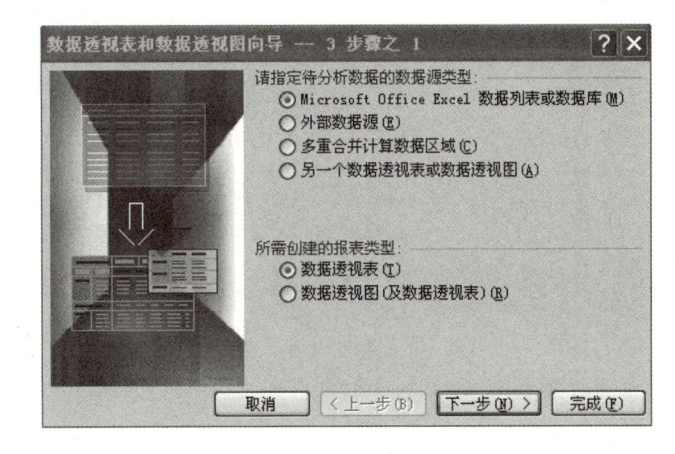

图4.13 分类汇总结果　　图4.14 "数据透视表和数据透视图向导—3步骤之1"对话框

② 单击"下一步"按钮,确定数据区域,本例中数据所覆盖区域为A1:D11单元格,如图4.15所示。

③ 单击"下一步"按钮,进入向导第三步操作对话框,确定数据透视表的位置。选择"现有工作表",并利用鼠标将数据透视表的位置确定在F1单元格中,如图4.16所示。另外,

对话框中还有"布局"和"选项"两个按钮,可以用"布局"按钮来调整工作表的版面,用"选项"按钮来确定页面上的各项设置。

图 4.15　数据透视表和数据透视图向导—3 步骤之 2

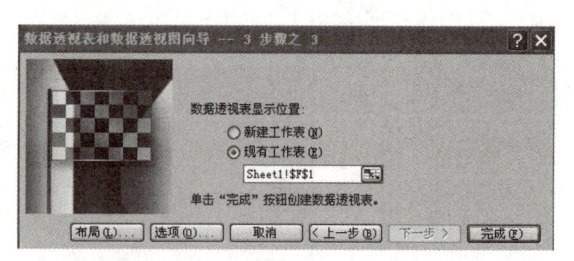

图 4.16　数据透视表和数据透视图向导—3 步骤之 3

④ 单击"布局"按钮,弹出如图 4.17 所示的对话框,将对话框右边的"问题三"字段拖到左边的"行"区作为分组变量;再将右边的"问题一"字段拖到"列"区,作为交叉分析的变量;最后将右边的"问题一"字段拖放到"数据"区域中,显示为"求和项:问题一",以便进行数据汇总。

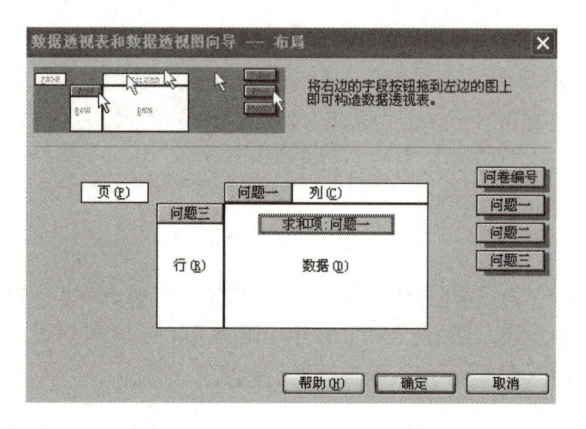

汇总方式有多种形式,如"求和""最大值""平均值""方差"等;数据显示方式也有多种,如"普通""百分比""占同列数据总和的百分比""占总和的百分比"等,这些都可以进行选择。

⑤双击数据区域中的"求和项:问题一"字段,打开"数据透视表字段"对话框,如图 4.18 所示,在"汇总方式"列表中选择"计数"。

图 4.17　"数据透视表和数据透视图向导—布局"对话框

⑥ 如果想选择数据显示方式,可单击图 4.16 中的"选项"按钮,则弹出"数据透视表字段"对话框。在"数据显示方式"下拉列表中选择"占同列数据总和的百分比"选项,单击"确定"按钮,则布局调整完毕,如图 4.19 所示。再单击"确定"按钮,返回数据透视表步骤 3,单击"完成"按钮,得到交叉表,如图 4.20 所示。

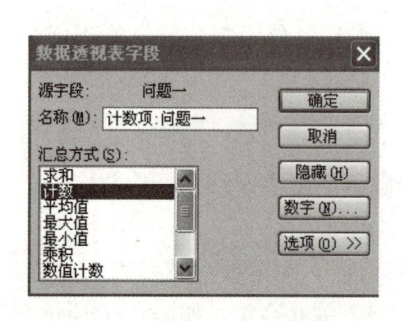

图 4.18　"数据透视表字段"对话框

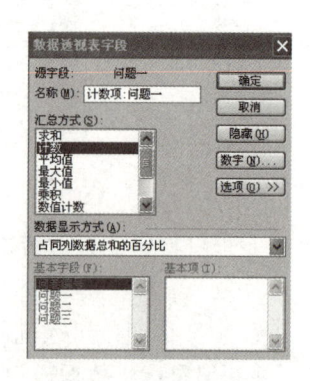

图 4.19　"数据透视表字段"对话框

图 4.20　性别与手机价位选择交叉分组汇总频率

4．对调查问卷进行分类，统计多选题

在上述例子中，若统计在男士中使用过诺基亚手机的有多少人。

步骤是：排序—分列成文本—筛选—使用 COUNTIF 函数。

① 以"问题二"作为"主要关键字"进行排序。

② 将多选题"问题二"的答案数据转为文本格式。

③ 使用自动筛选功能进行有条件的筛选。单击数据区域的任意单元格，然后单击菜单"数据"—"筛选"—"自动筛选"，先对"问题一"进行筛选，单击 B1 单元格右边的下拉按钮，选 1（本案例中男士的编码），结果如图 4.21 所示；然后再对"问题二"自定义筛选，选"包含"，输入"1"。

在 C1 单元格右边的下拉按钮中选"自定义"，再选"包含"，右边输入 1 可计算出相应的个数，结果如图 4.22 所示。要求只含 15，不包括 135、153 之类，可选择"等于""15"；要求含 15，包括 135、153 之类，可选择"等于""*1*5*"。

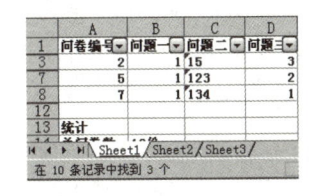

图 4.21　男士筛选结果　　　　图 4.22　分类统计多选题结果

5．组距式数据的汇总

案例演示 4.5

下面是抽样调查某学校 50 名学生零花钱的花费情况（单位：元）。　组距式数据的汇总计数

306	200	364	444	406	314	224	362	448	406
318	234	366	454	408	320	244	368	458	418
324	252	376	464	422	328	258	382	470	424
342	270	388	486	564	346	274	392	504	592
350	280	392	536	512	350	284	396	402	520

第一步：在 Excel 中录入数据，找出最大值 592，最小值 200；全距为 592−200=392；确定组数 5，确定每一组的上限值（确定上限是组距式数据汇总并制作频数表的关键），如图 4.23 所示。

	A	B	C	D	E	F	G	H	I	J	K	L	M	N	O
1	306	200	364	444	406	314	224	362	448	406		组区间	组上限	频数	频率
2	318	234	366	456	408	320	244	368	458	418		200－280	280		
3	324	252	376	464	422	328	258	382	470	424		280－360	360		
4	342	270	388	486	564	346	274	392	504	592		360－440	440		
5	350	280	392	536	512	350	284	396	402	520		440－520	520		
6												520－600	600		

图 4.23　学生零花钱数据录入表

第二步：选取结果存放单元格区域，本例为 N2:N6 单元格。单击"插入"菜单，选择"函数"选项，弹出"插入函数"对话框，在"选择类别"下拉列表中选择"统计"，在"选择函数"列表中选择"FREQUENCY"。

第三步：单击"确定"按钮，打开 FREQUENCY 函数参数对话框，输入待分组数据与分组上限单元格，Data_array 是用于计算频率的数组，或对数组单元区域的引用，本例为 A1:J5；Bins_array 为数据接受区间，是一组数或对数组区间的引用，设定 Data_array 频率计算的分段点，即上限值，本例为 M2:M6，如图 4.24 所示。

第四步：输入完成后，不能单击"确定"按钮。按"Ctrl+Shift"组合键，同时按 Enter 键，就可以在选定的单元格内得到频数分布结果。频率则是在 O2 单元格中输入公式"=N2/50"，然后按 Enter 键，得出小数，之后向下拖曳复制公式可以得出其余的值，接着把单元格格式改为百分比即可，汇总结果如图 4.25 所示。

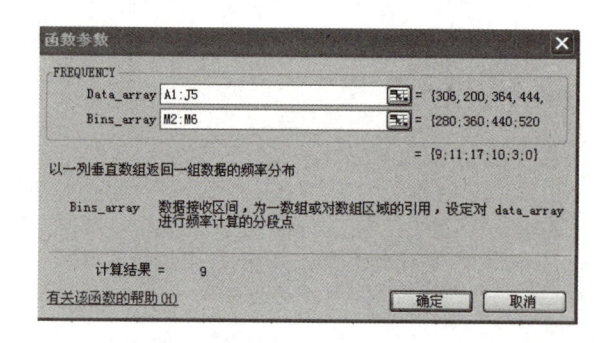

图 4.24　FREQUENCY 函数参数对话框

K	L	M	N	O
	组区间	组上限	频数	频率
	200－280	280	9	18.00%
	280－360	360	11	22.00%
	360－440	440	17	34.00%
	440－520	520	10	20.00%
	520－600	600	3	6.00%

图 4.25　数据汇总结果

4.1.5　数据的陈示

通过市场调查获得的各种资料经过整理，就变成企业的重要信息，这些重要的信息通过一定形式，传递给各个相关部门。调查资料的表现形式，直接决定资料的使用效果。数据的陈示是指对加工整理后的数据用统计表、统计图、数据库、数据报告等形式表现出来，为进一步分析做准备。

数据的陈示

1. 统计表

用表格的形式来表达数据，有时比用文字表达更简明，便于显示数字之间的联系，有利于比较和分析。所以，有效地使用统计表，往往能达到事半功倍的效果。为了实现这一目的，我们应了解统计表的相关知识。

（1）统计表的结构

统计表从形式上看，是由纵横线交叉的一种表格构成，即统计表是由标题、横行、纵栏和数字资料构成的。从内容上看，由主词或宾词两大部分构成。主词是统计表所要说明的总体的各个构成部分或组别的名称，列在横行标题的位置，即列在表的上方，构成表的横行。宾词是统计表所要说明的统计指标或变量的名称和数值，宾词中的指标名称列在纵栏标题的位置。有时为了编排的合理和使用的方便，主词和宾词的位置可以互换，如表 4.3 所示。

表 4.3 婚姻、性别与时装购买选择分布表

时装购买选择	男性（人）			女性（人）			合计
	小计	已婚	未婚	小计	已婚	未婚	
高档时装	171	125	46	169	75	94	340
中档时装	219	164	55	203	135	68	422
低档时装	130	101	29	108	90	18	238
合计	520	390	130	480	300	180	1000

（2）统计表制作应注意的问题

按照统计表的结构构成，在制作统计表时应注意：

① 每张表都要有编号和标题，标题内容应简明扼要，概括反映表的基本内容（一般统计表的标题在表格的上方，统计图的标题在统计图的下方）。

② 表的横行和纵栏如果列出所有项目，合计应列在后面；如果只列出一些重要项目，应先列合计。

③ 数据资料应填写完整，对齐位数，在省略或缺乏某些资料时，应用省略符号"……"表示，不应有数字的栏要用符号"—"表示。

④ 注意表中的计量单位，如果整个统计表采用一种计量单位，可将其写在表的右上方；如果需要分别注明单位，横行的计量单位可单设一栏，纵栏的计量单位与栏标写在一起，并用"（）"括上。

此外，统计表的格式一般是"开口"的，即左右两端不画纵线，而且最好设计成外形美观的矩形。如果有需要说明的问题，可在表的下方标注。

2. 统计图

统计图是以圆点的多少、直线长短、曲线起伏、条形长短、柱状高低、圆饼面积、体积大小、实物形象大小或多少、地图分布等图形来陈示调研数据。统计图与数据信息的其他表达方式相比具有如下优点和缺点。

优点：具有"一图抵千字"的表达效果，因为图形能给人以深刻而明确的印象，能揭示现象发展变化的结构、趋势、相互关系和变化规律，便于表达、宣传、讲演、广告和辅助统计分析。

缺点：统计图能包含的统计项目较少，且只能显示出调查数据的概数，故统计图常配合统计表、调研报告使用。

常用的统计图有柱形图、条形图、饼形图、圆环图和趋势图等，下面我们分别介绍。

（1）柱形图

柱形图是以宽度相等的条形高低来表示各组频数或频率大小的图形。常以横轴代表品质

属性的不同组别，纵轴代表各组的频数或频率。柱形图有平面的，也有三维立体的；有单式平面柱形图，也有复式立体柱形图，如图 4.26（a）和图 4.26（b）所示。

（2）条形图

条形图是以若干等宽平行长条或圆柱的长短来表示品质属性数列中各组频数或频率大小的图形。常以横轴代表不同的组别，纵轴代表各组的频数或频率；也可用纵轴代表各组，横轴代表频数或频率，如图 4.27 所示。

（a）单式平面柱形图　　（b）复式立体柱形图

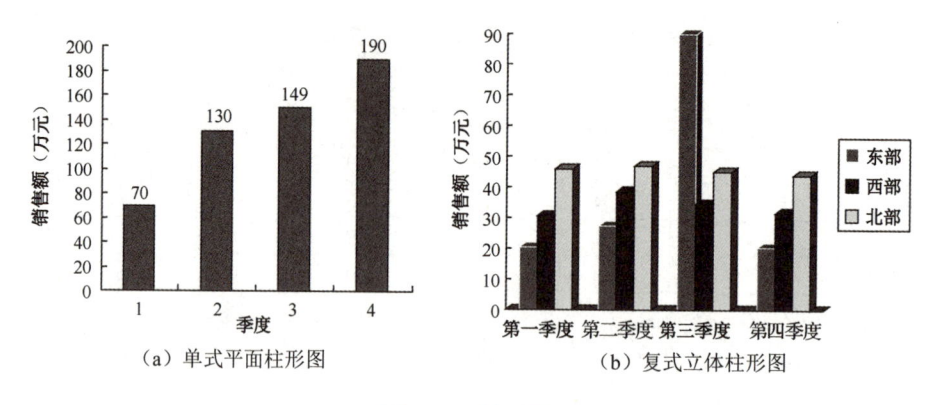

图 4.26　柱形图

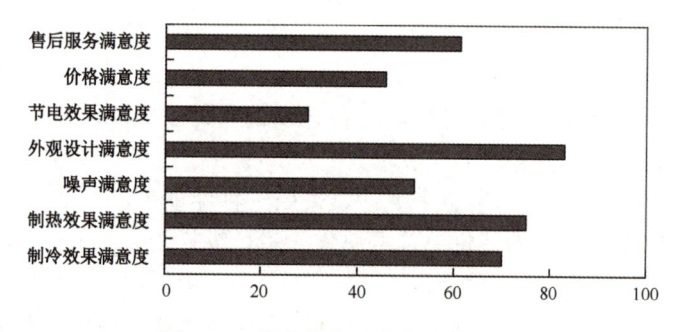

图 4.27　某品牌空调满意度条形图

（3）饼形图

饼形图是以圆形的面积代表总体指标数值，圆形中的各扇形面积代表各组指标数值，或将圆形面积分为若干角度不同的扇形，分别代表各组的频率。在实际应用时也可将圆面改为圆饼或圆台，变成圆形立体图，如图 4.28 所示。

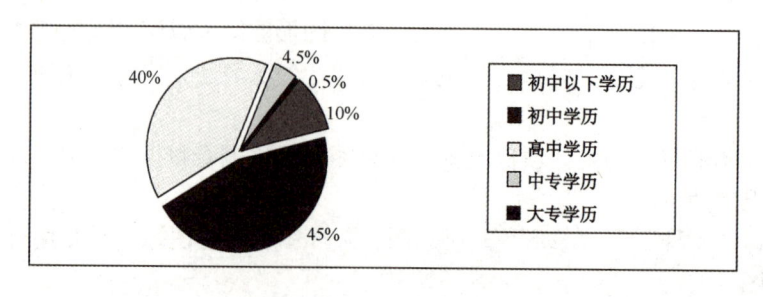

图 4.28　某地区农产品经纪人文化程度饼形图

（4）圆环图

圆环图是将总体或样本中的每一部分数据用环形中的一段表示的图形。环形图也可同时绘制多个总体或样本的数据系列，每一个总体或样本的数据系列为一个环，如图4.29所示。

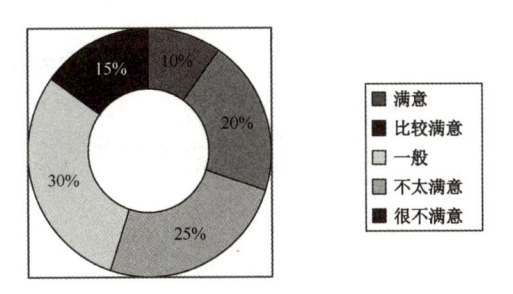

图 4.29　某品牌空调售后服务满意度圆环图

（5）趋势图

趋势图是指在坐标平面上，将现象的发展变化用一定的趋势线反映出来的图形，如图4.30所示。

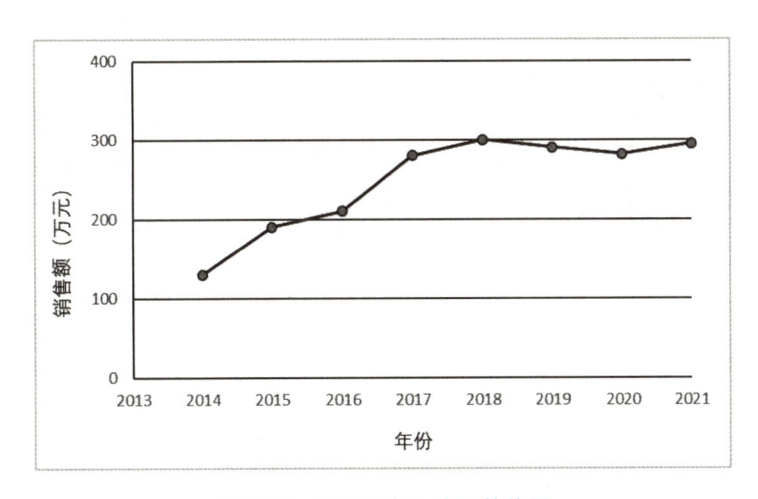

图 4.30　某公司年销售额趋势图

案例演示 4.6

利用 Excel 制作统计图

某商学院对一年级新生进行了一项调查，要求这些新生指出他们最喜欢的专业，得到如图4.31所示数据。根据该调查数据绘制直方图。

① 选定 A1:B5 单元格区域，在 Excel 的"插入"菜单中选择"图表"选项，Excel 会启动图表向导，弹出"图表向导-4步骤之1-图表类型"对话框，如图4.32所示。

② 在"图表类型"列表中选择"柱形图"，在"子图表类型"列表中选择"三维簇状柱形图"，单击"下一步"按钮，进入"图表向导-4步骤之2-图表源数据"对话框，如图4.33所示。

③ 单击"数据区域"右端的"压缩对话框"按钮,打开工作表,确定 A1:B5 单元格作为此图的数据源,同时,也应注意数据系列是以行还是以列方式排列,如果正确,此时便有一个预览图,如满意可单击"下一步"按钮,进入"图表向导-4 步骤之 3- 图表选项"对话框,如图 4.34 所示。

图 4.31 最喜欢的专业数据

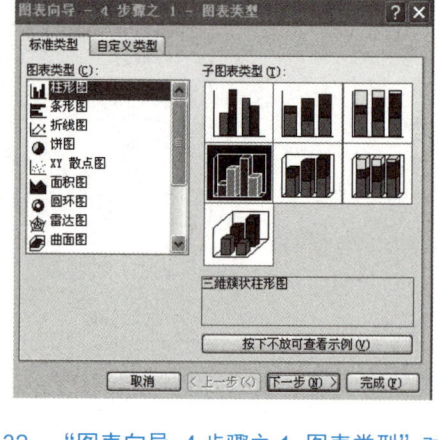

图 4.32 "图表向导-4 步骤之 1- 图表类型"对话框

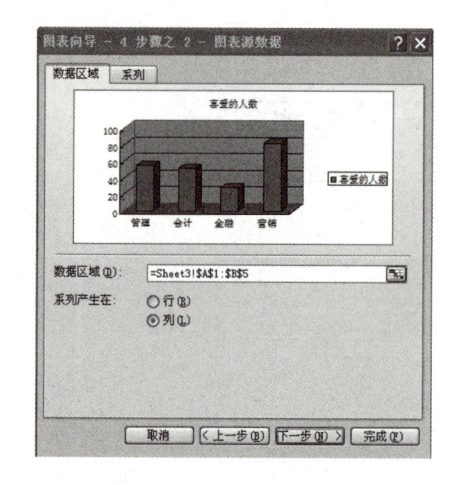

图 4.33 "图表向导-4 步骤之 3- 图表源数据"对话框

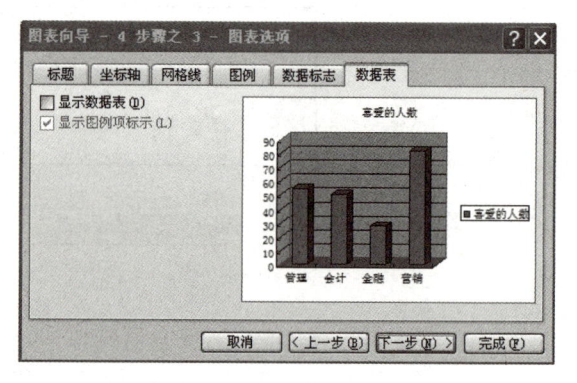

图 4.34 "图表向导-4 步骤之 3- 图表选项"对话框

④ 在如图 4.34 所示对话框中,需要处理标题、数据格式等问题。在图 4.34 所示对话框中单击"标题"选项卡,在标题中输入"新生喜爱的专业比较";在"图例"选项卡中选择"底部",至于其他功能则不需改动或添加,这些过程都会在图表预览框中看到,如果满意,单击"完成"按钮,得到的图形如图 4.35 所示。

从图 4.35 中我们可以清楚地知道,从调查结果来看,新生所喜爱的专业中营销居于首位,其次是管理、会计等。

⑤ 一般来说,需要对所得图形的标题、字体、边框、阴影、图案等进行一定的修改。双击绘制的图形,会弹出如图 4.36 所示的"图表区格式"对话框,则可以根据需要对图表区格式进行设置。

本例以矩形图为例进行了演示,其他统计图形的绘制程序和方法与矩形图大同小异,读者可以参照绘制。

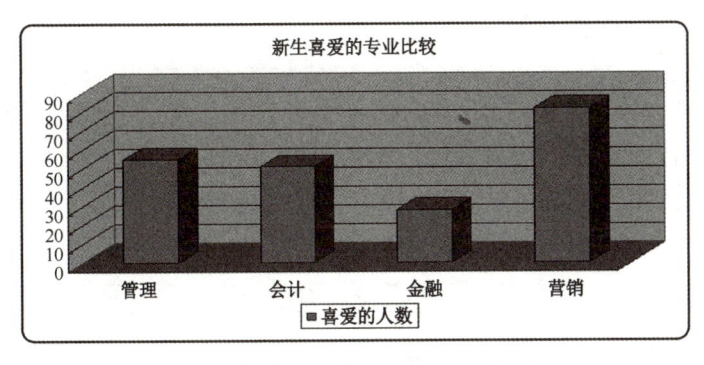

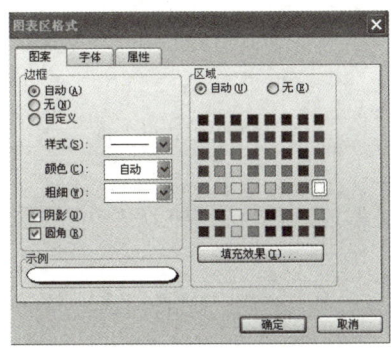

图 4.35　新生喜爱的专业比较矩形图

图 4.36　"图表区格式"对话框

案例演示 4.7

对某企业 36 个工人完成劳动定额的情况进行调查,原始资料如表 4.4 所示(%)。

表 4.4　某企业 36 个工人完成劳动定额的情况

98	81	95	84	93	86	91	102	109	117	116	129
125	113	100	103	105	100	104	108	107	108	101	102
106	109	115	120	112	114	119	118	108	100	124	103

请编制频数表,绘制频数分布直方图。

业务分析　可以利用 FREQUENCY 函数制作频数表,也可以利用"数据分析"工具制作频数表,绘制直方图。

业务程序　以"数据分析"工具制作频数表为例进行说明。第一步,创建 Excel 文件;第二步,输入原始数据;第三步,确定组数、组距、组限;第四步,利用"数据分析"工具绘制频数表及直方图。

具体操作步骤如下:

第一步:创建 Excel 文件。

第二步:在 Excel 中录入数据,找出最大值 129、最小值 81;全距为 129 − 81=48;确定组数 5;确定组距为 10(%),进一步确定每一组的上限值。本例中上限值分别为 90、100、110、120、130,并输入数据表,如图 4.37 所示。

第三步:利用"工具"—"数据分析"选项,从打开对话框的"分析工具"下拉列表中选择"直方图"。

第四步:打开"直方图"对话框,确定输入区域、接收区域、输出区域。

① 在"输入区域"输入待分析数据区域的单元格引用,本例输入"$A$1:$F$6";在"接收区域"输入接收区域的单元格引用,本例输入"$H$2:$H$6",注意这里只能输入每一组的上限值。

② 在"输出"选项中可选择输出去向,可选择"输出区域""新工作表组"或"新工作簿"。本例选择"输出区域",可以直接选择一个区域,也可以直接输入一个单元格(表示输出区域的左上角),这里只输入一个单元格(本例为 A8),因为事先不知道具体的输出区域有多大。

	A	B	C	D	E	F	G	H
1	98	81	95	84	93	86		上限值
2	91	102	100	103	105	100		90
3	106	101	108	107	108	104		100
4	109	114	109	117	125	102		110
5	112	116	118	119	120	115		120
6	129	113	103	108	100	124		130
7								
8		接收	频率	累积 %	接收	频率	累积 %	
9		90	3	8.33%	110	14	38.89%	
10		100	7	27.78%	120	9	63.89%	
11		110	14	66.67%	100	7	83.33%	
12		120	9	91.67%	90	3	91.67%	
13		130	3	100.00%	130	3	100.00%	
14		其他	0	100.00%	其他	0	100.00%	

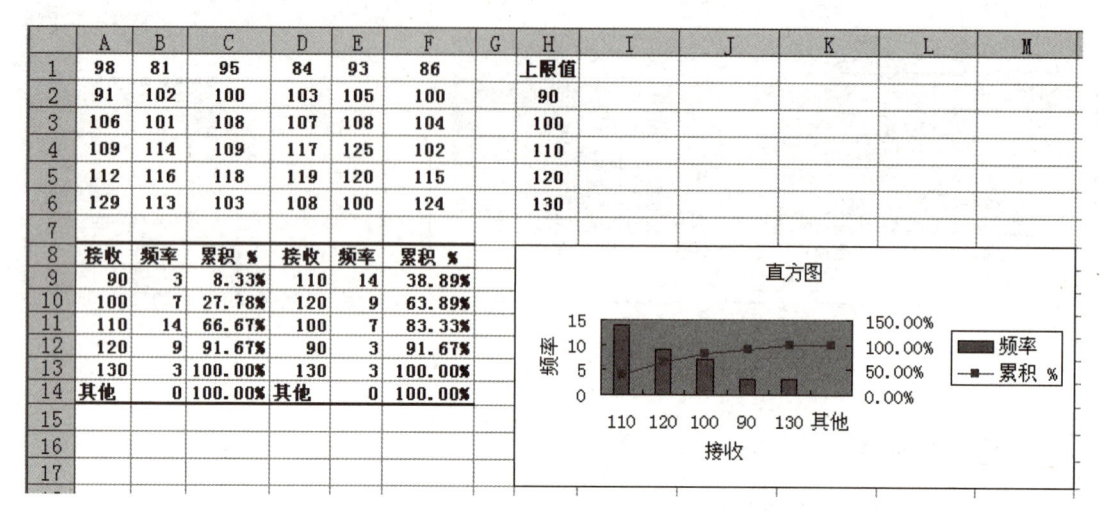

图 4.37　某企业 36 个工人劳动定额频数分布表及直方图

③ 选择"柏拉图",可以在输出表中同时按降序排列频数数据;选择"累积百分率",可在输出表中增加一列累积百分比数值,并绘制一条百分比曲线;选择"图表输出",可生成一个嵌入式直方图。本例中选择"柏拉图""累积百分率"和"图表输出"。

第五步:单击"确定"按钮,可得输出结果,如图 4.37 所示。

【课堂操作】

请根据如图 4.31 所示数据,制作饼形图和圆环图。

【职业道德培育】数据整理的正确步骤

背景与情境:小张是某企业的市场调查人员,他目前正在收集资料,要预测网上开店的未来市场前景。他在对收集到的信息资料进行整理分析时,发现有的调查对象填写数据的随意性很大,小张事前未考虑到这些特殊情况,也未对这些可能有问题的问卷进行筛选。由于调查人员在进行数据分析前没有检查可能不合格的数据,导致研究结果与预期相差很大。这时小张才想到检查数据质量,当删除这些不合格的数据再进行分析时,获得了预测的结果。小张未向领导说明详细数据整理过程,就将此结果作为预测结果报告给领导。

问题　小张作为市场调查人员,事先对不合格数据处理没有明确的办法,在发现与预期目标不一致时,才着手删除不合格数据。这种做法符合职业道德和营销伦理吗?

分析提示　市场调查人员在市场调查和预测过程中,也要关注职业道德问题,一是在对数据进行检查、筛选和清理时,必须关注数据的质量。要做到在数据分析之前,对数据准备过程中的问题数据的处理做出明确规定。二是要如实说明不合格数据处理的过程和删除的数量,否则是违反职业道德的。正确的数据整理步骤为数据审核、数据编码与录入、数据的分类与汇总、数据陈示。

任务 4.2 分析预测市场信息

任务布置

任 务 单	
任务 4.2 分析预测市场信息	
任务描述	笔记本电脑、手机和平板电脑悄然成为大学生进入大学校园的流行装备"三件套",其中手机更是成为人手一部的必备单品,市场容量巨大。为评估某品牌手机在本学院的营销环境,某品牌手机生产商要求市场调查部门组织一次关于本学院手机市场情况的市场调查。 根据手机市场调查资料,采用定性、定量方法分析数据,得出有意义、有价值的调查结论
任务目标	(1)能针对企业市场调查资料,选择合适的定性分析方法,并进行科学的推理,得到对调查对象的本质、趋势及规律的性质方面的认识。 (2)能够根据现实企业市场调查资料的实际情况,利用常用定量分析指标,进行数据的集中趋势、离散程度分析。 (3)能结合企业的实际调查资料开展方差分析、相关分析、回归分析,综合培养信息处理能力、分析与解决实际问题的能力和自我学习能力
实施指导	任务分析: 调查资料分析实际上是对数据深加工,从数据导向结论,从结论导向对策,从而告诉人们,每组资料里到底隐藏了哪些有用的信息,并以恰当的形式表现出来。一般按从局部到整体、从表层到里层、从静态到动态、从过程到规律、从规律到预测、从结果到原因、从问题到对策的规则进行,主要包括定性与定量两大分析方法
	理论补给: (1)定性分析方法。 (2)定量描述性分析方法。 (3)市场预测
	实施过程: (1)针对整理的市场调查资料,采用合适的定性或定量方法逐项、具体、深入地分析,得出小结论。 (2)对各小结论进行综合分析,达到对调查对象本质的、规律的、整体的认识。 (3)小组讨论,形成最终调查结论。 (4)小组汇报展示。 (5)教师点评
	拓展提高: 案例分析"集合专家意见预测",理解在搜集资料过程中必须注意与调查对象沟通,保证调查对象自由发表意见和保护个人隐私,遵守职业道德
执行记录	执行团队
	任务执行
	任务汇报
	教师点评

成绩评定	个人自评	
	小组互评	
	教师评价	
	总　评	

续表

案例导入

木梳怎么卖给和尚

有4个候选人最后竞争一家大公司的销售主管职位，复试的题目是：把木梳尽量多地卖给和尚，10天内交销售结果。候选人A非常困惑，甚至愤怒地说："出家人要木梳有何用？这不明摆着拿人开涮吗？"于是放弃了。候选人B、C、D决定试一试。

B：卖出了一把。他来到寺庙，努力地游说和尚买把梳子，不但无效果还遭到和尚的责骂，幸好在下山途中遇到一个小和尚一边晒太阳，一边使劲挠着头皮。B灵机一动，递上木梳，小和尚用后满心欢喜，于是买了一把。

C：卖出了10把。他来到一座名山中的寺庙，由于山高风大，进香者的头发都被吹乱了，他找到寺院的主持说："蓬头垢面是对佛的不敬，应在每座庙的香案前放一把木梳，供善男信女梳理头发。"寺庙主持采纳了他的建议。那座山有10座庙，于是他卖了10把木梳。

D：卖出了1000把。他来到一个颇具盛名、香火极旺的深山宝刹，朝圣者络绎不绝。他对主持说："凡来进香参观者，多有一颗虔诚的心，宝刹应有所回赠，以作纪念，保佑其平安吉祥，鼓励其多做善事。我有一批木梳，您的书法超群，可刻上'积善梳'3个字，便可作赠品。"主持大喜，立即买下1000把木梳。得到"积善梳"的香客们也很高兴，一传十，十传百，朝圣者更多，香火更旺。

木梳卖给和尚的故事，蕴含着市场分析与需求预测的智慧。就市场分析能力与预测能力进行排序，会发现D最强，C其次，B最差。当然故事还体现出D在市场定位与产品策划及销售方面的智慧也胜人一筹。为什么这样说呢？

在卖产品前，需要进行产品的营销策划，而策划的第一步就是市场分析与需求预测。先来看看B、C、D三人是怎样做的。

B不进行分析，只要是寺庙就进去销售木梳，从这一点看，B没有市场分析的意识。C去名山、名寺，D去颇具盛名且香火极旺的深山宝刹，这表明他们有市场分析的意识，并做了需求预测与市场选择。为什么C与D的选择会不一样呢？难道C比D偷懒吗？这样的说法是不正确的。这是由于C与D在做市场分析时选择的市场关键因素不同所导致的，C所选择的市场关键因素是寺庙，而D所选择的市场关键因素是寺庙的香客，并对香客的需求进行了分析与预测。其实C与D都看到了木梳的消费者是香客而不是和尚。这表明在回答"谁是木梳的最终使用者"的问题上，D比C更胜一筹。

由于C选择了寺庙作为市场关键因素，在做市场需求预测时，就只能是寺庙的数量决定木梳的数量，尽管他看到了香客是木梳的最终使用者。而D选择了香客作为市场关键因素，他在做市场需求预测时，首选方法是市场关键因素派生－连比漏斗法。他的需求预测是这样做的：一天香客有多少（可以从寺庙售票处获得或其他渠道），如5000人，通过观察发现虔诚的香客约为30%，喜欢拿纪念品的香客比例约为10%，这样就可以计算出基本的市场需求是150把/天，10天内市场需求是1500把，故D可以卖掉1000把。请注意，这里的10%与30%可以从很简单的渠道得到，可以是一个大概的数据。另外，拿纪念品的香客不一定愿意拿木梳，拿纪念品的香客不一定虔诚，虔诚的香客不一定拿纪念品，但是不妨碍以香客作为市场关键因素来做市场需求预测。另外，市场需求会随环境而变化，比如，拿到积善梳的香客，对其他香客会产生影响，使那些不喜欢梳子的香客也来拿积善梳。所以市场需求的最大量就是漏斗顶端的每天5000把（限定一人一把）。假如D所到的寺庙每天香客为1000人次，那么按照市场关键因素派生－连比漏斗法，计算出来的最基本的市场需求为30把/天，这样他就有可能在10天之内卖不到1000把。

理性的D在营销前进行了科学的市场分析与需求预测，这为他后面制定营销策略奠定了成功的基础。在市场分析与需求预测中，他的策略的科学性表现在两个方面：①市场关键因素找准了；②依据市场关键因素派生—连比漏斗法进行了市场需求预测。

这个故事告诉人们，在市场分析中找准市场关键因素，并用科学的方法"市场关键因素派生—连比漏斗法"进行市场需求预测，这是市场经理或产品经理成功的关键第一步。

思考 ①请说明对4人的分析过程与分析内容。
②D为什么获得了成功？
③你是否还有更好的分析，可以卖出1万把木梳？

【理论补给】

4.2.1 市场调查资料分析概述

1. 市场调查资料分析的内涵

市场调查资料分析就是以某种有意义的形式或次序把收集的资料重新展现出来。分析实际上是对数据进行深加工，从数据导向结论，从结论导向对策，从而告诉人们，每组资料里到底隐藏了哪些有用的信息，并以恰当的形式表现出来。

调查资料的分析一般按从局部到整体、从表层到里层、从静态到动态、从过程到规律、从规律到预测、从结果到原因、从问题到对策的规则进行。

2. 市场调查资料分析的内容

①背景分析，了解问题的由来和背景，把握分析研究的目的和方向。
②状态分析，描述和评价现象的各方面的数量表现，概括现象的各种特征。
③因果分析，找出影响事物变化的内因和外因，揭示问题与原因。
④对策研究，针对调查结论和启示、问题与原因，提出解决问题的对策。

3. 市场调查资料分析的原则

（1）针对性原则

针对性原则是指要采用与调查目的、调查资料性质、现有资源相适应的分析方法，对调查资料进行分析。任何一种分析方法，都有各自的优点和不足，各有不同的使用范围和分析问题的角度。某一种情况可能就需要某一种或几种特定的统计分析方法，所以，分析人员就需要对各种分析方法的特点和作用有准确的把握，将多种与调查目的相匹配的方法组合应用，取长补短，相互配合，从而得出全面、准确的结论。

（2）完整性原则

完整性原则是指对调查资料进行多角度的全面分析，考察各种相关因素的现状和趋势，分析现象之间的关系，以反映和把握调查资料的总体特征。

（3）客观性原则

客观性原则是指必须以客观事实和调查的资料为依据进行分析。不能受外来因素或内部主观倾向的影响，否则，就会使前面各阶段的努力化为乌有，更重要的是会误导企业决策者做出背离实际的决策，使企业陷入困境。

（4）动态性原则

动态性原则是指对调查资料的分析，不但要分析、把握其现状，更要分析、把握其变化趋势。要注意分析各相关因素的变化特点，用发展的观点、动态的方法来把握问题，从而正确地引导企业的发展。在具体的操作中，要主动掌握并合理运用科学的预测方法，得出符合市场变动趋势的分析结论。

案例分析 4.1 杜邦公司的"市场瞭望哨"

杜邦公司是世界上著名的企业之一。经过200多年的发展，杜邦公司今天所经营的产品包括化纤、医药、石油、汽车制造、煤矿开采、工业化学制品、油漆、炸药、印刷设备，近年来又涉足电子行业，其销售产品达1800种之多，多年的研究开发经费达10亿美元以上，研究出1000种以上的新奇化合物，相当于每天有2～3件新产品问世，而且每一个月至少从新开发的产品中选出一种产品使之商业化。

杜邦公司兴盛200多年的一个重要原因，就是围绕市场开发产品，并且在世界上最早设立了市场环境"瞭望哨"——经济研究室。杜邦公司的经济研究室由受过专门培训的经济学家组成，以研究全国性和世界性的经济发展现状、结构特点及发展趋势为重点，注重调查、分析、预测与本公司产品有关的经济、政治、科技、文化等市场动向。除了向总公司领导及有关业务部门做专题报告及口头报告，解答问题，经济研究室还每月整理出版两份刊物。一份发给公司的主要供应厂家和客户，报道有关信息和资料；另一份在内部发行，根据内部经营全貌分析存在的问题，提出解决措施，研究短期和长期的战略规划、市场需求量，以及同竞争对手之间的比较性资料。另外，每季度还会整理出版一期《经济展望》供总公司领导机构和各部门经理在进行经营决策时参考。

思考 根据以上案例资料，分析杜邦公司200多年来兴盛不衰的原因。

4.2.2　定性分析方法

定性分析是调查者运用知识、经验、主观分析判断能力及推理，对不能量化的事物进行分析、判断，从而达到对事物本质和规律性的认识。常用的定性分析方法主要有归纳分析法、类比分析法、推理分析法及对应分析法。

定性分析

（1）归纳分析法

归纳分析法是根据市场调查所获取的资料，从某类事物的全部对象或部分对象的个别属性特点来概括该类事物的共同属性的一种分析方法。

例如，某食品公司进行市场调查，在对消费者进行面包、糕点等主食食品，以及对香肠、火腿等副食食品的消费意向调查中发现，绝大多数的消费者对其成分要求是低脂肪，由此可以判断，随着人们生活水平的提高和健康意识的加强，人们对低脂肪食品的需求量将会增加。

（2）类比分析法

类比分析法是将两个相同或相近的事物进行对比，从一个事物的发展变化规律来推断另一个事物的发展变化规律的方法。

例如，根据双缸洗衣机的销售特点及规律来推断全自动洗衣机的销售特点及规律。

（3）推理分析法

推理分析法是根据一个或几个已知的判断，推出一个新的判断的一种分析方法。推理分析法是资料分析常用的一种方法，使用时要注意，推理的前提要正确，推理的过程要合理，而且要善于使用创造性思维。

例如，丰田汽车公司在20世纪60年代曾对各国生产的汽车型号及能源消耗进行市场调查，发现各国生产的汽车普遍油耗较高，如果发生能源危机，油耗低的小型汽车一定会畅销。丰田汽车公司独具慧眼，开发了多种油耗低的小型汽车，结果没过多长时间，世界爆发了第一次石油危机，丰田汽车公司生产的油耗低的小型汽车顿时走俏，一举占领了市场。

（4）对应分析法

对应分析法是在分析研究某事物或现象时从不同角度确定多个标准，再对每个标准确定不同的属性值，然后将所收集的资料按主要分类标准的属性进行对应的归类，从而获取相关信息的分析方法。

例如，为了研究手机市场消费者的需求特征，某调研公司在某市对手机的潜在消费者做了一个抽样调查。在调查时采用了年龄、文化程度及购买手机时的主要要求3个标准，每一标准又细分不同的属性特征，即年龄特征为"18～25岁""26～35岁""36～45岁""46～55岁"；文化程度特征为"初中以下""高中""大学及以上"；购买手机时的主要要求特征属性为"待机时间长""大屏显示""操作简单""外观时尚""功能强""价格合理""信号接收好"。经过对应分析，按主要分类标准的属性——年龄特征进行归类分析后，发现年龄在"18～25岁"之间的青年人要求手机必须"外观时尚""功能强"；年龄在"26～45岁"之间、"大学及以上"学历的受访者要求手机必须"待机时间长""信号接收好"；年龄在"46～55岁"之间、"初中及以下"学历的潜在用户要求手机必须"操作简单"；年龄在"46～55岁"之间、"高中"学历的受访者要求手机必须"大屏显示"。这些调研的发现为企业开发和占领该地区市场奠定了基础。

案例演示 4.8

太原市汽车用品市场定性分析

一、市场分析

太原市汽车用品市场有以下几个特点:
① 市内零散商铺较多,经营商户愿意集中式经营。
② 商铺硬件条件、交通组织较差,大部分需要改造后才能使用,期望有专业的市场出现。
③ 合同期限较短,投入存在风险,而且租金涨幅较大。
④ 部分品牌商想进入太原市场,但没有合适位置,无较高档次汽车集散地。
⑤ 汽车行业每年递增较大,汽车用品相应需求增大。
⑥ 太原市目前没有完整的集汽配、装饰、改装、服务于一体的大型专业市场。
⑦ 汽配店所需面积一般商铺难以达到要求,商铺难以集中,产品过于单调。

二、市场经营商户类型分析

① 第一类是全方位经营、各种产品和服务都比较全的商家,这些商家大多经营规模较大,店内的工作人员在素质和服务态度上都有很高的水平,在严格的经营管理体系下,这些商家的店铺在市场上也拥有较大的竞争力。

② 第二类是经营汽车装饰类产品的商家,这些商家大多以座套、坐垫、脚垫、挂件、香水等中低端产品为主要经营方向。有的甚至只经营挂件、香水等小物件,在降低经营成本的同时走薄利多销的路线。这些商家在经济实力和技术实力上大多处于弱势地位,所以寻找的是适合自己发展的道路。

③ 第三类就是以技术为基础走中高端产品路线,主要经营电子类产品的商家。虽然这一类商家在市场上所占比例不是很大,但他们经营的产品极大地带动了整个市场、整个行业的发展。

三、市场需求、消费者购买分析

从销售情况来看,企业均认为低档汽车配件更新频率比较快,而高档汽车由于有品牌与质量的双重保障,所以零配件的使用损耗率比较低。顾客在选择汽车配件时,对是原厂或者是配厂比较理智。但是顾客为何选择经销商售出的配件,经销商销售的产品的质量是顾客选择的主要原因。在经销商售出的产品中,中档次的居多,其次是低档次的,高档的较少。性价比比较高的中档次产品,是顾客首选的产品。低档次的产品在质量上比较让人担心。而高档次的汽配产品由于价格原因,只有少部分人愿意选购。经销商在售出配件时都会帮顾客安装好,只有少部分顾客会选择自己安装。由于所调查企业多为私人企业,所以在售后服务方面,只有少数企业会对顾客进行回访,这部分企业也是新经销商,他们为了企业效益与日后发展,在售后上做了很多努力。

4.2.3 定量描述性分析方法

案例分析 4.2　发生车祸次数与司机年龄的关系

为了研究交通安全，美国交通部统计了每一千位驾驶员中发生车祸的次数和 21 岁以下的司机所占比例，42 座城市一年内的数据如表 4.5 所示。

表 4.5　车祸次数与司机年龄关系表

城市代号	每一千位驾驶员中发生车祸的次数（次）	21 岁以下的司机所占比例（%）	城市代号	每一千位驾驶员中发生车祸的次数（次）	21 岁以下的司机所占比例（%）
1	2.962	13	22	4.100	17
2	0.708	12	23	2.190	8
3	0.885	8	24	3.623	16
4	1.652	12	25	2.623	15
5	2.019	11	26	0.835	9
6	2.627	17	27	0.820	8
7	3.830	18	28	2.890	14
8	0.368	8	29	1.267	8
9	1.142	13	30	3.224	15
10	0.645	8	31	1.014	10
11	1.082	9	32	0.493	10
12	2.801	16	33	1.443	14
13	1.405	12	34	3.614	18
14	1.433	9	35	1.926	10
15	0.039	10	36	1.643	14
16	0.338	9	37	2.943	16
17	1.849	11	38	1.913	12
18	2.246	12	39	2.814	15
19	2.885	14	40	2.634	13
20	2.352	14	41	0.926	9
21	1.294	11	42	3.256	17

利用 Excel 的分析工具定量描述分析如表 4.6 所示。

表 4.6　21 岁以下的司机所占比例与每一千位驾驶员发生车祸次数的定量描述分析

21 岁以下的司机所占比例（%）		每一千位驾驶员中发生车祸次数	
平均	12.26190476	平均	1.924404762
标准误差	0.483237634	标准误差	0.165192275
中位数	12	中位数	1.881
众数	8	众数	—
标准差	3.1317378	标准差	1.070568303

续表

21岁以下的司机所占比例（%）		每一千位驾驶员中发生车祸次数	
方差	9.807781649	方差	1.146116491
峰度	－1.137109498	峰度	－0.973774338
偏度	0.210357273	偏度	0.191739545
区域	10	区域	4.061
最小值	8	最小值	0.039
最大值	18	最大值	4.1
求和	515	求和	80.825
观测数	42	观测数	42
最大（1）	18	最大（1）	4.1
最小（1）	8	最小（1）	0.039
置信度（95.0%）	0.975918189	置信度（95.0%）	0.333612565

通过对42个调查样本的描述分析发现，21岁以下的司机所占比例最小是8%，最大是18%，极差为10%，平均所占比例是12.26%，方差是9.808%，标准差是3.1317%，说明在42座城市中21岁以下的司机所占比例差距不是很大，且比较集中，没有异常值出现。每一千位驾驶员中发生车祸的次数最少是0.039，最多是4.1，极差为4.06，平均次数是1.9244，方差是1.146，标准差是1.0706，说明在42座城市中21岁的司机发生车祸的概率都在5%以内，城市之间的差距不是很大，且比较集中，没有异常值出现。

描述性统计分析是指对被调查总体所有单位的有关数据进行收集、整理和计算综合指标等加工处理，用来描述总体特征的统计分析方法。

1．单变量描述性分析

（1）结构性分析

结构性分析又称数列分布分析，主要通过数列的频数分布或频率分布来显示总体或样本分布的类型和特征，反映总体或样本的结构与特点。即通过对数据进行统计分组和汇总得到的各组次数分布情况，而将其除以样本总数，就是我们常用的百分数。结构性分析便于了解总体各内部结构变量的取值分布情况，从而对把握整体数据的特征非常有利。

单变量描述性分析

案例演示4.9

表4.7　网络购物支付方式的频数分析

支付方式	实际支付方式		理想支付方式	
	频　数	频率（%）	频　数	频率（%）
货到付款	77	51.00	52	34.40
信用卡	49	32.40	80	53.00
邮局汇款	22	14.60	1	0.70
其他	3	2.00	1	0.70

续表

支付方式	实际支付方式		理想支付方式	
	频　数	频率（%）	频　数	频率（%）
会员制、分期付款	0	0	17	11.30
合计	151	100.00	151	100.00

分析　从表4.7可以看出，网络购物实际支付方式与理想的支付方式存在比较大的差距，其中最理想的支付方式是信用卡，占53.00%（实际中此支付方式只占32.50%）；而实际中运用最多的却是货到付款，占51.00%（理想中此种支付方式占比为34.40%）。另外，会员制、分期付款的支付方式在实际中还未被采用。其原因是什么呢？分析者可以进一步根据其他相关资料进行分析。

【课堂练习】

下面是调查某市1000户居民现有住房面积分布数据情况（见表4.8），请据此进行分析。

表4.8　某市样本户现有住房面积分布

住房面积（m²）	户数（户）	频率（%）	累　计	
			户数（户）	频率（%）
40以下	10	1.0	10	1.0
40～60	21	2.1	31	3.1
60～80	73	7.3	104	10.4
80～100	195	19.5	299	29.9
100～120	280	28.0	579	57.9
120～140	206	20.6	785	78.5
140～160	98	9.8	883	88.3
160～180	65	6.5	948	94.8
180以上	52	5.2	1000	100.0
合计	100	100.0	—	—

分析提示　从表4.8可以看出，住房面积在80m²以下的占10.4%，在120m²以下的占57.9%，在120m²以上的占42.1%。样本户现有住房面积的频率分布是近似于正态分布的。随着居民收入的提高，居民对住房面积和住房条件的改善是日益增长的，假定120m²以下的居民户的住房面积都提高到120m²及以上，则全市现有57.9%的居民家庭低于这一水平，因此，该市房地产投资和开发仍有较大的市场潜力。

（2）集中趋势分析

数据的集中趋势是指大部分变量值趋向于某一点，将这点作为数据分布的中心，数据分布的中心可以作为整个数据的代表值，也是准确描述总体数量特征的重要内容。分析数据的集中趋势，目的在于揭示被调查者回答的集中程度，即平均水平。通常用最大频数或最大频率对应的类别选项来衡量。描述数据集中趋势的统计量常用的有平均数、众数、中位数等。

① 平均数。平均数是数列中全部数据的一般水平，是数据数量规律性的一个基本特征值，反映了一些数据必然性的特点。利用平均数，我们可以将处在不同空间的现象和不同时间的现象对比，反映现象一般水平的变化趋势或规律，分析现象间的相互关系。由于掌握的资料不同，平均数可分为简单平均数和加权平均数。

a. 简单平均数。简单平均数就是直接将总体各单位的标志值相加，然后除以总体单位数而求得平均数。一般应用于资料未经过任何分组整理与加工的情况。其计算公式为：

$$\bar{x} = \frac{x_1 + x_2 + \cdots + x_n}{n} \text{ 或 } \frac{\sum x}{n}$$

案例演示 4.10

某公司 2021 年每月销售记录已录入 Excel 表，如图 4.38 所示。要求用 Excel 计算该公司的平均销售量。

	A	B	C	D	E	F	G	H	I	J	K	L	M
1	月份	1月	2月	3月	4月	5月	6月	7月	8月	9月	10月	11月	12月
2	销售量	86	109	98	90	89	100	87	86	97	99	93	96

图 4.38　某公司 2021 年每月销售记录

计算步骤如下：

第一步：打开"插入"菜单，选择"函数"选项，弹出"插入函数"对话框，在"或选择类别"中下拉列表选择"统计"，在"选择函数"的下拉列表选择"AVERAGE"（算术平均值）函数，如图 4.39 所示。

第二步：单击"确定"按钮，弹出"函数参数"对话框，列出数据所在范围，本例中是 B2:M2，在对话框的左下角输出计算结果（94.1666 万元），如图 4.40 所示。

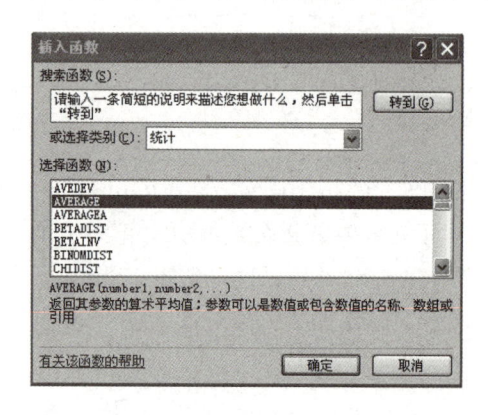

图 4.39　"插入函数"对话框

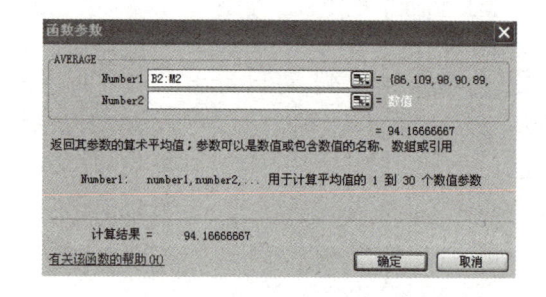

图 4.40　"函数参数"对话框

b. 加权平均数。加权平均数是在资料已经分组得出次数分析的条件下，先将各组的标志值与其相应的次数相乘，求出各组的标志总量，再把各组的标志总量相加，求出总体的标志总量，除以总体单位总数。其计算公式为：

$$\bar{x} = \frac{x_1 f_1 + x_2 f_2 + \cdots + x_n f_n}{f_1 + f_2 + \cdots + f_n} \text{ 或 } \frac{\sum xf}{\sum f}$$

案例演示 4.11

某公司 2021 年 8 月 50 名员工的工资情况记录已录入 Excel 表，如图 4.41 所示。要求用 Excel 计算该公司员工月工资的平均水平。

计算步骤如下：

第一步：在 C2 单元格中输入公式 "=A2*B2"，拖曳鼠标将公式复制到 C3:C7 单元格。

第二步：在 C8 单元格中输入公式 "=SUM(C2:C7)"。

第三步：在 C9 单元格中输入公式 "=C8/B8"，即求得工资平均数 (2112 元)，如图 4.42 所示。

图 4.41　工资情况记录

图 4.42　平均工资计算结果

【课堂操作】

表 4.9 为某高校教师的月基本工资收入资料，请计算 2020 年与 2021 年的月总平均工资收入，并分析 2021 年相对于 2020 年月总平均工资变化情况、每一职称月平均工资变化情况，以及其两者间的对比情况，思考原因。

表 4.9　某高校教师的月基本工资收入资料

职 称	2020 年			2021 年		
	月工资（元）	人数（人）	占总人数比重（%）	月工资（元）	人数（人）	占总人数比重（%）
教授	1280	90	15.38	1360	60	10.26
副教授	1040	200	34.19	1090	100	17.09
讲师	860	180	30.77	900	300	51.28
助教	690	115	19.66	700	125	21.37
合计	—	585	100	—	585	100

分析提示 将以上资料录入 Excel 表，利用相关命令求得 2020 年某高校教师月工资平均数为 952.735 元，2021 年月工资平均数为 936.923 元。并做进一步的计算分析。

仅从月工资平均数来说，该高校教师 2021 年的月工资平均数 936.923 元，比 2020 年的月工资平均数 952.735 元降低了 15.812 元。但实际上，从按职称的分组资料来看，无论是高职称还是低职称，2021 年的工资收入都比 2020 年有显著提高，结果出现了与总平均数相反的结论。之所以出现这种结论，是因为这两年各职称人数的结构发生了较大的变化，2021 年高职称、高收入的结构比例占 27.35%，较 2020 年同职称结构比例的 49.57% 低 22.22%；而

2021年的中、低职称人数所占的比重则由2020年的50.43%上升为72.65%，正是由于这种权重结构的变化，才出现了两种平均数的矛盾结果。因此，将总平均数与组平均数结合起来分析，得出正确的结论是2021年的月总平均工资收入高于2020年的月总平均工资收入。

② 众数。众数是数据中出现次数最多的变量值，也是测定数据集中趋势的一种方法，它克服了平均数指标会受数据中极端值影响的缺陷。在市场调查实践中，有时没有必要计算算术平均数，只需要掌握最普遍、最常见的标志值就能说明社会经济现象的某一水平，这时就可以采用众数。

例如，在市场调查数据资料分析中，众数就是列出的所给数据中出现次数最多的那个，比其他数据出现的频率都高。如果数据出现的个数一样，或者每个数据都只出现一次，那么，这组数据中，众数可以不止一个或者没有。

甲组数据：3、3、5、5、6的众数是多少？（3、5）

乙组数据：3、4、5、6、7、8的众数是多少？（没有）

案例演示4.12

利用如图4.38所示的销售数据，用Excel计算该公司销售量的众数。步骤如下：

第一步：打开如图4.38所示Excel数据表，单击"插入"菜单，选择"函数"选项，弹出"插入函数"对话框，在"或选择类别"下拉列表中选择"统计"，在"选择函数"列表中选择"MODE"（众数）函数。

第二步：单击"确定"按钮，弹出"函数参数"对话框，列出数据所在范围，本例中是B2:M2，在对话框的左下角输出计算结果（86万元），如图4.43所示。

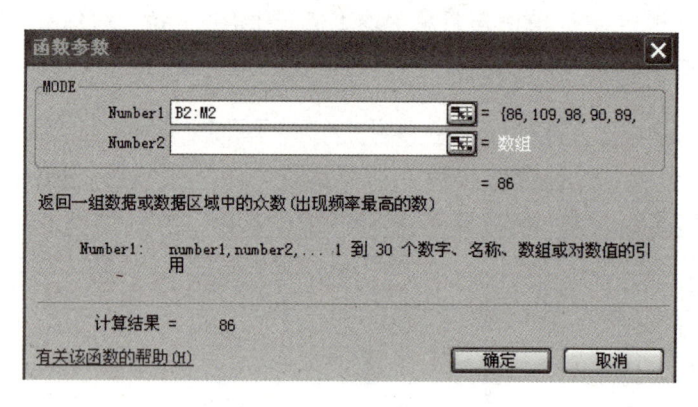

图4.43 "函数参数"对话框

③ 中位数。中位数是将数据按某一顺序（从大到小，或相反）排列后，处在最中间位置的数值。

例如，某商店委托市场调查公司对顾客在某一时间段内在其店内购买物品的次数进行调查。对15位顾客的调查结果按次数排序是0、0、0、0、1、1、1、1、1、2、2、2、3、7、9，则它们的中位数为1。

案例演示 4.13

利用如图 4.38 所示的销售数据,用 Excel 计算该公司销售量的中位数。步骤如下:

第一步:打开如图 4.38 所示 Excel 数据表,单击"插入"菜单,选择"函数"选项,弹出"插入函数"对话框,在"或选择类别"下拉列表中选择"统计",在"选择函数"列表中选择"MEDIAN"(中位数)函数。

第二步:单击"确定"按钮,弹出"函数参数"对话框,列出数据所在范围,本例中是 B2:M2,在对话框的左下角输出计算结果(94.5 万元),如图 4.44 所示。

平均数、众数和中位数都是反映总体一般水平的指标,彼此之间存在着一定的关系,但其各自含义不同,确定方法各异,适用范围也不一样。如果各个数据之间的差异程度较小,用平均值就有较好的代表性;而如果数据之间的差异程度较大,特别是有个别极端值的情况,用中位数或众数有较好的代表性。

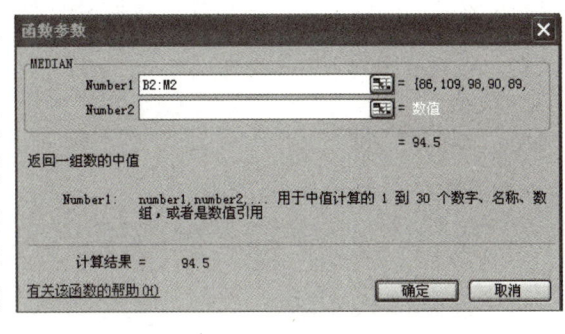

图 4.44 "函数参数"对话框

(3)离散程度分析

数据的离散程度分析主要用来反映数据之间的差异程度,常用的指标有全距(也叫极差)、方差和标准差。

① 全距。全距是所有数据中最大数值和最小数值之差,也就是:全距 = 最大值 − 最小值。如果数据是未分组资料,直接计算即可;如果资料是分组数据,则要用最大组上限与最小组下限之差近似地表示全距。

因为全距是数据中两个极端值的差值,不能反映中间数据变化的影响,只受最大值与最小值的影响,没有反映其他标志值的分布情况,所以它是一个粗略的测量离散程度的指标。全距可以一般地检验平均值的代表性大小,全距越大,平均值的代表性越小;反之,平均值的代表性越大。

案例演示 4.14

利用如图 4.38 所示的销售数据,用 Excel 计算该公司销售量的全距。步骤如下:

第一步:打开如图 4.38 所示 Excel 数据表,单击单元格 B3,单击"插入"菜单,选择"函数"选项,弹出"插入函数"对话框,在"或选择类别"下拉列表中选择"统计",在"选择函数"列表中选择"MAX"(最大值)函数。

第二步:单击"确定"按钮,弹出"函数参数"对话框,列出数据所在范围,本例中是 B2:M2,单击"确定"按钮,即得出最大值为 109,如图 4.45 所示。

第三步:单击单元格 B4,单击"插入"菜单,选择"函数"选项,弹出"插入函数"对话框,在"或选择类别"下拉列表中选择"统计",在"选择函数"列表中选择"MIN"(最小值)函数。

第四步：单击"确定"按钮，弹出"函数参数"对话框，列出数据所在范围，本例中是B2:M2，单击"确定"按钮，即得出最大值为86，如图4.45所示。

第五步：在单元格B5中输入公式"=B3-B4"，即可得出全距为23，如图4.45所示。

	A	B	C	D	E	F	G	H	I	J	K	L	M
1	月份	1月	2月	3月	4月	5月	6月	7月	8月	9月	10月	11月	12月
2	销售量	86	109	98	90	89	100	87	86	97	99	93	96
3	最大值	109											
4	最小值	86											
5	全距	23											

图4.45　全距计算结果

② 方差和标准差。方差是各变量值与其平均值差平方的平均数，方差越大表示差异越大。标准差是方差的平方根。这两个指标都是反映总体中所有单位标志值对平均数的离散关系，是测定数据离散程度的重要指标，其数值的大小与平均数代表性的大小是相反方向变化的。

方差的计算公式为：

$$S^2 = \frac{\sum(x-\bar{x})^2}{n} = \frac{\sum(x-\bar{x})^2 f}{\sum f}$$

标准差的计算公式为：$S = \sqrt{S^2}$

标准差系数：是标准差与平均数对比得出的相对数值，即 $\frac{S}{\bar{x}} \times 100\%$。

案例演示4.15

利用如图4.41所示数据，用Excel求员工月工资的标准差。步骤如下：

第一步：打开如图4.41所示数据表，在D2单元格中输入公式"=A2-$C$9"。注意"$C$9"一定要用绝对引用。然后，拖曳鼠标将公式复制到D3:D7。

第二步：在E2单元格中输入公式"=D2*D2*B2"。拖曳鼠标将公式复制到E3:E7。

第三步：在E8单元格中输入公式"=SUM（E2:E7）"。

第四步：将鼠标放在C10单元格上。单击"插入"菜单，选择"函数"选项，弹出"插入函数"对话框，在"或选择类别"下拉列表中选择"数学与三角函数"，在"选择函数"列表中选择"SQRT"（平方根）函数，单击"确定"按钮，弹出"函数参数"在对话框，对话框中输入"E8/B8"，如图4.46所示。单击"确定"按钮，即得出月工资标准差为423.622，最终结果如图4.47所示。

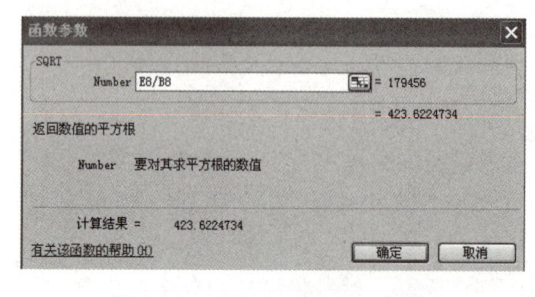

图4.46　平方根函数参数对话框

	A	B	C	D	E
1	工资（元）x	人数（人）f	xf	$x-\bar{x}$	$(x-\bar{x})^2 f$
2	1500	5	7500	-612	1872720
3	1800	10	18000	-312	973440
4	2000	20	40000	-112	250880
5	2400	7	16800	288	580608
6	2800	5	14000	688	2366720
7	3100	3	9300	988	2928432
8	合计	50	105600		8972800
9	工资平均数		2112		
10	月工资标准差		423.622		

图4.47　标准差计算结果

以上是分步介绍和计算单变量描述统计量，我们也可以直接用数据分析工具一次性计算。

案例演示 4.16

利用如图 4.38 所示的销售数据，用 Excel 数据分析工具计算描述统计量。步骤如下：

第一步：打开如图 4.38 所示销售数据表。

第二步：安装"数据分析"命令。进入 Excel 中，单击"工具"菜单中的"加载宏"，在弹出的"加载宏"对话框中勾选"分析工具库"，如图 4.48 所示，单击"确定"按钮，即完成 Excel 数据分析程序的安装。

第三步：在"工具"菜单中选择"数据分析"选项，从其对话框中选择"描述统计"，如图 4.49 所示。

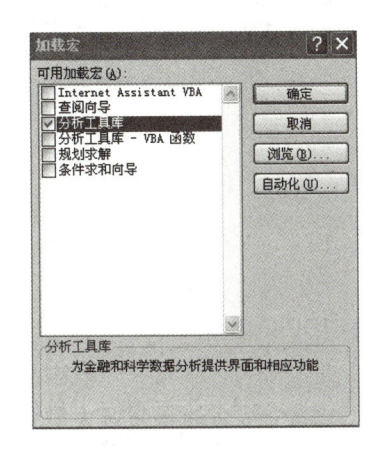

图 4.48 "加载宏"对话框

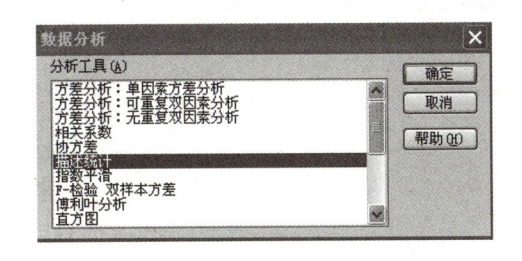

图 4.49 "数据分析"对话框

第四步：单击"确定"按钮后打开"描述统计"对话框，在"输入区域"输入数据所在位置（本例为"$B$2:$M$2"）；如果数据是横排的，在"分组方式"中选择"逐行"，如果数据是竖排的，在"分组方式"中选择"逐列"（本例为"逐行"）；勾选"输出选项"下面的"输出区域"，在"输出区域"输入"$A$3"，其他复选框可根据需要选定，选择"汇总统计"可给出一系列描述统计量，如图 4.50 所示。

第五步：单击"确定"按钮，即可得到如图 4.51 所示的结果。

图 4.50 "描述统计"对话框

图 4.51 描述统计输出结果

【课堂操作】

表 4.10 是对甲、乙两市居民家庭空调拥有量的调查分组资料。请根据资料做进一步的统计分析。

表 4.10　甲、乙两市居民家庭空调拥有量分布

空调拥有量 （台/户）	甲　市		乙　市	
	户数（户）	样　本 频率（%）	户数（户）	样　本 频率（%）
0	57	5.7	—	—
1	218	21.8	228	22.8
2	435	43.5	486	48.6
3	156	15.6	165	16.5
4	80	8.0	76	7.6
5 台及以上	54	5.4	45	4.5
合　计	1000	100.0	1000	100.0

分析提示　从表 4.10 中的频率分布来看，两个样本均呈偏态分布，大部分家庭的空调拥有量为 1～2 台。为了更好地说明问题，可利用相关工具进一步统计、计算，得到表 4.11 所示的分析指标。

表 4.11　甲、乙两市居民家庭空调拥有量对比分析

分析指标	甲市样本	乙市样本
户普及率（%）	94.3	100.0
1～2 台频率（%）	64.3	71.4
平均数（台/户）	2.15	2.22
众数（台/户）	2	2
中位数（台/户）	2	2
全距（台/户）	5	4
标准差（台/户）	1.18	1.03
标准差系数（%）	55.0	54.7

通过对比可得出如下结论：

① 乙市的空调普及率比甲市的高。

② 乙市的样本平均数略高于甲市，两个样本的分布均为右（低）偏分布。

③ 甲市样本的全距、标准差、标准差系数均比乙市的大，说明甲市空调拥有量分布的离散程度比乙市的要大。

④ 甲市空调市场的潜力比乙市的要大（甲市的普及率、户均拥有量均比乙市的低）。

2. 多变量描述统计分析

在问卷调查中，除了对单一变量进行描述和分析，还要探讨变量之间的关系，这就涉及多变量分析。社会现象的复杂性只有在抽样调查中，以变量间关系的分析，才能得到较好的描述和解释。简略的变量间关系便是双变量关系。我们可以通过交互列联、分组平均数、等级相关、积矩相关、一元回归等双变量统计方式考察两个变量之间是否存在关联。双变量统计可以初步揭示社会现象间的影响作用。

多变量描述统计分析
与动态分析

例如，通过在业人口中性别变量与月工资收入变量的关系统计，发现男性在业人口的月收入平均为3200元，而女性只有2600元，这提示我们不同性别的收入是有差异的，性别是影响收入差距的因素之一。

然而，社会现象的影响往往不是单一因素决定的，如果我们考虑到更多的影响因素，就应该引入多变量关系统计的方法，即同时考察多个自变量对因变量的影响。比如，我们将在业人口的月收入当作因变量，将性别、教育程度、行业、职业、年龄等视为多个影响因素，采用多元回归的统计方法，可能会发现影响收入差距的主要因素是教育程度、职业等级和行业，性别本身并不是影响收入的主要因素。这也说明社会研究中单因素的解释往往是可疑的，而采用多变量统计分析则有利于我们发现社会现象间错综关联的作用。

在进行多变量分析时，我们可以用交叉列表分析。交叉列表分析是指同时将两个或两个以上具有有限类数目和确定值的变量，按照一定顺序对应排列在一张表中，从中分析变量之间的相关关系，得出科学结论的技术。变量之间的分项必须交叉对应，从而使交叉表中每个节点的值反映不同变量的某一特征。在运用交叉列表分析时，对变量的选择和确定十分重要，这关系到分析结果的正确性和完整性。双变量交叉列表分析是最基本的交叉列表分析方法之一，通常以自变量为基准计算百分数，来反映两个变量之间的关系。

案例演示4.17

表4.12 商品种类与销售增长速度之间关系的交叉列表

商品种类	增长速度慢		增长速度快		频数合计
	频数	频率（%）	频数	频率（%）	
日用品	45	46.4	52	53.6	97
耐用品	34	39.1	53	60.9	87
食品	50	60.8	23	31.5	73

通过表4.12分析商品种类与销售增长速度之间的关系，可发现食品类的商品销售增长速度相对较慢，日用品和耐用品类别的商品销售增长速度相对较快。

但需要注意的是，两个变量交叉列表分析的结果并不一定正确反映事物之间的联系，在实际分析中，往往需要加入第三个变量做进一步的分析。通常加入第三个变量后，原有两个变量的交叉列表分析结果可能出现4种情况：一是更精确地显示原有两个变量之间的联系；二是显示原有两个变量之间的联系是虚假的；三是显示出原先被隐含的联系；四是不改变原先反映出的联系。

案例演示4.18

（1）更精确地显示原有两个变量之间的联系

表4.13是某项研究时装购买和婚姻状况之间关系的市场调研数据的二变量交叉列表分析的数据，从表中可以看出，未婚者比已婚者购买更多的高档时装。

表 4.13　婚姻状况与时装购买状况之间的关系

时装购买选择	已　　婚		未　　婚	
	人数（人）	百分比（%）	人数（人）	百分比（%）
高档时装	200	28.99	140	45.16
中档时装	299	43.33	123	39.68
低档时装	191	27.68	47	15.16
合　计	690	100.00	310	100.00

为了进一步分析，考虑到性别因素可能产生的影响，引入第三个变量——购买者的性别后，从表 4.14 中可以看出，女性中 52.22% 的未婚者属于高档时装购买者，而已婚女性所占比例只有 25%；就男性而言，35.38% 的未婚者和 32.05% 的已婚者属于高档时装购买者，比例比较接近。显然，引入第三个变量后原有的结论得到了更准确的反映。

表 4.14　婚姻、性别与时装购买选择比例分布

时装购买选择	男性（520 人）		女性（480 人）	
	已婚（390 人）	未婚（130 人）	已婚（300 人）	未婚（180 人）
高档时装比例（%）	32.05	35.38	25.00	52.22
中档时装比例（%）	42.05	42.30	45.00	37.78
低档时装比例（%）	25.90	22.32	30.00	10.00
合　计	100.00	100.00	100.00	100.00

（2）显示原有两个变量之间的联系是虚假的

表 4.15 是某项高级轿车购买意向的调查数据，以被调查者受教育程度和购买意向进行二变量的交叉列表分析数据。从表中可看出，受教育程度较高的被调查者中也有较高比例的人有购买高级轿车的意向。

表 4.15　受教育程度与高级轿车购买意向比例分布

高级轿车购买意向	受教育程度	
	大学（250 人）	低于大学（750 人）
"是"所占比例（%）	32.0	21.0
"否"所占比例（%）	68.0	79.0
合　计	100.0	100.0

考虑到收入水平也会影响高级轿车购买意向，因此加入第三个变量"收入水平"，进行进一步交叉列表的分析。从表 4.16 中可知，收入水平是影响高级轿车购买意向的因素，而受教育程度并非影响因素。这说明原有两个变量之间交叉列表分析得到的结论是虚假的。

表 4.16　受教育程度、收入水平与高级轿车购买意向比例分布

高级轿车购买意向	低收入（800 人）		高收入（200 人）	
	大学（100 人）	低于大学（700 人）	大学（150 人）	低于大学（50 人）
"是"所占比例（%）	20.0	20.0	40.0	40.0
"否"所占比例（%）	80.0	80.0	60.0	60.0
合　计	100.0	100.0	100.0	100.0

（3）显示出原先被隐含的联系

表4.17是某项出国旅游愿望的调查数据，以被调查者年龄和出国旅游愿望进行二变量的交叉列表分析。从表4.17中可知，年龄不是影响人们出国旅游愿望的因素。

表4.17　年龄与出国旅游愿望比例分布

出国旅游愿望	年　龄	
	小于45岁（500人）	45岁及以上（500人）
"有"所占比例（%）	50.0	50.0
"否"所占比例（%）	50.0	50.0
合　计	100.0	100.0

考虑到性别也会影响出国旅游的愿望，因此，加入第三个变量"性别"进行进一步交叉列表的分析。从表4.18中可知，在男性中，小于45岁的人群有出国旅游的愿望，而女性则正好相反，45岁及以上的人更愿意出国旅游。这说明加入一个变量后，原有两个变量之间隐含的联系显示出来了。

表4.18　性别、年龄与出国旅游愿望比例分布

出国旅游愿望	男性（600人）		女性（400人）	
	小于45岁（300人）	45岁及以上（300人）	小于45岁（200人）	45岁及以上（200人）
"有"所占比例（%）	60.0	40.0	35.0	65.0
"否"所占比例（%）	40.0	60.0	65.0	35.0
合　计	100.0	100.0	100.0	100.0

（4）不改变原先反映出的联系

表4.19是某项关于外出就餐的调查数据，以被调查者家庭规模和经常外出就餐进行二变量的交叉列表分析。从表4.19中可知，家庭规模与是否经常外出就餐之间没有直接的联系。

表4.19　家庭规模与经常外出就餐比例分布

经常外出就餐	家　庭　规　模	
	小（500人）	大（500人）
"是"所占比例（%）	65.0	65.0
"否"所占比例（%）	35.0	35.0
合　计	100.0	100.0

考虑到收入也会影响是否经常外出就餐，因此，加入第三个变量"收入水平"进行进一步交叉列表的分析。从表4.20中可知，无论是高收入还是低收入，都对是否经常外出就餐无直接影响。这说明加入一个变量后，原有两个变量之间的联系并未改变。

表4.20　家庭规模、收入水平与外出就餐比例分布

经常外出就餐	低收入（500人）		高收入（500人）	
	小（250人）	大（250人）	小（250人）	大（250人）
"是"所占比例（%）	65.0	65.0	65.0	65.0
"否"所占比例（%）	35.0	35.0	35.0	35.0
合　计	100.0	100.0	100.0	100.0

3. 动态分析法

动态分析法是指把反映经济现象发展变化的一系列数字，按时间先后顺序排列，组成一组动态数列，然后进行分析的一种方法。在使用的过程中，要注意各指标所属时间长短要相同，指标内容、计算方法、计量单位等要统一。动态分析法的指标有发展水平指标、动态比较指标和动态平均数指标。

（1）发展水平指标

发展水平指标是指以某一个指标数值反映其在各不同时期（或时点）发展达到的水平，也称发展水平，又称时间数列水平。发展水平指标可用来表明社会经济现象的发展规律，也是计算各种动态分析指标的基础。发展水平指标的形式有总量指标、相对指标和平均指标。

（2）动态比较指标

动态比较指标是根据两个发展水平的比较计算得来的。可以采用相除、相减或相除相减相结合的比较方式。动态比较指标可以采用绝对数或相对数来表示。

（3）动态平均数指标

动态平均数指标是指把时间序列中各个指标数值在时间上的变动加以平均，计算出平均数，以用来反映某种现象在一段时间内的平均速度或一般水平，又称平均指标。平均指标的形式有时期平均数、时点平均数、平均发展速度等。

案例分析4.3　×××市全社会固定资产投资情况分析

今年一季度，我市全社会固定资产投资开局良好，投资均有较大幅度增长。

（1）全社会固定资产投资增幅为近6年同期之最

一季度，全社会固定资产投资完成261.41亿元，与去年同期相比增加投资70.74亿元，增长率高达37.1%，为2000年以来同期的最高点。在全社会固定资产完成投资中，建筑安装工程投资161.98亿元，同比增长41.0%，占投资总额的62.0%，比重同比提高1.8个百分点。

中央、省属单位完成投资额占全社会固定资产投资比重有所提高。一季度，中央、省属单位完成投资44.23亿元，同比增长56.7%，占投资总额的16.9%，提高了2.1个百分点。市属单位完成投资217.18亿元，同比增长33.7%，占投资总额的83.1%。

一季度，全市房屋施工面积为4356.96万平方米，基本建设施工面积796.79万平方米，更新改造施工面积52.24万平方米，房地产开发施工面积3459.81万平方米，分别占全市房屋施工面积的18.3%、1.2%和79.4%。

（2）三大投资主体增长较快

一季度，在全社会固定资产投资中，基本建设完成投资129.29亿元，同比增长49.8%；更新改造完成投资44.61亿元，同比增长78.8%；房地产开发完成投资85.08亿元，同比增长16.2%。

在全社会固定资产投资中，完成投资超亿元的单位有广州市地下铁道总公司、南方航空公司、广州本田汽车有限公司、富力地产公司、保利地产公司等50个，同比增加17个。其中，基本建设28个、更新改造7个、房地产开发15个。全市完成投资超亿元的单位投资额达 138.01 亿元，同比增长 63.7%，占投资总额的 52.8%，比重同比提高 8.6 个百分点，成为拉动全社会投资增长的主力。

（3）民间和外商投资增速超 50%

一季度，全社会民间固定资产投资 109.10 亿元，同比增长 55.5%，如表 4.21 所示。增速比全社会固定资产投资高 18.4 个百分点，占全社会投资总额的 41.7%，比重同比提高 4.9 个百分点。在全社会民间固定资产投资中，基本建设投资 20.96 亿元，同比增长两倍；更新改造投资 24.99 亿元，同比增长 1.6 倍；房地产开发投资 61.13 亿元，同比增长 26.4%。民间投资较多的单位有南方航空公司、中国石油化工股份有限公司广州分公司、广州天河软件园管委会、东方电气（广州）重型机器有限公司、广州富力地产股份有限公司、祈福房地产开发（深圳）有限公司等。

外商经济完成投资额 37.67 亿元，同比增长 60.2%，占投资总额的 14.4%，比重同比提高了 2.1 个百分点。今年外商经济投资超亿元项目有广州本田汽车有限公司、广州 JFE 钢板公司等 6 个，投资额达 24.45 亿元，比去年同期增长 73.7%。

（4）第二产业、第三产业投资额均有不同程度的增长

一季度，在全社会固定资产投资中，除第一产业投资额（1672 万元）下降，第二产业、第三产业的投资均有不同程度的增长。第二产业、第三产业完成投资额分别为 74.46 亿元和 186.78 亿元，同比分别增长 94.2% 和 22.8%，占投资总额比重分别为 28.5% 和 71.5%。在第二产业投资中，工业完成投资 74.30 亿元，同比增长 1 倍。其中，汽车制造业和石油化工业增长较快，分别完成投资 28.95 亿元和 10.49 亿元，同比分别增长 1.5 倍、6 倍，主要投资项目有广汽丰田整车生产项目、广州本田汽车二厂技改项目、中石化炼油扩建工程等。

表 4.21 一季度全社会固定资产投资情况表（按登记注册类型分）

项　　目	完成投资（亿元）	同比增减（%）	占全市比重（%）	比重同比增减（%）
全社会固定资产投资	264.41	37.1	100	—
国有投资	82.97	17.1	31.8	−5.0
民间投资	109.10	55.5	41.7	4.9
我国港澳台投资	31.67	18.4	12.1	−2.0
外商投资	37.37	60.2	14.4	2.1

在第三产业投资中，交通运输、仓储和邮政业完成投资 47.11 亿元，同比增长 67.6%，占第三产业投资的 25.2%，所占比重同比提高了 6.7 个百分点。主要投资有地铁 3、4、5 号线项目，南方航空公司和广州港项目。

（5）房地产开发投资达两位数增长

一季度，我市房地产开发投资 85.08 亿元，同比增长 16.2%，占全社会固定资产投资比重的 32.5%，同比下降 5.9 个百分点。在房地产开发投资中，商品住宅完成投资 56.59 亿元，同比增长 9.1%，占房地产开发投资总额的比重同比下降 4.3 个百分点；办公楼投资 8.08 亿元，同比增长 99.5%；商业营业用房投资 10.03 亿元，同比增长 54.1%。

（6）商品房销售情况良好

一季度，全市商品房销售（签约）面积 188.28 万平方米，同比增长 5.6%；其中，现房

销售（签约）面积为 60.66 万平方米，同比增长 9.1%；期房销售（签约）面积为 127.62 万平方米，同比增长 4.0%；分别占商品房销售（签约）面积的 32.2% 和 67.8%。全市商品房销售合同金额 109.55 亿元，同比增长 18.2%，其中现房销售合同金额为 32.65 亿元，同比增长 25.1%；期房销售合同金额为 76.90 亿元，同比增长 15.5%。

思考 ① 根据以上分析报告，你认为第一季度×××市固定资产投资有什么特点？

② 该分析报告中用了哪些统计指标来说明×××市房地产开发投资和商品房销售的情况？

4.2.4 市场预测

案例分析 4.4　春花童装厂的市场预测

某市春花童装厂近几年沾尽了独生子女的光，其生产销售量连年稳定增长。谁料，该厂的李厂长这几天却在为产品推销、资金搁置大伤脑筋。原来，年初该厂设计了一批新产品童装，有男童的香槟衫、迎春衫，女童的飞燕衫、如意衫等。借鉴成人服装的镶、拼、滚、切等工艺，在色彩和样式上体现了儿童活泼、漂亮的特点。由于工艺比原来复杂，成本较高，所以这些衣服的价格比普通童装的价格高出 80% 以上，比如一件香槟衫的售价在 160 元左右。为了摸清这批新产品的市场吸引力如何，在春节前夕，该厂与百货商店联合举办了"新颖童装迎春展销会"，小批量投放市场十分成功，柜台边顾客拥挤，购买踊跃，一片赞誉声。许多商家主动上门订货。连续几天亲临柜台观察消费者反应的李厂长，看在眼里，喜在心上，不由想到：现在大部分家庭只有一个孩子，为了能把孩子打扮得漂漂亮亮，谁不舍得花些钱呢？只要货色好，看来价格高些没问题，于是，他决心趁热打铁，尽快进行批量生产，及时抢占市场。

为了确定计划生产量，以便安排以后的月份生产，李厂长根据去年以来的月销售统计数，运用加权移动平均法，计算出以后月份的预测数，考虑到这次展销会的热销场面，他根据生产能力，决定生产 70% 的新产品、30% 的旧产品。二月份的产品很快就被订购完了。然而，现在已是四月初了，三月份的产品还没有落实销路。询问了几家老客户，他们说出了其中的难处，原以为新童装十分好销，谁知二月份订购的那批货，卖了一个多月还未卖到三分之一，他们现在既没有能力也不愿意继续订购这类童装了。对市场上出现的需求变化，李厂长十分纳闷。他弄不明白，这些新产品都经过了试销，自己亲自参加了市场调查和预测，为什么会事与愿违呢？

思考 ① 你认为春花童装厂产品滞销的原因是什么？

② 为什么市场的实际发展状况会与李厂长市场调查与预测的结论大相径庭？

提示 该童装厂的产品销售从持续稳定增长到戛然而止，其主要原因是轻率地向市场推出了与正常需求不适应的"新产品"，并过快地让这些"新产品"取代原本畅销的老产品，造成了目前的被动局面。

产品的适销既要考虑到产品的功能、质量、款式等使用价值，又要考虑到产品价格的适销。

该厂的新童装虽然在款式上令人喜爱，但由于借鉴成人服装工艺，成本增加，定价太高，其价格超过了消费者愿意承担的范围。除了在特殊情况下的特殊需求（如节假日），还要考虑到儿童正处于长身体阶段，童装的实际使用时间有限，而且每户家庭一般只有一个子女，因此，多数顾客虽然喜欢新款式，但不愿意购买价格偏高的童装，这样就使该厂失去了最基本、最主要的市场。

虽然李厂长预先对新童装进行了市场调查与预测，但还是事与愿违。究其原因是运用市场调查与预测的方法不恰当。在运用市场调查与预测的方法时，李厂长忽视了市场环境的一致性，对春节前购销旺季的特殊销售状况和市场的正常销售状况不加区别，错误地估计自己的产品完全适应了市场需求，以为衣服的销售量将继续增长，而忘记了消费者的购买动机和购买行为会发生变化，从而给产品的销售带来巨大影响。同时，该厂在进行产品销售预测时，简单地套用了加权移动平均法，却没有看到市场预测的基本条件已经发生变化。由于加权平均法对各时期的销售量做了加权平均，会降低偶然性变化的影响程度，所以加权平均法主要适用于销售较稳定，基本上只受偶然性变化影响的销售状况。当销售状况受到必然性变化的影响时，就不能采用这种方法进行预测。该厂在春节前生产销售的是老产品，而春节以后，根据春节这个特殊时期的销售状况决定主要生产、销售新产品的状况，用老产品的统计资料预测新产品的销售量，并以此作为安排生产的依据，必然会得出错误的结论。

1. 市场预测概述

（1）市场预测的含义

市场预测是指依据市场调查所获得的数据资料，在进行统计分析，掌握已知事物规律性的基础上，运用科学的方法和手段，去分析和推断事物的未来发展趋势，以符合逻辑的定性或定量方式表现出来的活动。

市场预测是市场资料整理分析的进一步深化，其目的在于最大限度地减少不确定性对调查研究对象的影响，为科学决策提供依据。

市场预测的含义

（2）市场预测的特征

① 科学性。市场预测不是凭空的想象和主观的臆造，而是建立在大量的历史资料的基础上，通过严密的逻辑推断，找到事物发展的规律，进而做出预测。所以，市场预测具有很强的科学性。

② 近似性。市场预测是用来估计客观事物未来的发展方向的。由于客观事物的发展历程并不是历史的简单重复，它总是会受到社会发展过程中的不确定因素的影响，因此，事前所做的市场预测与实际结果之间会存在一定的误差，就是说市场预测得到的结果是一个近似值。

③ 服务性。服务性是指市场预测本身不是目的，它主要是为企业经营决策服务的，即为企业制定未来的战略目标和确定未来的发展方向提供科学依据。

④ 局限性。市场预测的准确度如何，除了受到外在的未来市场的不可知因素的影响，还在很大程度上受到预测者的人为因素的限制，这种人为的限制表现在两个方面：一是预测者在预测的过程中，受自身的学识、经验、分析能力及对预测对象的认知程度等方面的限制，使市场预测的准确度受到影响；二是预测者对预测对象的背景资料的了解程度不同，会给市场预测的准确度带来影响。因此，市场预测具有一定的局限性。

(3) 市场预测的原则

① 相关性原则。相关性原则是指任何事物都是与周围的各种事物相互制约、相互促进的；一个事物的发展变化，必然影响其他有关事物的发展变化。因此，从已知某一事物的变化规律，推演与之相关的其他事物的发展变化趋势，是合理的，也是可能的。在市场预测中，可以利用市场因素之间相互联系、相互依赖、相互影响的关系来判断事物的未来发展方向。事物间的这种相关关系，在具体事物之间常常表现为变化的因果关系和时间上的先导后致关系。例如，在预测生活消费品的市场需求量时，可以先预测消费者的收入水平、购买习惯、商品的价格、需求弹性等因素的变化，再预测生活消费品的市场需求量。回归分析法就是相关性原则的最好运用。

② 连贯性原则。一切客观事物都会沿着一定的轨迹运动，这种客观事物沿着某一特定轨迹运动的现象称为"惯性"。任何事物的发展在时间上都具有连续性，过去的行为不仅影响现在，还会影响未来。因此，可以从事物的历史和现状推演出事物的未来。从时间上看，市场作为客观经济事物，它的发展过程也遵循着连贯性原则，过去和现在的情况会影响市场未来的发展状况。因此，企业在进行市场预测时，必须从收集市场的历史资料和现实资料入手，然后推测出市场未来的发展变化趋势。时间序列预测法的应用就是基于这一原则。

③ 概率推断原则。人们不可能完全把握未来，但根据历史和经验，很多时候能大致预估一个事物发生的大致概率，根据这种可能性，采取对应措施。扑克、象棋游戏和企业博弈型决策都在不自觉地使用这个原则。有时可以通过抽样设计和调查等科学方法来确定某种情况发生的可能性。

④ 类推原则。许多事物之间在结构、模式、性质、发展趋势等方面存在相似之处。根据这种相似性，人们可以在已知某一事物的发展变化情况的基础上，通过类推的方法推演出相似事物未来可能的发展趋势。这种类推既适用于同类事物之间，又适用于不同类事物之间。常用的领先指标法、对比类推法就是基于此原则提出的。具体方式有：

a. 由小见大，从某个现象推知事物发展的大趋势。例如，现在有人开始购买私家车，您预见到了什么？运用这一思路，要防止以点代面，以偏概全。

b. 由表及里，从表面现象推出实质。例如，统一企业公司在昆山兴建，无锡中萃食品有限公司应意识到什么？"海利尔"洗衣粉到苏南做大促销，"加佳"洗衣粉意识到其可能是来抢市场的。

c. 由此及彼，引进国外先进的管理和技术，也可以由这一思路解释。即经济发达地区淘汰的东西在经济落后地区可能有市场。

d. 由过去、现在推以后，30年以前，谁敢想象自己家有空调、计算机、电话？那么，现在能不能想象30年后您会拥有自己的飞机呢？这种推理对商家是颇具启发的。

e. 由远及近，国外的产品、技术、管理模式、营销经验、方法，因为比较进步，所以代表先进的发展方向，这可能就是我们"明天要走的路"。

f. 自上而下，从全局细分，以便认识和推知某个局部。例如，想知道一个40万人口的城市女士自行车的市场容量，40万人口中有20万名女性，去掉12岁以下、50岁以上的女性，还有10万名女性，调查一下千人中女性骑自行车的概率（假设为60%），则可推测出市场容量可能为6万人。这对大致了解一个市场是很有帮助的。

（4）市场预测的内容

市场预测的内容相当广泛。一般来说，市场预测主要有以下内容：

① 市场需求预测。市场需求预测主要是对一定时期的特定区域内的某类市场或全部市场的需求走向、需求潜力、需求规模、需求水平、需求结构、需求变动等因素进行分析预测。市场需求预测既包括对现有市场需求潜量的估计，也包括对未来市场需求潜力的测定。通过对市场需求潜量的预测，企业就有可能掌握市场的发展动态，以便合理地组织自己的经营活动，比如确定目标市场、资源配置、战略研发等。

② 市场供给预测。市场供给预测是指对一定时期和一定范围的市场供应量、供应结构、供应变动因素等进行分析预测。

③ 市场环境预测。市场环境预测是在市场环境调研的基础上，运用因果性原理与定量分析相结合的方法，预测国际与国内的社会、经济、政治、法律、政策、文化、人口、科技、自然等环境因素的变化对特定的市场或企业的生产经营活动带来什么样的影响，并寻找适应环境的对策。市场环境预测应及时收集外部环境变化的信息，分析环境变化带来的威胁和机会，分析企业的优势与劣势，以便企业做出正确的营销决策。

④ 消费者购买行为预测。消费者购买行为预测是在消费者调查研究的基础上，对消费者的消费能力、消费水平、消费结构等进行预测分析，揭示不同消费群体的消费特点和需求差异，判断消费者的购买习惯、消费倾向、消费嗜好等的变化，研究消费者的购买地点、购买时机、购买决策过程、购买行为等及其变化，以便为市场潜力的测定、目标市场的选择、产品研发和营销策略的制定提供依据。

⑤ 产品市场预测。产品市场预测是利用市场调研资料，对产品的生产能力、生产成本、价格水平、市场占有率、市场覆盖率、技术趋势、竞争格局、产品要素、产品组合、品牌价值等进行分析预测，以便为企业产品进行市场前景分析及制定有效的营销策略提供依据。

案例分析 4.5　丰田汽车进入美国市场

在 20 世纪 60 年代以前，"日本制造"往往是"质量差的劣等货"的代名词，这期间首次进军美国市场的丰田汽车同样难逃美国人的冷眼。丰田汽车公司不得不卧薪尝胆，重新制定市场规划，投入大量人力和资金，有组织地收集市场信息，然后通过市场细分和对消费者行为的深入研究，去寻找打入美国汽车市场的机会。其具体策略有两个：一是钻对手的空子。要进入几乎是"通用""福特"独霸的美国汽车市场，对初出茅庐的丰田汽车公司来说，无疑是以卵击石。但通过调查，丰田汽车公司发现美国的汽车市场并不是铁板一块。随着经济的发展和国民生活水平的提高，美国人的消费观念、消费方式正在发生变化。在汽车的消费上，已经摆脱了那种把车作为身份象征的旧意识，而是逐渐把它视为一种交通工具；许多居住在郊外的富裕家庭开始考虑购买第二辆车作为辅助的交通工具；石油危机着实给千千万万个美国家庭上了一堂节能课，美国汽车的大马力并不能提高其本身的实用价值，再加上交通堵塞、停车困难，从而引发了对低价、节能车型的需求；而美国汽车业继续生产高能耗、宽车体的豪华大型车，无形中给一些潜在的对手制造了机会。二是找对手的缺点。丰田汽车公司定位于美国小型车市场，小型车市场也不是没有对手的赛场，德国的大众牌小型车在美国就很畅销。丰田汽车公司雇用美国的调查公司对大众牌汽车的用户进行了详细的调查，充分掌握了大众牌汽车的优点与缺点。除了车型满足消费者的需求，大众牌汽车高效、优质的服务网打消了美国人对外国车维修困难的疑虑，而暖气设备不好、后备箱空间小、内部装饰差是众多用户对大众车的抱怨。对手的"空子"就是自己的机会，对手的缺点就是自己的目标。于是，丰田汽车公司的市场定位是生产适合美国人需要的小型车，以国民化汽车为目标，吸收其长处而克服其缺点，如按"美国车"进行改良的"光冠"小型车，其性能比大众牌汽车的性能高两倍，车内装饰也高出一截，连美国人个子高、手臂长、需要的驾驶室大等因素都考虑进去了。

思考 丰田汽车进入美国汽车市场的切入点是什么？他们是怎么发现的？

⑥产品销售预测。产品销售预测是利用产品销售的历史数据和有关调研资料，对产品销售规模、销售结构、产销存平衡状态、销售变化趋势、销售季节变动规律、产品的市场占有率和覆盖率、客户分布、渠道变动、利润变动等做出预测分析和推测，以揭示影响销售变动的各种因素及销售中存在的问题，研究开拓市场，是企业制定价格、分销渠道、销售促进策略的重要依据。

2. 定性预测法

定性预测法是凭借个人的知识、经验和能力，利用现有的直观材料，根据规范的逻辑推理过程，对预测对象进行的主观估计和预测。

在实际工作中，由于影响市场发展的因素错综复杂，资料难以数量化，甚至根本不可能用数量指标表示。比如，一定时间内市场形势的发展变化情况，国家某项政策出台对消费倾向、市场前景的影响，我国加入世界贸易组织后对我国企业的影响等。这种情况下的预测，一般只能采用定性预测法。定性预测法要求在充分利用已知信息的基础上，发挥预测者的主观判断力。定性预测适合预测那些模糊的、无法计量的社会经济现象，并通常由预测者集体来进行。

集合意见法与对比类推预测法

（1）集合意见法

集合意见法是指企业内部经营管理人员、业务人员凭自己的经验判断，对市场未来需求趋势提出个人的预测意见，再集合大家的意见做出市场预测的方法。它是短期或近期的市场预测中常用的方法。企业经营管理人员和业务人员在日常工作中积累了丰富的经验，掌握了大量的实际资料，非常熟悉市场需求的变化情况，对自己和大家的意见进行充分调查并加以集中，可以对市场的未来情况做出预测。

主要操作步骤如下：

①预测组织者根据企业经营管理的要求，向参加预测的有关人员提出预测项目和预测期限的要求，并尽可能提供有关背景资料。

②预测有关人员根据预测要求及掌握的背景资料，凭个人经验和分析判断能力，提出各自的预测方案。在此过程中，预测人员应进行必要的定性分析和定量分析。

定性分析主要是分析历史上生产销售资料、目前市场状态、产品适销对路的情况，商品资源、流通渠道的情况及变化，消费心理变化，顾客流动态势等。

定量分析主要是确定未来市场需求的几种可能状态（如市场销路好或市场销路差的状态），估计各种可能状态出现的主观概率，以及每种可能状态下的具体销售值。

③ 预测组织者计算有关人员预测方案的方案期望值。方案期望值等于各种可能状态主观概率与状态值乘积之和。

④ 将参与预测的有关人员分类，如厂长（经理）类、管理职能科室类、业务人员类等，计算各类综合期望值。综合方法一般是采用平均数、加权平均数或中位数统计法。

⑤ 确定最后的预测值。预测组织者将各类人员的综合期望值通过加权平均法等计算出最后的预测值。

案例分析4.6　某机械制造企业对产品销售额的预测

某机械制造企业为了预测明年的产品销售额，运用集合意见法进行预测。预测由总经理主持，选择内部6人参与预测，分别是销售副总、生产副总、销售部经理、市场部经理和两名销售员。

预测的具体步骤如下：

第一步：厂长提出预测目标，布置预测任务。

第二步：6名预测者根据预测要求分别提出各自的预测方案，如表4.22所示。在表格中，未来的市场销售前景有3种可能性：销售好、销售一般、销售差，每一种可能性发生的机会，称为概率。例如，销售好的概率为0.3，即指"销售好"发生的可能性有30%。销售好、销售一般、销售差3种可能性的概率之和等于1。

表4.22　集合意见法预测方案

预测员	销售好		销售一般		销售差		期望值（万元）	权重
	销售量（万元）	概率	销售量（万元）	概率	销售量（万元）	概率		
销售副总	170	0.3	130	0.5	100	0.2	136	1.5
生产副总	150	0.4	120	0.4	100	0.2	128	1.2
销售部经理	170	0.3	150	0.4	130	0.3	150	1.3
市场部经理	150	0.4	130	0.3	110	0.3	132	1.0
销售员1	160	0.3	140	0.4	100	0.3	134	0.9
销售员2	170	0.3	150	0.5	110	0.2	148	0.9

第三步：计算各预测人员的预测方案的期望值。预测方案的期望值等于各种可能状态的销售值与对应的概率乘积之和。如销售副总的方案期望值为：

$170 \times 0.3 + 130 \times 0.5 + 100 \times 0.2 = 136$（万元）

第四步：给每个预测人员的结果一定的权重，计算各预测人员的综合期望值，并确定最终预测值。

对于表中的权重，不同人员对于企业和所预测事项的了解程度不同，其预测意见的影响力也不同，期望值的可信度就有差别，所以需要给予不同的权重。具体数字由预测主持人主观确定。如销售副总比生产副总肯定更加了解销售情况，所以销售副总的权重为1.5，而生产副总的权重只有1.2。

综合期望值为各预测人员的加权平均数：

（$136 \times 1.5 + 128 \times 1.2 + 150 \times 1.3 + 132 \times 1.0 + 134 \times 0.9 + 148 \times 0.9$）÷

（1.5+1.2+1.3+1.0+0.9+0.9）=138（万元）

所以，最终预测值为 138 万元。

（2）专家会议法

专家会议法是指邀请有关方面的专家，通过会议的形式，对市场未来需求趋势或企业某个产品的发展前景做出判断，并在专家们分析判断的基础上综合专家们的意见，进行市场分析预测的方法。

① 选择专家。专家会议法预测能否取得成功，在很大程度上取决于专家的选择。专家选择应依据以下几点要求：

a. 专家要有丰富的经验和广博的知识。专家一般应具有较高学历，有丰富的与预测主题相关的工作经验，思维判断能力敏锐，语言表达能力较强。

b. 专家要有代表性。要有各个方面的专家，如市场营销专家、管理专家、财务专家、生产技术专家等，不能局限于一个部门。

c. 专家要有一定的市场调查和市场预测方面的知识与经验。

② 召集专家会议。

a. 做好会议的准备工作。包括确定会议的主题、确定合适的主持人、选好会议的场所和时间、确定会议的次数、准备会议的记录分析工具。

确定合适的主持人对于会议成功与否起着非常重要的作用，要求主持人具有丰富的调查经验，掌握与讨论内容相关的知识，并能左右或引导会议的进程和方向。

b. 邀请专家参加会议。邀请出席会议的专家人数不宜太多，一般 8～12 人最好，要尽量包括各个方面的专家，要独立思考，不被某个权威意见所左右。

c. 控制好会议的进程，会议主持人提出预测题目，要求大家充分发表意见，提出各种各样的方案。主持人不要谈自己的设想、看法或方案，以免影响与会专家的思路。对专家提出的各种方案和意见，不应持否定态度，均应表示肯定和欢迎。

在这一步中，需要强调的是，会议上不要批评别人的方案，要打开思路，畅所欲言，方案多多益善，气氛民主、热烈。同时，要做好会议的记录工作。可以由主持人边提问边记录，也可以由助手进行记录，还可以通过录音、录像的方法记录。

d. 在会议结束后，主持人再对各种方案进行比较、评价、归类，最后确定预测方案。

另外，为了使专家会议法更有成效，会前应进行一定的调查研究，提供相关的资料，如市场动态资料、不同厂家所生产的同类产品的质量、性能、成本、价格对比资料，以及同类产品的历史销售资料等。同时，会前还需要做一些组织准备工作。组织准备工作包括如何选择专家、如何让专家充分发表意见等。在专家会议上，会议主持人应让与会者畅所欲言，各抒己见，自由讨论；召集会议的预测者不发表可能影响会议的倾向性观点，只是广泛听取意见。在充分讨论的基础上，综合各专家的意见，形成有关市场未来变化发展趋势或某一产品未来需求前景的预测结果。

③ 选择专家会议的形式。专家会议法根据会议的程序和专家交换意见的要求分为以下 3 种具体的形式。

a. 非交锋式会议。非交锋式会议是指会议不带任何限制条件，鼓励与会专家独立、任意地发表意见,没有批评或评论,以激发灵感,产生创造性思维的一种集体评估的方法。这种形式的会议有利于相互启发、借鉴和补充,不许提反驳意见的原则可使气氛更加自由、融洽、热烈,不足之处是专家们的意见容易受到权威专家的影响。

b. 交锋式会议。在交锋式会议中,与会专家可以围绕预测的问题各抒己见,直接争论,经过会议达成共识,得出一个较为一致的预测结论。

c. 混合式会议。混合式会议又称质疑头脑风暴法,是交锋式会议与非交锋式会议的混合使用。即第一阶段实施头脑风暴法;第二阶段对前一阶段提出的各种想法、意见进行质疑,在质疑中争论、批评,也可以提出新的设想,不断地交换意见,互相启发,最后取得一致的预测结果。

④ 专家会议法的优点和缺点。

优点:将一些专家集合成一个小组,由主持人对他们同时进行访谈,这会比个人访谈产生更多、更全面的信息和观点;与会专家能自由发表意见,各种观点能互相启发、借鉴,有利于集思广益,有利于预测意见得到修改、补充和完善。同时,专家会议法节省时间,节省费用,应用灵活方便。

缺点:会议上与会专家的意见易被个别权威专家的意见所左右;由于与会专家的个性和心理状态,与会专家有时不愿发表与众不同的意见,或者出于自尊心不愿当场修改已发表过的意见。因此,会议最后的综合意见可能并不完全反映与会专家的全部正确意见。但是,在难以进行量的分析的情况下,专家会议法仍不失为一种很有价值的预测方法。

案例分析 4.7　盖莫里公司的成功

盖莫里公司是法国一家拥有 300 人的中小型私人电器生产企业,有许多厂家和它竞争市场。该企业的销售负责人在冲破了来自公司内部的层层阻挠后,把一个小组(约 10 人)安排到一家农村小旅馆里,在以后的 3 天中,每人都采取措施避免外部的电话或其他干扰。

第一天,全部人员进行训练,通过各种训练,组内人员开始相互认识,他们相互之间的关系逐渐融洽,开始有人感到惊讶,但很快他们都进入了角色。第二天开始训练创造力。他们要解决的问题有两个:一是发明一种带有新功能的电器;二是为这种新产品命名。在两个问题的解决过程中都用到了专家会议法。在为新产品命名这一问题的解决过程中,经过两个多小时的热烈讨论后,10 名小组成员共为这种新电器取了 300 多个名字,主管暂时将这些名字保存起来。第三天,主管便让大家根据记忆默写出昨天大家提出的名字。在 300 多个名字中,大家记住了 20 多个,然后主管又在这 20 多个名字中筛选出 3 个大家认为比较可行的名字,再用这些名字征求顾客的意见,最终确定了一个名字。

结果,新产品一上市,便因为其新颖的功能和朗朗上口、让人回味的名字,受到了顾客的热烈欢迎,该公司迅速占领了大部分市场,在竞争中击败了对手。

思考 盖莫里公司取得成功的主要原因是什么?

提示 从上面的案例中可以看出,盖莫里公司的成功主要是因为其产品新颖的功能和朗朗上口、让人回味的名字,而这一切都归功于该企业的销售负责人采取的专家会议法。

(3) 德尔菲法

① 德尔菲法的含义。

德尔菲法又称专家函询意见法，它是在专家个人判断法和专家会议法的基础上发展起来的一种专家调查法，被广泛应用在众多领域。它是以匿名函询的方式，轮番征求专家对某一预测问题的意见，然后进行综合、整理、分析，得出预测结果的一种定性预测方法。

这种方法是美国兰德公司于1964年首创的，之所以被称为德尔菲法，是因为德尔菲是古希腊的一座城市，德尔菲因有一座阿波罗神殿而出名，相传阿波罗可以预测未来，因而借用其名。

② 德尔菲法的操作步骤。

a. 成立预测领导小组。预测工作庞大而复杂，为了保证预测工作的顺利进行，有必要成立一个预测领导小组，它是整个预测工作的组织者和主持者，主要负责预测目标的确定、专家的选择、专家意见征询表的设计和整理、向专家提供有关的背景资料、汇总分析函询结果、得出预测值。它贯穿于整个预测活动，是预测工作的核心。

b. 选择专家。在明确预测的范围和种类后，依据预测问题的性质选择专家，这是德尔菲法进行预测的关键步骤。在选择专家的过程中要注意3个问题：一是选择的专家要具有代表性；二是要选择既精通业务又熟悉市场情况，且具有预见性和分析能力的专家；三是专家人数的多少要视预测主题的大小而定，一般以15～20人为宜。

c. 设计调查表。调查表的质量直接影响调查预测的结果。调查表没有统一的格式，但基本要求是：所提问题应明确，回答方式应简单，便于调查结果的汇总和整理。

d. 组织调查实施，征询专家意见。这个环节是专家函询意见法的重要步骤，将事先设计好的征询表邮寄给专家，通过反复征询专家意见，得到最终结果，具体操作步骤如下：

第一轮将预测主体、相应预测时间表格及有关预测项目的背景材料发给专家，给专家较大的空间自由发挥，独立完成分析、判断、预测工作，并在组织者规定的时间内将征询表寄回。

第二轮将经过统计和修正的第一轮调查结果表发给专家，让专家对较为集中的预测事件进行评价、判断，请他们根据所寄材料做出第二次预测，并在规定的时间内将意见征询表寄回，经预测工作组整理统计后，形成初步预测意见。如有必要，可再依据第二轮的预测结果制定调查表，进行第三轮或第四轮预测，直至专家的意见逐步趋向于一致为止。

e. 汇总处理调查结果。这是专家函询预测工作的最后一步，预测组织者根据前面几轮的专家意见，将调查结果汇总，进行进一步的统计分析和数据处理。一般可以计算专家估计值的平均值、中位数、众数等作为最终的预测值。

③ 德尔菲法的优点和缺点。

优点：

a. 可以加快预测速度、节约预测费用。

b. 可以获得各种不同但有价值的观点和意见。

c. 适用于长期预测和对新产品的预测，在历史资料不足或不可测因素较多时尤为适用。

缺点：

a. 对于分地区的顾客群或产品的预测来说，可能不可靠。

b. 责任比较分散。

c. 专家的意见有时可能不完整或不切合实际。

④ 德尔菲法的适合情况。

德尔菲法适合在以中情况下发挥作用：

a. 缺乏足够的资料。企业在市场预测中，由于没有历史资料或历史资料不完备，难以进行量化分析，这时可以采用德尔菲法。

b. 做长远规划或大趋势预测。长远规划和大趋势因为时间久远，不可控制的变量太多，进行具体的量化非常困难，也不准确，这时采用德尔菲法是一个不错的选择。

c. 影响预测时间的因素太多。预测事件的变化总是会受到很多大大小小的因素影响，在某事物受到的影响因素过多时，就比较适合采用德尔菲法。

d. 在主观因素对预测时间影响比较大，预测事件的变化主要不是受技术、收入等客观因素的影响，而是受政策、法规等主观因素影响时，宜采用德尔菲法。

（4）对比类推法

许多事物的变化发展规律都有某种相似性，尤其是同类事物之间。对比类推法是根据类推性原理，把预测对象同其他类似事物进行对比分析，从而估计预测对象未来发展变化趋势的一种预测方法。对比类推法适用范围广，方法简便，论证性强。依据类比目标的不同，对比类推法可以分为产品类推法、地区类推法、行业类推法和局部总体类推法。

产品类推法。产品类推法是根据产品在功能、结构、原材料、规格等方面具有的相似性，推测产品市场的发展可能出现某种相似性的一种方法。例如，可以根据我国家用电冰箱的市场发展规律大致地推断家用空调的发展趋势。与性质相近的产品的类比，特别适合新产品开发方面的预测，比如可以根据消费者在口味和香型方面的需求，类比推断某产品香型制品的发展趋势。

② 地区类推法。地区类推法是依据其他国家（或地区）曾经发生过的事件进行类比推断的一种方法。同一产品在不同国家或地区有领先或落后的发展状况，可以根据某一地区的市场状况类推另一地区的市场状况，比如把预测对象与另一地区同类产品发展变化的过程或趋势相比较，找出类似的变化规律，用来推断预测对象未来的发展趋势。

案例演示 4.19

某市下辖 A_1、A_2、A_3、A_4 4 个区，各区人口及去年某产品销量如表 4.23 所示，经过对 A_1 区某产品消费者的抽样调查，预测今年 A_1 区的人均产品需求为 7.8 条/人，假设今年人口数不变，各区保持和去年同样的销售比例，请运用对比类推法，根据 A_1 区的情况预测各区今年的某产品销售量。

表 4.23　某市去年 4 个区某产品销售量

项　目	A_1 区	A_2 区	A_3 区	A_4 区
实际销售量（万条）	150	180	155	240
人口（万人）	20	25	20	30

分析

1. 确定预测目标。确定预测目标就是确定预测对象、预测目的和要求。这里的预测目

标是根据 A_1 区今年的产品需求（7.8 条/人），预测今年其他各区的产品销售量。

2．因为 4 个区同属一市，可以认为 4 个区的某产品需求变化具有相同趋势。可采用地区类推法，将 A_1 区今年某产品需求（7.8 条/人）作为类推基准，预测其他区今年的产品需求，进而预测各区今年的产品销售量。

3．具体类推计算如下。

（1）计算去年各区人均产品需求。

A_1 区去年人均产品需求：150÷20=7.5（条/人）

A_2 区去年人均产品需求：180÷25=7.2（条/人）

A_3 区去年人均产品需求：155÷20≈7.8（条/人）

A_4 区去年人均产品需求：240÷30=8.0（条/人）

不妨把 A_1 区的去年人均产品需求视为 1，则其余各区相对于 A_1 区的去年人均产品需求相对值为：

A_2 区相对值 =7.2÷7.5=0.96

A_3 区相对值 =7.8÷7.5=1.04

A_4 区相对值 =8.0÷7.5≈1.07

（2）类推计算今年各区人均某产品需求。

已知 A_1 区今年人均某产品需求为 7.8 条/人，以此为类推基准，且其余各区相对值保持不变，则其余各区今年人均产品需求可类推得到：

A_2 区今年人均产品需求：0.96×7.8=7.488（条/人）

A_3 区今年人均产品需求：1.04×7.8=8.112（条/人）

A_4 区今年人均产品需求：1.07×7.8=8.346（条/人）

（3）计算各区今年某产品销售量预测值。

A_1 区：20×7.8=156（万条）

A_2 区：25×7.488=187.2（万条）

A_3 区：20×8.112=162.24（万条）

A_4 区：30×8.346=250.38（万条）

③ 行业类推法。行业类推法是根据领先的行业市场状况类推滞后的行业市场状况的一种方法，多用于新产品开发预测，以相近行业的类似产品的发展变化情况来推断新产品的发展方向和变化趋势。

④ 局部总体类推法。局部总体类推法是以局部推断总体的一种方法。一般在应用上可以用某一家企业的普查资料或某一个地区的抽样调查资料为基础，进行分析判断、预测和类推某一行业或整个市场的发展变化趋势。

案例演示 4.20

A 市某产品销售公司所辖地区有 650 万人，为了预测明年全市产品销售量，公司的经济运行处选择辖区综合消费、经济发展处于全地区中等水平的 B 县进行调查统计。经调查，B 县人口有 100 万人，预测明年全县销售某产品 750 万条，请用对比类推法中的局部总体类推法，根据 B 县情况预测 A 市明年的某产品销售量。

分析

1．确定预测目标。这里的预测目标是 A 市明年的某产品销售量。

2．收集整理资料，进行分析判断。根据调查，下辖的 B 县的综合消费、经济发展处于全地区中等水平，有 100 万人，预测明年全县销售某产品 750 万条，从而求得：

B 县明年人均消费量预测值 = 销售量 ÷ 人口数 = 750 ÷ 100 = 7.5（条 / 人）。

3．运用局部总体类推法，以明年 B 县人均某产品消费量作为 A 市明年人均年某产品销售水平，即明年 A 市人均产品消费量为 7.5 条，则可以预测 A 市明年的某产品销售量：

A 市人均年产品销售量 × 人口数 = 7.5 × 650 = 4875（万条）

（5）领先指标预测法

① 领先指标预测法的概念。

社会上的许多事物都可以被当作随时间流逝而不断发展的变量。比较各种变量变化的曲线图形，常常会发现某些变量的图形存在着明显的相似性，即某些曲线的起伏变化间距与另一些曲线的起伏变化间距几乎是相同的。就是说某一曲线经过一段时间由波峰（或波谷）发展到波谷（或波峰），而另一条曲线也以相同的时间从波峰（或波谷）发展到波谷（或波峰）。根据这种情况，人们可以把发生在前的事物作为参照物，从而推测后发生的相似事物的发展变化趋势。领先指标预测法就是在这种理论基础上形成的。

领先指标预测法，是指根据各种相互关联的经济现象或经济指标在时间序列上变化的先后顺序，以先行变化的经济现象或经济指标的发展趋势，来推断另一后继变化的经济现象或经济指标的大致走向并做出预测结果的一种方法。领先指标预测法不仅可以预测经济的发展趋势，而且可以预测其转折点。这些相互关联的经济指标，按其在时间序列上变化的先后顺序可以分为领先指标、同步指标、滞后指标。领先指标是一系列相互关联的经济指标中首先发生转折性变化的那些指标。这类指标是进行市场预测的主要依据。

例如，管道供应公司发现，它的销售额变化总是在房屋开工指数变化大约 4 个月之后发生。于是，房屋开工指数就成为管道供应公司预测其市场需求的一个非常有用的领先指标。

同步指标是一系列相互联系的指标中同时发生转折性变化的那些指标。例如，基本建设中钢材、水泥和木材三大材料的需求量是同步指标，各需求量之间有较为固定的比例关系。如果其中某种材料的生产或供应能力有限，则另外两种材料的需求也将受到限制。

滞后指标是一系列相互联系的指标中最后发生转折性变化的指标。例如，某企业的兴旺发达总是滞后于大量订货、工人加班加点、大量雇用工人的过程之后。

② 应用领先指标预测法的条件。

在领先指标预测法中，不是根据某一个经济指标来进行预测，而是根据某些经济指标的领先、滞后关系来进行预测的。从已知的相关领先指标来推断所要预测的滞后指标；或者按相反的方向，从已知的滞后指标来推断所需预测的领先指标。所以，确认指标之间的伴随关系到预测时是否仍然存在，领先时间有什么变化，是应用领先指标预测法进行预测的必要条件，也是减小预测风险的要求。

③ 领先指标预测法的预测步骤。

a. 根据预测的目的和要求，分析预测目标与其他经济指标之间的关系，确定领先指标、同步指标、滞后指标，并找出它们之间的变化规律。

b. 计算领先时间。

画出领先指标、同步指标和滞后指标的时间序列图形，如图 4.52 所示，并确定 3 种指标的转折点（最高点和最低点），然后计算出领先时间。

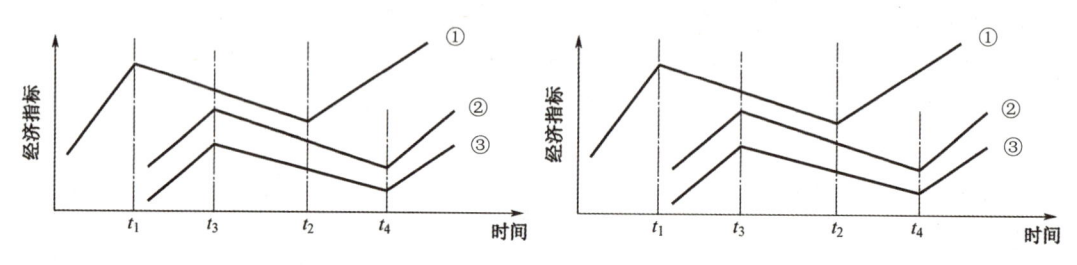

图 4.52　领先指标、同步指标、滞后指标关系图

在图 4.52 中，曲线①是曲线②、曲线③的领先指标，曲线②和曲线③是同步指标，曲线②、曲线③是曲线①的滞后指标，t_1 为领先指标出现最高点的时间，t_2 为领先指标出现最低点的时间，t_3 为同步指标出现最高点的时间，t_4 为同步指标出现最低点的时间，t_3 与 t_1 的时间差 $t_3 - t_1 = T$，T 为领先时间。

c. 进行预测。对于预测对象的预测，如果只进行定性方面的预测，则可以根据领先指标的发展变化趋势进行预测。

例如，若在 t_2 时刻领先指标曲线①出现最低点，则滞后指标曲线②将在 $t_4 = t_2 - T$ 时出现最低点。

如果需要进行比较确切的数量上的预测，则需要对领先指标与预测对象之间的数据关系做进一步确定，考察它们之间的关系是否密切，是否存在函数关系。如果领先指标与预测对象之间关系密切而且存在函数关系，则可以进行定量预测。

案例演示 4.21

某市人均年收入为 Xt，人均年生活资料消费额为 Yt，两者具有一定的函数关系，按时间序列排列的信息资料如表 4.24 所示，当 2020 年该市人均年收入达到 30000 元时，要求用领先指标预测法预测该市 2021 年人均年生活资料消费额。

表 4.24　人均年收入与人均年生活资料消费额汇总表

年　份	2015	2016	2017	2018	2019	2020
人均年收入 Xt（元）	22000	25500	24000	28000	26500	30000
人均年生活资料消费额 Yt（元）	3600	3450	4100	3900	4500	4200

预测 2021 年人均年生活资料消费额的步骤如下：

① 确定关系。通过画图（见图 4.53 和图 4.54）分析 Xt 和 Yt 之间 6 年来的时间序列是否存在一定的关系。可以看出，该市人均年收入 Xt 与人均年生活资料消费额 Yt 在整体上变化

的趋势比较一致。在 2015 年的时候，人均年收入处于最低点的位置，而人均年生活资料消费额在 2016 年时才达到最低点的位置。在以后的几年中，人均年生活资料消费额所表现出来的变化总是慢于人均年收入水平的变化，在时间上表现为延迟一年。

② 确定领先指标与预测对象之间的比率关系系数。本例采用简单的定性方法来确定两者之间的函数关系，因为领先指标领先的时间为一年，所以，我们可以通过计算人均年收入与人均年生活资料消费额之间的环比指数 k_t 来确定两者之间的比率关系系数。一般公式为：

$$k_t = \frac{Y_T + t}{X_T}$$（公式中 $t=1$，为领先时间间隔；T 为 X_T 的领先时间）

可求得 $k_{2015}=Y_{2015+1} \div X_{2015}=3450 \div 22000=0.1568$，以此类推，可以得出：
$k_{2016}=0.1608$，$k_{2017}=0.1625$，$k_{2018}=0.1607$，$k_{2019}=0.1585$，则：

$$\bar{k}_1 = (0.1568+0.1608+0.1625+0.1607+0.1585) \div 5 = 0.1599$$

说明该市居民平均每 100 元的收入中就有 16 元用于生活资料的消费。

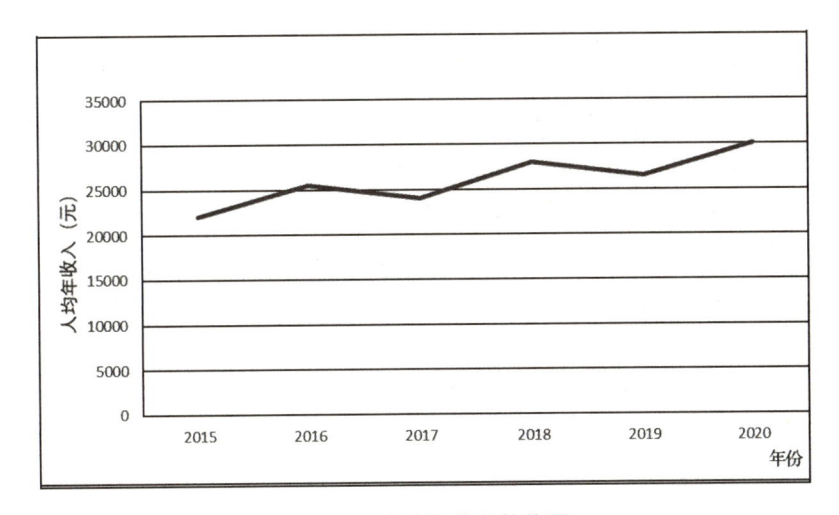

图 4.53 人均年收入趋势图

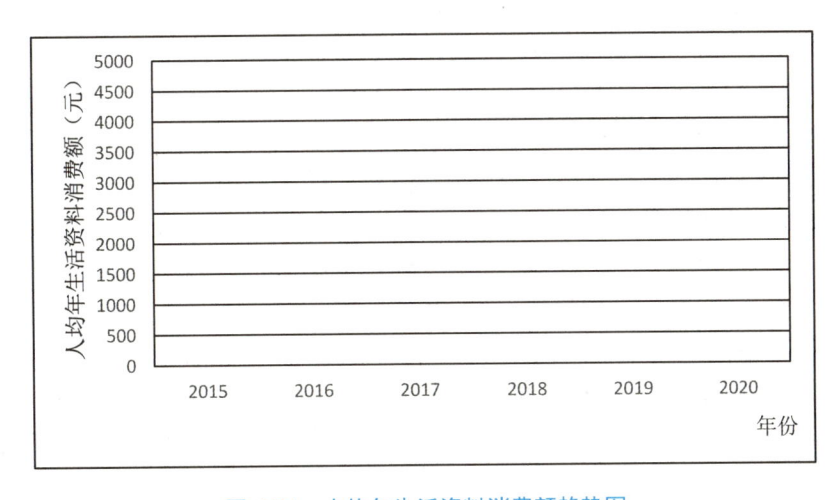

图 4.54 人均年生活资料消费额趋势图

③ 进行预测。在 2020 年人均年收入 30000 元的情况下，2021 年的人均年生活资料消费额为：

$$\hat{Y}_{2021} = X_{2020} k_t = 30000 \times 0.1599 = 4797（元）$$

上例利用领先指标预测法，是建立在领先指标和滞后指标之间变化趋势相似，在发展的过程中没有大幅度的、无规律的变动及两者处在成正比例关系的基础上，然后用环比指数进行预测的。其实，在变化莫测的市场中，并不是每一组领先指标和滞后指标的关系都表现为上述情况，所以，我们要区别对待。

④ 领先指标预测法的局限性。一般来说，用领先指标预测法进行预测有以下三方面的局限性。

a. 可预测行情的转折点，但至多只能指示未来变动方向，对变化幅度难以揭示。

b. 只是时态上的领先，只能成为行情上升或下降的先兆，并不一定就是经济周期变动的信号，还有许多非周期性变化。

c. 个别领先指标波动频繁，甚至会发生偏离，使观察分析产生困难；另外，用何种方法编制指数，存在的主观分析具有任意性。

所以，在用领先指标预测法进行市场预测时，要注意以下问题：必须对预测对象与有关事物之间的关系进行确定的分析和判断；在做出了预测后，应该不断地对预测对象及其领先指标给予注意，因为很多事情的变化是意想不到的，发生各种变化的机会很多，例如，科学技术的发展可能会使原来相关的经济事物变为不相关的经济事物，原来的函数关系也会相应改变甚至不存在等，不能认为已经用领先指标预测法进行了预测就没有问题了；应该密切注意和发现新的领先指标，以便进行预测结果的印证；应该用其他预测方法对预测结果进行验证等。

3. 定量预测法

定量预测法是依据大量的数据资料，运用统计分析和数学方法描述预测对象与影响因素之间的关系和规律，建立预测模型，计算出结果作为预测值的方法。

定量预测方法有两个明显的特点：一是依靠实际观察数据，重视数据的作用和定量分析；二是建立数学模型作为定量预测的工具。定量预测法的优点是重视数据和数学模型的作用，预测结果受主观因素的影响较小；在一定条件下能对预测对象的未来发展程度及各种影响因素之间的关系做出定量推断，并计算出预测误差和置信区间，有利于保证预测的客观性和科学性。不足之处在于市场现象中的一些不可量化的影响因素，如社会文化、政治、法律等因素尚不能用数学模型表达出来；另外，定量预测法对数据资料的要求较高，如果资料少或情况发生突变，定量预测法就难以有效进行。

（1）时间序列预测法

通常情况下，事物的发展变化呈现出一定趋势，这种趋势还可能进一步延续。在调查中，根据调查对象的时间序列数据，通过分析或建立数学模型，并进行延伸，就可以预测到市场未来的发展趋势。

① 简单平均法。简单平均法是将一定观察期内预测目标值的算术平均数作为下一期预测

值的一种简便预测方法,具体又分为简单算术平均法、加权算术平均法。

案例演示 4.22

某电动自行车厂 2021 年 1～12 月电动自行车销售量如图 4.55 所示。利用简单算术平均法,预测 2022 年 1 月电动自行车的销售量(分别按全年、下半年、第四季度 3 种情况预测)。

	A	B	C	D	E	F	G	H	I	J	K	L	M
1	月　份	1	2	3	4	5	6	7	8	9	10	11	12
2	销售量(万辆)	70	60	55	49	80	82	74	68	56	48	45	50
3													
4	全年销售量平均值	61.4											
5	下半年销售量平均值	56.8											
6	第四季度销售量平均值	49.8											

图 4.55　某厂电动车销售量预测结果

我们可以利用 Excel 的 AVERAGE(平均数)函数来分别求全年、下半年、第四季度的平均销售量(方法前面已介绍),结果如图 4.55 所示。即预测结果如下:

根据 2021 年全年的销售量进行预测,2022 年 1 月电动自行车的销售量为 61.4 万辆。

根据 2021 年下半年的销售量进行预测,2022 年 1 月电动自行车的销售量为 56.8 万辆。

根据 2021 年第四季度的销售量进行预测,2022 年 1 月电动自行车的销售量为 49.8 万辆。

由此可以看出,由于观察期长短不同,得到的预测值也不同。故观察期长短的选择对预测结果很重要。一般当数据的变化倾向较小时,观察期可以短些;当时间序列的变化倾向较大时,观察期应长些,这样预测值相对精确些。

简单平均法使用简便,花费较少,适用于短期预测或对预测结果的精度要求不高的情况。

② 移动平均法。移动平均法是指在观察预测对象的历史数据条件下,由远而近采用逐项递移方法计算一系列平均数,把每期平均数作为下一期预测值的方法。这种方法按一定跨越期逐一求得平均值,随观察值向后推移,平均值也向后移动,形成一个由平均值组成的新的时间序列,对新时间序列中的平均值加以调整,可作为观察期内的估计值,最后一个平均值是预测值计算的依据。采用移动平均法进行市场预测,其目的在于消除历史数据中的随机波动干扰。

移动平均法预测的准确程度,取决于移动跨越期的长短。预测者确定跨越期长短要根据两个方面:一方面,要根据时间序列本身的特点;另一方面,根据研究问题的需要。若时间序列观察值的波动主要是由随机因素引起的,是为了反映预测事物的长期变动趋势,跨越期可以适当长些;若时间序列观察值的波动主要不是由随机因素引起的,而是现象本身的变化规律,是为了灵敏地反映历史数据的变动趋势,跨越期可以适当短些。计算公式如下:

$$\overline{X}_t = \frac{X_{t-1} + X_{t-2} + \cdots + X_{t-n}}{n}$$

$\overline{X}_t$ 为预测值;X_{t-n} 为各期实际数;t 为资料的时间数(年、季、月);n 为移动平均的跨越期。

案例演示 4.23

某公司 2011—2021 年的销售额如表 4.25 所示。试用移动平均法预测 2022 年和 2023 年的销售额。

表 4.25 某公司 2011—2021 年销售资料

年份	销售额（万元）	n=5 的移动平均值		
		平均值	趋势变动值	平均趋势变动值
2011	80			
2012	82			
2013	75	82.2		
2014	83	83.2	1	
2015	91	86.2	3	
2016	85	88.2	2	1.24
2017	97	89	0.8	1.24
2018	85	88.4	−0.6	
2019	87	89.4	1	
2020	88			
2021	90			

具体预测步骤如下：

（1）选择跨越期 n。跨越期的多少，直接关系到对原时间序列资料的修匀程度，如果跨越期越长，则修匀程度越大，即曲线越平滑；而期数越少，预测值对数据波动的反应越灵敏，有利于反映实际数据的波动情况。如果时间序列资料按年编制，跨越期可适当短一些，如果按季、月、周编制，则跨越期可相对长一些。

（2）计算跨越期 $n=5$ 时的一次移动平均值，计算结果如表 4.25 所示。

（3）计算趋势变动值。2014 年的趋势变动值以 2013 年为基准，即 83.2−82.2=1，依次类推，计算结果见表 4.25。趋势变动值，是求得预测值的依据之一。在使用趋势变动值时，应根据不同情况分别进行考虑。当每年的趋势变动值比较平稳，即各年之间差别不大时，可以采用最后一年的趋势变动值作为趋势变动平均值；当各年之间趋势变动值差别较大时，则可以将趋势变动值用移动平均法求一次移动平均值，并以最后一个移动平均值作为趋势变动值。

（4）计算预测值。预测值＝最后一项移动平均值＋最后一次移动平均值距离预测期的间隔数 × 趋势变动值。

本例题中跨越期 $n=5$ 时，最后一项的移动平均值为 89.4，最后一项移动平均值距离预测期 2022 年的间隔数为 3，距离预测期 2023 年的间隔数为 4。由于跨越期 $n=5$ 的趋势变动值的变动幅度较大，所以采用平均趋势变动值进行预测，结果如下：

2022 年的预测值为 89.4+3×1.24 = 93.12（万元）。

2023 年的预测值为 89.4+4×1.24 = 94.36（万元）。

从以上内容可以看出，一次移动平均法可以消除因偶然因素引起的不规则变动，同时又保留了原时间序列的波动规律。而不是像简单平均法那样，仅用若干个观察值的一个平均数作为预测值。

(2) 回归分析法

回归分析法既是一种常用的数据统计分析方法，又是一种具体的、行之有效的、实用价值很高的市场预测方法。它主要是通过对预测对象和影响因素的统计整理与分析，找出它们之间的变化规律，将变化规律用数学模型表示出来，并利用数学模型进行分析、预测的一种方法。因此，建立变量之间有效的回归方程，是回归分析预测法的重要工作，主要对市场现象未来发展状况和水平进行预测，如果能将影响市场预测对象的主要因素找到，并能取得其数据资料，就可以采用回归分析预测法进行分析与预测。其具体步骤如下：

① 确定预测目标和影响因素。通常情况下，市场预测的目标必定是因变量，研究者可根据具体研究的目的来确定。

例如，以预计未来 5 年小家电需求为目的的市场预测，它的因变量就是未来 5 年小家电的需求量。而对于影响和制约预测目标的自变量的确定则比较困难。

确定自变量，预测者既要对历史资料和现实调查资料进行分析，又要根据自己的理论水平、专业知识和实践经验进行科学性分析，必要时还可以运用假设方程，先假设再检验，以确定主要的影响因素。

② 进行相关分析。相关分析是研究一个变量与另一个变量之间相关方向与密切程度的一种统计方法。这一过程主要包括以下两个方面：

一方面，确定变量间有无相关关系（这是相关分析的前提，也是回归分析的前提），以及其相关的方向如何。

按照相关关系的方向，可以把相关关系分为正相关和负相关。正相关是指当自变量 x 数值增加（或减少）时，因变量 y 的数值也将随之相应地增加（或减少），即现象之间的数量变动方向一致，例如，家庭收入与支出的关系。负相关是指当自变量 x 的数值增加（或减少），因变量 y 的数值随之减少（或增加），即现象之间数量变动的方向相反，例如，企业的生产量与单位生产成本的关系。

另一方面，确定相关关系的密切程度，这是相关分析的主要目的和主要内容。按照相关关系的密切程度，可以把相关关系分为完全相关关系、不完全相关关系和不相关关系。完全相关关系又称为函数关系，是指自变量与因变量之间在数量变化上具有一一对应关系，当自变量改变一定量时，因变量的改变量是一个确定的量。如在销售价格一定的条件下，一定的销售量必然实现一定的销售额，两者在数量上具有一一对应关系。不相关关系是指若干变量之间没有任何关系，各自独立，互不影响。如学生家庭的地理位置与学生的学习成绩之间没有什么关系，这两个量就不相关。不完全相关关系是指若变量之间的关系介于完全相关与不相关之间。不完全相关根据现象之间联系的密切程度又可分为高度相关、中度相关、低度相关。

相关分析可用散点图分析，相关关系的密切程度通常用相关系数或相关指数来衡量。相关系数的计算公式为：

$$r=\frac{\sum(x-\bar{x})(y-\bar{y})}{\sqrt{\sum(x-\bar{x})^2(y-\bar{y})^2}}$$

公式中，r 代表相关系数，其取值范围是：$|r|\leqslant 1$。

当 $|r|=1$ 时，表明 x 与 y 完全相关，即存在着函数关系。当 $|r|=0$ 时，表明 x 与 y 之间不相关。当 $0<|r|<1$ 时，表明 x 与 y 之间存在着一定的相关关系。$|r|$ 数值越大，越接近 1，表明 x 与 y 之间相关程度越高，数值越小，相关程度越低。一般认为，当 $0.6<|r|<1$ 时，x 与 y 之间高度相关；当 $0.3<|r|<0.6$ 时，x 与 y 之间中度相关；当 $|r|<0.3$ 时，x 与 y 之间低度相关。

另外，当 r 值为正数时，表明 x 与 y 为正相关，当 r 值为负数时，表明 x 与 y 为负相关。

③ 建立回归预测模型。建立回归预测模型就是建立回归方程，依据变量之间的相关关系，用恰当的数学表达式可以表示为：

$$y=a+b_1x_1+b_2x_2+\cdots+b_nx_n$$

当线性回归只有一个自变量与一个因变量间的回归时，称为一元线性回归或简单线性回归、直线回归，可写为：$y=a+bx$

公式中：y 为因变量；x 为自变量；a、b 为参数；b 又称回归参数，它表示当 x 每增加一个单位时，y 的平均增加数量。

方程的参数通常使用最小平方法计算求得，然后代回方程用于预测。

④ 进行实际预测。

运用通过检验的回归方程，将需要预测的自变量 x 代入方程并计算，即可得到所求的预测值。预测通常有两种情况，一是点预测，就是所求的预测值为一个数值；二是区间预测，所求的预测值有一个数值范围。通常用正态分布的原理测算其估计标准误差，求得预测值的置信区间。

案例演示 4.24

某企业 2012 年—2021 年的商品销售额和广告费如表 4.56 所示。该企业预计 2022 年的广告费支出为 35 万元，要求用 Excel 绘制散点图、计算相关系数、进行相关分析与回归分析，并在 95% 的置信度下，通过分析所掌握的数据，预测 2022 年商品的销售额。

1. 确定影响因素

因商品销售额随广告费用支出变化而变化，所以商品销售额为因变量（y），广告费用支出为自变量（x）。

2. 进行相关分析

（1）制作散点图

第一步：单击"插入"菜单，选择"图表"，或者单击工具栏中的图表向导按钮，弹出"图表类型"对话框。在"标准类型"中选择"XY 散点图"，单击"下一步"按钮，出现"图表向导 -4 步骤之 2- 图表源数据"对话框，选择"数据区域"，本例为 $B$2:$C$11，如图 4.56 所示。

表 4.26　商品销售额和广告费支出表

年　份	广告费（万元）X	商品销售额（百万元）Y
2012	4	7
2013	7	12
2014	9	17
2015	12	20
2016	15	24
2017	18	27
2018	21	29
2019	22	33
2020	26	35
2021	28	41
合计	162	245

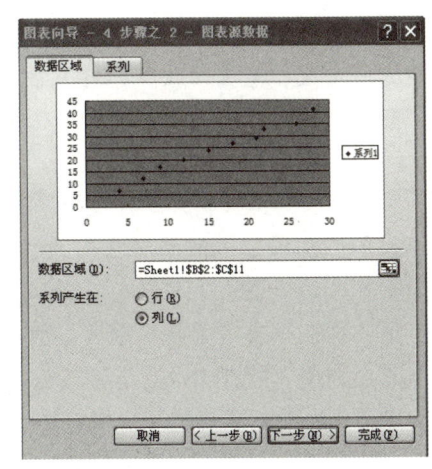

图 4.56　"图表向导-4 步骤之 2-图表源数据"对话框

第二步：单击"下一步"按钮，将 X 轴的名称（广告费用支出）、Y 轴的名称（商品销售额）填上，如图 4.57 所示。

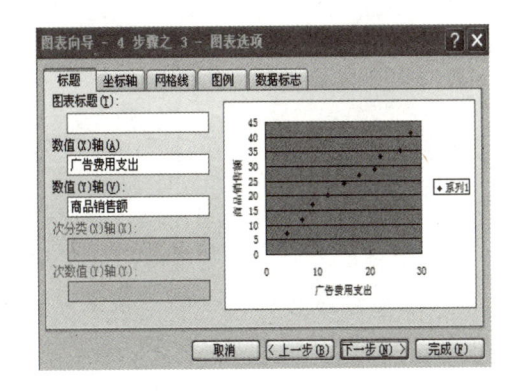

图 4.57　"图表向导-4 步骤之 3-图表选项"对话框

第三步：单击"下一步"按钮，选择"作为其中的对象插入"，单击"完成"，最后结果如图 4.58 所示。

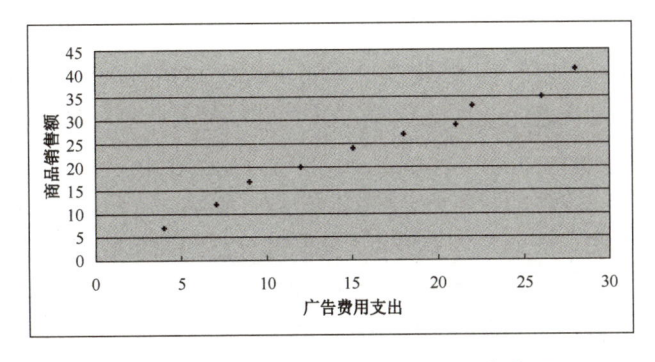

图 4.58　商品销售额与广告费用支出散点图

从图 4.57 中商品销售额与广告费用支出的 10 个散点分布来看，因变量 Y 随着自变量 X 的增大而增大、减少而减少，并且散点的分布近似地表现为一条直线，由此可以判断它们之间存在着直线正相关关系。

（2）相关系数

第一步：安装"数据分析"程序。打开 Excel 数据库，单击"工具"菜单中的"加载宏"，在弹出的"加载宏"对话框中勾选"分析工具库"，单击"确定"按钮，即完成了 Excel 数据分析程序的安装。

第二步：单击"工具"菜单，选择"数据分析"选项，在"数据分析"对话框中选择相关系数，如图 4.59 所示。

第三步：单击"确定"按钮，弹出"相关系数"对话框，如图 4.60 所示，在"输入区域"输入"$B$2:$C$11"，在"分组方式"中选择"逐列"（主要取决于数据是按行还是按列排列），勾选"标志位于第一行"复选框，在输出选项的"输出区域"输入"$D$2"，单击"确定"按钮，结果如图 4.61 所示。

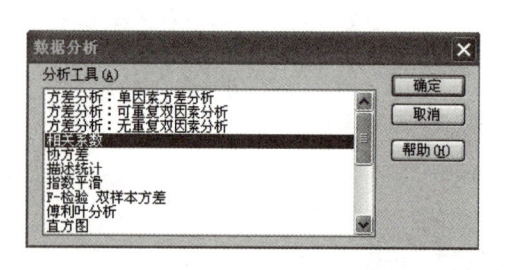

图 4.59 "数据分析"对话框   图 4.60 "相关系数"对话框

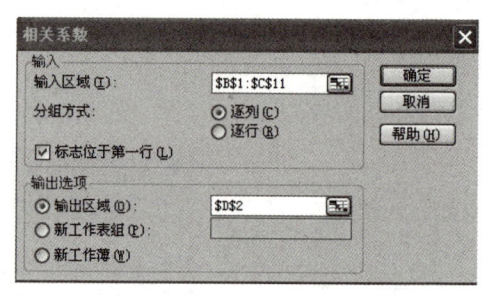

从图 4.61 所示的输出结果中可看出，商品销售额与广告费用支出的自相关系数均为 1，商品销售额与广告费用支出的相关系数为 0.99075，存在着直线正相关关系，与散点图的结果完全一致。

3. 建立回归预测模型

设一元线性回归模型为 $Y_c=a+bX$，利用 Excel 进行回归分析，求解。

第一步：单击"工具"菜单，选择"数据分析"选项，出现"数据分析"对话框，在"分析工具"中选择"回归"。

第二步：单击"确定"按钮，弹出"回归"对话框，在"Y 值输入区域"输入"$C$2:$C$11"，在"X 值输入区域"输入"$B$2:$B$11"，"置信度"区域输入"95"，在输出选项的"输出区域"输入"$A$13"，如图 4.62 所示。

第三步：单击"确定"按钮，回归分析结果如图 4.63 所示。从图 4.63 所示的结果可以看出，第一部分是回归统计，第二部分是方差分析，第三部分是回归系数表。其中 Intercept 指截距，即一元线性方程中的 a，X Variable 为回归系数，即斜率，是一元线性方程中的 b。根据图 4.63 所示结果可以求得一元线性方程为 $Y_c=3.561+1.293X$

年份	广告费(万元)X	商品销售额(百万元)Y		广告费(万元)X	商品销售额(百万元)Y
2012	4	7	广告费(万元)X	1	
2013	7	12	商品销售额(百万元)Y	0.990751	1
2014	9	17			
2015	12	20			
2016	15	24			
2017	18	27			
2018	21	29			
2019	22	33			
2020	26	35			
2021	28	41			
合计	162	245			

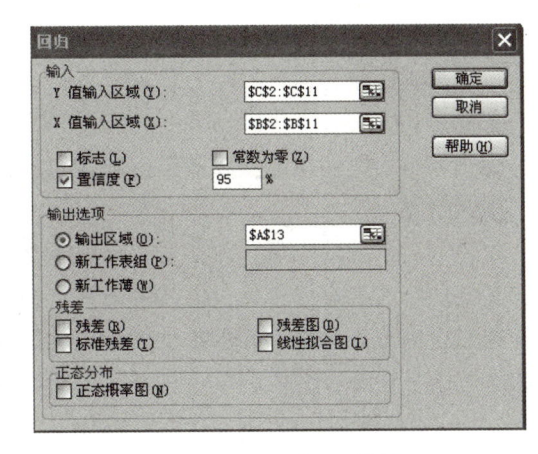

图 4.61 相关分析输出结果图

图 4.62 "回归"对话框

```
SUMMARY OUTPUT

回归统计
Multiple R           0.990750696
R Square             0.981586941
Adjusted R Squar     0.979285308
标准误差              1.532584705
观测值                10

方差分析
                 df      SS         MS         F           Significance F
回归分析          1    1001.70947  1001.70947  426.474243   3.16655E-08
残差             8    18.790527   2.34881588
总计             9    1020.5

              Coefficients  标准误差    t Stat       P-value     Lower 95%    Upper 95%    下限 95.0%   上限 95.0%
Intercept     3.561040694   1.1238056  3.16873372   0.01321984  0.969540338  6.152541     0.9695403   6.152541
X Variable    1.292528352   0.06258837 20.6512528   3.1665E-08  1.148199301  1.4368574    1.1481993   1.4368574
```

图 4.63 回归分析结果

4. 对回归预测模型进行检验

根据图 4.63 可知回归标准误差为 1.533，值较小，说明模型的拟和程度较好。

5. 进行预测

（1）进行点预测，2022 年的广告费用支出为 35 万元，将其代入方程，有 Y_c=3.561+1.293×35=48.816（百万元），即 2022 年的商品销售额可达到 48.816 百万元。

（2）进行区间预测，以 95 % 为置信度，则通过查找正态分布表可知概率度 t 为 1.96，代入预测值的置信区间计算公式（Y_C-tS，Y_C-tS），计算可得预测值的置信区间为（45.811，51.821）。即当 2022 年的广告费用支出为 35 万元时，商品销售额在 45.811 百万元至 51.821 百万元之间。

【职业道德培育】专家意见预测

集合专家意见预测背景与情境：小张是某企业市场部的工作人员，在请专家对明年洗衣机销售趋势进行预测时，有位专家发表意见后，小张马上提出了自己的看法。还有一位专家发表意见后小张又马上质问专家，让专家难堪，并在整理汇总材料时，把自己认为不妥的建议和意见都剔除了。

问题

你认为小张的做法涉及职业道德问题吗？谈谈你的看法。

分析提示

作为一名专业的市场预测人员，应该搜集真实客观的数据资料，不能因为搜集的数据资料不支持自己的观点就剔除它们或者批评它们。在搜集资料过程中必须注意与调查对象沟通，保证他们自由发表意见，并保护他们的个人隐私，否则就是违背职业道德的行为。小张正确的做法应该是让专家们自由发表意见，并在汇总整理时，如实记录专家们的意见。

任务 4.3 撰写与提交市场调查报告

任务描述

按照正确的格式和要求，采用适当的形式，撰写市场调查报告，并制作 PPT，进行市场调查汇报和报告提交，完成市场调查的最后一项工作任务。

任务布置

任　务　单		
任务 4.3　撰写与提交市场调查报告		
任务描述		笔记本电脑、手机和平板电脑悄然成为大学生进入大学校园的流行装备"三件套"，其中手机更是成为人手一部的必备单品，市场容量巨大。为配合某品牌手机提高在本学院的市场占有率，评估本校手机的行销环境，某品牌手机要求市场调查部门组织一次关于本学院手机市场情况的市场调查。 撰写"本学院手机市场调查"调查报告，要求格式规范、内容完整、条理清晰、逻辑性强，字数 2000 字以上
任务目标		（1）了解调查报告的作用，掌握调查报告的内容、结构、写作方法和步骤，能够正确编写市场调查报告。 （2）了解解释说明及提交市场调查报告的方法，掌握报告宣讲、汇报的基本要领、礼仪等，能够向客户解释并提交、汇报市场调查报告。 （3）掌握检查结论的技巧，能够自我评价调查报告
实施指导	任务分析	在调查数据经过统计分析之后，为得出有关结论提供基本依据和素材，要将整个调查研究的成果用文字形式表现出来，使调查真正起到解决社会问题、服务于社会的作用，需要撰写调查报告。一份好的市场调查报告，可以使调查委托者和决策者清楚地了解本项市场调查信息与结论的可信度，并可作为决策的重要依据。市场调查报告的撰写有多种形式，但基本内容和格式是一致的

续表

实施指导	理论补给	（1）市场调查报告的基本结构。 （2）市场调查报告撰写的程序与原则。 （3）市场调查报告的撰写与写作技巧。 （4）市场调查报告的口头汇报
	实施过程	（1）汇总调查资料、数据与调查结论。 （2）按照市场调查报告的格式和内容要求，采用适当的形式撰写调查报告。 （3）制作市场调查报告 PPT。 （4）小组汇报展示。 （5）教师点评
	拓展提高	案例分析"不能偷工减料，抄袭他人的调查报告"，养成认真、合作、诚信的工作理念，遵守营销伦理和市场调查职业道德
执行记录	执行团队	
	任务执行	
	任务汇报	
	教师点评	
成绩评定	个人自评	
	小组互评	
	教师评价	
	总　　评	

案例导入

电视频道市场影响力与社会影响力的互动
——湖北经视社会影响力调查报告

为了深入分析制约湖北经视社会影响力发展的相关因素，寻求提升湖北经视整体社会效益的可能途径和方法，华中科技大学新闻与信息传播学院的广播电视新闻学专业的学生组成课题组，开展了"湖北经视社会影响力调查"。

一、概念确定、调查方法与调查内容

1．电视频道社会影响力的确定

电视频道影响力由满意度、频道入户率、观众规模、期待度、频道人气指数和栏目竞争力等构成。报告中提到的电视频道影响力是指包含以上评价指标在内的综合分析，而关于频道特征、主持人等方面的分析，则是除电视频道影响力外形成频道竞争力的其他要素。本次调查依托经视影响力指数，对经视在湖北武汉电视行业内部的竞争力、经视的主要栏目在频道内部的竞争力进行分析。报告由节目(包括电视剧剧场)分析过渡到频道分析，以利于深入、全面地理解频道和节目的优势、劣势及两者之间的关系，详细分析湖北经视在武汉所处的形势，判断湖北经视目前的频道影响力、竞争力。

2．问卷调查的基本情况

（1）调查方式：统一发放问卷、访问员入户调查并结合访问员面访的方式。

（2）调查时间：××××年10月1日到10月7日。

（3）调查对象：15岁以上的武汉市常住居民。

（4）调查范围：武汉市的7个中心城区。

（5）抽样方式：本次调查采用多阶抽样（依次包括街道、居委会、家庭、户、个人）的方式。总样本量控制在600个左右，最后实际执行样本为601个，其中有效样本580个。调查结论对武汉市常住居民总体情况推断的设计误差控制在4%以内。

（6）数据分析方法：采用国际通行的社会科学统计软件包SPSS统计处理。

（7）调查内容：

a．湖北经视市场占有情况分析：分析湖北经视受众规模、受众忠诚度、受众结构特征等，描述湖北经视受众的总体概况。

b．湖北经视的收视行为与收视满意度分析：分别从频道与栏目两个方面调查受众媒介接触意愿、媒介选择偏好、媒介内容偏好、媒介印象与评价、媒介满意度等，调查受众对湖北经视的收视行为与收视满意度。本次观众满意度调查主要针对湖北经视的6个主要栏目：《经视自播》《经视故事会》《经视人家》《欢乐送》《阿星"笑"长开讲》。

c．湖北经视的社会影响力分析：在从频道与栏目两个方面分析的基础上，结合定量与定性分析的方法，阐述湖北经视可能具有的综合经济实力与社会影响力，进而提出增强社会影响力的可行性建议。

二、调查结果分析

1．受众对栏目的知晓度

对于被调查的栏目，67%以上的观众都知道这几个节目，其中《经视自播》与《经视故事会》的知晓度分别达到98.4%与95.2%。这说明两个节目的知名度比较高。

2．受众对栏目的接触频度

在湖北经视的观众群体中，收看《经视自播》的频度达到100%，收看《经视故事会》的频度达到95%，收看《经视人家》的频度达到86.2%，收看《阿星"笑"长开讲》的频度达到71.9%，收看《欢乐送》的频度达到73.40%。《经视自播》以100%的接触频度稳居第一。总体而言，这6档节目的到达率都比较理想。

3．受众对栏目的满意度

总体来看，观众对经视栏目的满意度评价较高，近八成的观众都对节目持满意或非常满意的态度。

4．受众对栏目的喜爱度

在对栏目喜爱度的调查中，观众对栏目的喜爱度从高到低依次为《经视自播》《阿星"笑"长开讲》《经视故事会》《欢乐送》《经视人家》。

三、调查的主要结论

1．湖北武汉媒介市场与观众的消费习惯

（1）公众使用最多的媒介依次是电视、报纸、网络；最能了解本地新闻的媒介和使用最多的媒介次序一致，依次是电视、报纸、网络。

（2）受众电视接触行为有其鲜明的个性化特点。不同年龄、性别、职业、收入、文化背景的受众接触电视的习惯是不同的。其中电视受众空间的很大一部分被年龄较大、文化程度较低、工作时间固定、生活状态稳定的人群分割。

（3）工作日和休息日收视时长差异表明，电视与受众的闲暇生活密切相关。

（4）受众看重的是电视的娱乐功能，同时，在提供信息方面，电视媒介也占据重要地位。从受众喜欢的节目类型（新闻、影视剧、娱乐）来看，电视是典型的"娱乐产业"和"信息产业"。同时，各种节目类型都有一定量的受众选择，说明受众对电视媒介具有复合型功能的期待。新闻节目较高的收视率，显示出受众的观看喜好为关注大事及受众获取信息的主流化倾向。

2．受众的人口特征、内容偏好与期待

（1）受众的人口特征。湖北经视的入户率为99.8%。在经视受众的性别构成中，女性观众的数量明显高于男性的数量；从人口与年龄构成来看，经视的受众群主要是年龄在20岁以上的人；从学历构成来看，受众整体呈现出低学历群体特征；从收入来看，经视观众的收入处在中等偏下的水平；在职业分布来看，经视的受众分布广泛，主要有离退休人员、工人、商业与服务业人员、下岗与待业人员、在校学生、私营与个体劳动者、专业技术人员、教师、医生等。

（2）受众的内容偏好与期待。通过对"对节目内容的偏好"做频次分析可以看出，有80.2%的观众喜欢看新闻，占据第一位；69.3%的观众选择影视剧，占据第二位；其他依次是法制类58.6%、娱乐类58.1%、生活服务类53.6%、体育类40.3%、科教类36%、青少类10.9%、其他7.1%。电视剧依旧占据很大的市场。

通过对"希望经视增加哪些节目"做数据统计可得，最受欢迎的电视剧类型为警匪剧，占48.1%；其次是言情剧，占47.1%；排名第三位的是探险剧，占36.4%；其他依次为乡村剧占34.8%、古装剧占34%、青春偶像剧占26.7%、室内情景剧占22.2%、魔幻剧占13.8%、其他占9.3%。

对"观众喜欢的电视剧类型"做分析可得出，观众希望增加的类型中生活服务类占53.9%、娱乐类占47.9%、法制类占48.4%、新闻和影视剧各占44%，选择其他选项的较少。这也与整体样本的年龄及性别结构有关。在此样本中，女性比男性多，50岁以上的人比年轻人多，导致对体育类和青少类偏好的观众不多。

（3）湖北经视社会影响力评估。从综合的社会影响力来看，湖北经视的知晓度为98.4%，媒体接触率为96.4%，受众对湖北经视栏目的印象整体较好；受众对湖北经视的满意度为84.9%，喜爱度为84.9%，受众的可能收视倾向为99.7%，湖北经视的综合社会影响力排名第一。

从整体来看，湖北经视被调查的栏目的知名度、到达率与忠诚度都达到比较高的水平。观众对湖北经视的6档节目的满意度评价较高。无论是在收看比例还是在受欢迎程度方面，

《经视自播》仍然是湖北经视观众最喜欢收看的节目，在本地新闻节目中居第一位，并且已形成了较强的品牌。

四、调查的主要建议

（1）节目的新颖性与创新性需要进一步提高。对于"你认为湖北经视还需要从哪些方面改进？"的前八个封闭选项中，反映为"增加创新性"的最多，占46.9%；与其数量相当的是"多反映群众的呼声和意见"，占46.9%；然后是"趣味性、娱乐性"，占36.2%；占比重较小的为时效性17.9%、可信度26.9%及其他7.6%。这些数据表明经视的节目在及时性和可信赖程度上比较高，但是节目有些刻板，应多增设听取民意的渠道，在创新性上进一步提升。

（2）新闻报道品质需要进一步提升。观众普遍认为目前电视节目的整体质量有待提高，这也是电视市场竞争各方争夺观众的焦点。在开放性的意见反馈中，观众对《经视自播》节目不满意的地方主要是《经视自播》报道的事件太琐碎、题材无新意、与其他节目差不多、不够贴近生活、反映负面现象太多等。观众希望节目能对一些事件进行追踪报道，继续拓宽涉及面，内容更贴近生活，进一步提高新颖度和真实感。

（3）在"主持人的魅力"方面，观众对不同栏目的主持人的印象与评价差距较大。因此，主持人的包装与推广有待进一步推进与提升。

对观众的调查表明类似《欢乐送》的节目主持人下社区活动应该继续保持与发扬，让主持人与观众打交道，了解观众心声，增加节目的互动环节。电视节目主持人在某种意义上可以算是电视节目的形象代言人，是栏目风格、定位的体现，优秀的节目主持人可以加强栏目与观众之间的情感联系。经视可以在主持、新闻活动、社会公益活动、走进社区及出书等方面精心策划、有效推出、包装、打造与推广名主持人。

（4）针对武汉文艺、武汉影视的主导性优势地位，湖北经视的竞争意识还有待提高。

在经视同时段的节目中，除了《经视自播》的主导性优势较为明显，武汉文艺、武汉影视、武汉新闻综合频道对经视同时段的节目构成竞争态势。湖北经视可根据观众的呼声做些相应的调整。

（5）湖北经视受众的空间和容量是巨大的，并且依然具有争取受众的潜力。

从受众的职业构成来看，受众的职业分布广泛，离退休人员、待业人员、下岗人员、家庭主妇、工人等有较多空闲时间的受众相对较多。机关、企业的普通职员和专业人士、教师、医生、工程师等中层阶层所占的比例不小，且有进一步挖掘的空间。

（6）双休日的收视时间长于工作日的收视时间，这为媒介"有效电视时间"的利用和节目设置提供了重要参考值。

在工作时间，长时间收看电视的受众不多，这说明相对其他媒介，电视媒介与受众的长久工作时间的兼容性较差。电视媒介应该考虑如何依据不同的收视时段，科学、合理地制定出适合受众生活状态的传播内容和形式。

（7）广告投放与编排要更合理、更科学地考虑市场效益与收视心理的平衡。观众的反馈意见较多的是插播广告时间太长，尤其是电视剧播放期间。应在节目进行中间缩短广告时间，让电视剧播放更流畅。

【理论补给】

市场调查报告就是以书面表达的方式把市场调查的过程和调查结果展示出来，它是市场调查成果的集中体现。

4.3.1 市场调查报告的基本结构

市场调查报告一般是由封面、目录、摘要、正文和附件等组成，如图 4.64 所示。

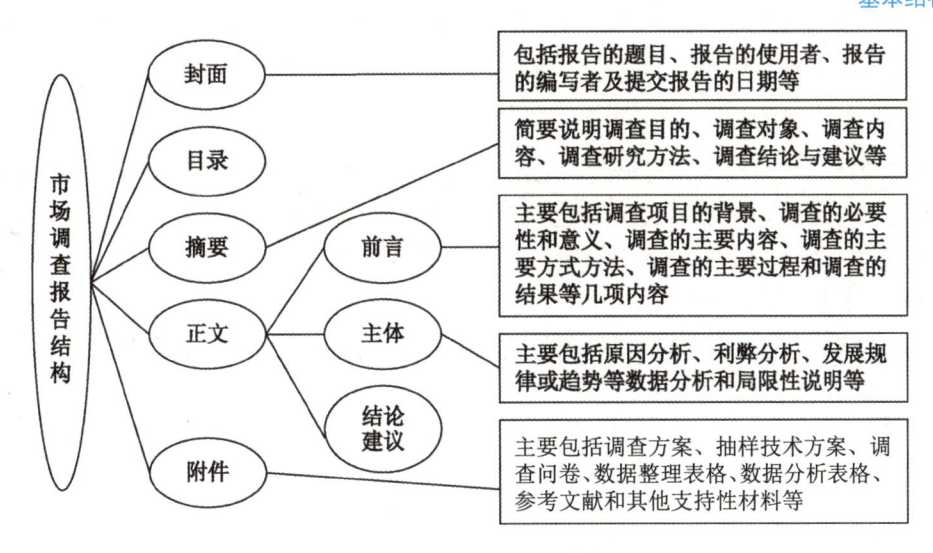

图 4.64　市场调查报告结构图

① 封面。封面主要包括报告的题目、报告的使用者、报告的编写者及提交报告的日期等内容。

② 目录。目录主要是在调查报告的内容、页数较多时，为了方便读者阅读，使用目录或索引形式列出报告所分的主要章节和附录等内容，并注明标题、有关章节号码及页码，一般来说，目录的篇幅不宜超过一页。当然，如果报告的页数较少，一般不需要目录。

③ 摘要。摘要主要概述整个调查报告的基本内容，重点阐述主要的结论与建议，目的是让读者对整个调查报告有一个粗略的认知。

④ 正文。正文是市场调查分析报告的主要部分。正文部分必须准确阐明全部有关论据，包括问题的提出到引出的结论、论证的全部过程、分析研究问题的方法。还应当有可供市场活动的决策者进行独立思考的全部调查结果和必要的市场信息，以及对这些情况和内容的分析、评论。一般包括前言、主体（数据分析）结论和建议几项。

⑤附件。附件是指调查报告正文包含不了或没有提及，但与正文有关且必须附加说明的部分，它是对正文报告的补充或更详尽的说明。主要包括调查方案、抽样技术方案、调查问卷、数据整理表格、数据分析表格、参考文献和其他支持性材料等。

调查报告的结构不是固定不变的，不同的调查项目、不同的调查者或调查公司、不同的用户及调查项目自身性质不同的调查报告，都会有不同的结构和风格。在实际写作过程中需要灵活选择。

4.3.2　市场调查报告撰写的程序

一般来说，市场调查报告撰写要经过以下 5 个程序。

1. 确定主题

主题是调查报告的灵魂，对调查报告写作的成败具有决定性的意义。因此，确定主题要注意：①报告的主题应与调查主题一致；②要根据调查和分析的结果，重新确定主题；③主题宜小，且宜集中，与标题协调一致，避免文题不符。

2. 取舍材料

对经过统计分析与理论分析得到的系统的完整调查资料，在撰写调查报告时仍需精心选择，不可能也不必都写在报告上，要注意取舍。选择材料要注意以下 3 点：

①选取与主题有关的材料，去掉无关的、关系不大的、次要的、非本质的材料，使主题集中、鲜明、突出。

②注意材料点与面的结合，材料不仅要支持报告中的某个观点，而且要相互支持，形成表面上的"大气"。

③在现有的有用的材料中，要比较、鉴别、精选材料，选择最好的材料来支持报告的意见，使每一份材料以一当十。

3. 谋划布局和拟定提纲

谋划布局和拟定提纲是撰写调查报告过程中的一个关键环节。布局就是指调查报告的表现形式，它反映在提纲上就是文章的骨架。拟定提纲的过程实际上就是把调查材料进一步分类、构架的过程。构架的原则是围绕主题、层层逼近、环环相扣。提纲或构架的特点是内在的逻辑性，要求必须纲目分明，层次分明。

调查报告的提纲有两种：一种是观点式提纲，即将调查者在调查研究中形成的观点按逻辑关系一一列出来；一种是条目式提纲，即按层次意义表达上的章、节、目，逐条地写成提纲；也可以将这两种提纲结合起来去制作提纲。

4. 起草市场调查报告

起草市场调查报告是撰写调查报告的行文阶段。要根据已经确定的主题、选好的材料和写作提纲有条不紊地行文。写作过程中要从实际需要出发选用语言，灵活地划分段落。在行文时要注意：①结构合理（标题、前言、正文、结尾）；②报告文字规范，具有审美性与可读性；

③通俗易懂。注意对数字、图表、专业名词术语的使用，做到深入浅出，语言要具有表现力，要准确、鲜明、生动、朴实。

5. 修改市场调查报告

市场调查报告起草好以后，要认真修改。修改市场调查报告主要是对报告的主题、材料、结构、语言文字和标点符号进行检查，加以增、删、改、调。在完成这些工作之后，才能定稿，向上报送。

4.3.3 调查报告撰写的原则

市场调研报告写作的表达技巧

1. 客观性原则

客观性原则是指导报告撰写的重要准则。调查者可能会着迷于项目本身，以至于忽略了他们在项目中应承担的任务。报告应该准确地叙述研究项目采用的方法、研究结果和结论，而不应该通过歪曲研究结果来迎合管理层的期望。决策者当然不希望研究结果与他们的判断和行为相悖，但是调查者应该有勇气并客观地展示研究结果，并为其辩护。

案例分析 4.8　上海 ×× 公司商品住宅投资调查分析

今年初夏，上海一家合资公司准备在下半年投资商品住宅建设，而且希望在明年上半年基本售完，收回投资，并取得一定的投资利润率。该公司委托某市场调查公司进行消费者（含居民个人、企业）调查。该市场调查公司在调查中发现，居民个人的购房意愿强烈，但多数人希望分期（5年、9年、15年）付款；不少大中型企业为了解决职工住房困难或为了扩大生产规模，以及要搬迁的居民，都有购房计划；一些房地产公司也准备成批购房。据此，可得出投资商品住宅建设可行，一年内收回投资并有一定的投资利润率是完全可能的。为了对委托方负责，该市场调查公司又进行补充调查。在补充调查中发现，许多要购房的企业的资金并不落实，而且生产上还要靠贷款；那些要批量购房的房地产公司，是靠贷款来炒卖商品住宅的。同时，该市场调查公司又全面、深入地研究宏观材料，例如，许多有识之士和领导人提出要压缩基本建设规模，压缩贷款总量，调查贷款方向，等等。根据调查结果，结合宏观材料，该市场调查公司提出了相应的结论和建议。委托方在首次研究调查报告时认为，该报告的结论与建议同实际情况不大相符，提出了不少否定意见，在市场调查公司根据客观数据进行了多次的分析与解释后，终于获得了委托方的认可。3个多月后，商品住宅市场的变化趋势证明了该调查结论和建议的正确性，委托方避免了因头脑发热可能出现的失误。

思考 通过阅读以上案例，你有什么启示？

提示 受委托的市场调查公司之所以能为委托方避免失误，一方面是因为资料收集全面，结论准确；另一方面是敢于坚持客观性原则，有勇气并客观地展示研究结果，并为其辩护。

2. 突出重点原则

在调查内容的编排上，既要保证对市场信息做全面、系统的反映，又要突出重点，特别是对调查目标的完成和实现情况的反映，要有极强的针对性和适用性。

3. 简洁性原则

调查报告应该简明扼要，任何不必要的东西都应该去掉。如果调查报告包含太多的信息，那么重要的信息反而会被忽略。应该避免对常规性问题进行冗长的讨论，但是报告的简要性不应该以损害报告的完整性为代价。

4.3.4 市场调查报告的撰写

1．设计市场调查报告封面

封面包括报告的题目、报告的使用者、报告的编写者及提交报告的日期等内容。作为一种习惯做法，调查分析报告题目的下方应注明报告人或单位、通信地址、电话、报告日期，然后另起一行注明报告呈交的对象。

案例演示 4.25

市场调查报告封面

```
┌─────────────────────────────────────┐
│           大学生手机市场调查报告           │
│                                     │
│       调查单位_____           │
│       通信地址_____           │
│       电话_____           │
│       E-mail_____           │
│       报告提交日期_____          │
│       报告主送单位_____          │
└─────────────────────────────────────┘
```

2．确定市场调查报告标题

标题是画龙点睛之笔，好的标题是报告成功的一半。好的标题必须准确揭示报告的主题思想，做到题文相符，让报告的使用者通过题目就能对报告想要表达的内容一目了然。标题要简单、明了，高度概括，具有强烈的吸引力。

报告标题应与调查内容相关，不必生造一些标新立异的标题，例如，一项关于大学生手机使用情况的调查，标题可以是"××市大学生手机使用情况调查报告"。

标题一般采用下列 3 种写法：

（1）直叙式标题

直叙式标题，即用调查对象和调查的主题问题作为标题。一般的形式为"××调查报告"。例如，"海尔液晶电视市场占有率调查报告""中国移动市场竞争态势调查报告"等。这类标题简明扼要，比较客观，在实际中应用比较普遍，但略显呆板。

（2）表明观点式标题

表明观点式标题是指直接阐明作者的观点、看法，以及对事物做出判断、评价的标题。例如，"高档羊绒大衣在北京市场畅销""私家轿车悄然升温"等。这类标题既表明了报告编写者的态度，揭示了主题，又有一定的吸引力。通常需要加副标题才能将调查对象和内容表达清楚。例如，"私家轿车悄然生温"改为"私家轿车悄然升温——长沙市私家轿车市场情况调查"，表达会更加清楚。

（3）提问式标题

提问式标题，即报告的题目是一个设问句或反问句，而报告的内容就是回答这个问题。例如，"消费者愿意到网上购物吗？""大学生的出路在哪儿？"，这类题目比较尖锐，具有较大的吸引力，一般用于揭露问题的调查分析报告。

3．制作报告目录

目录是整个报告的检索部分，便于读者了解报告结构，有利于读者阅读某一部分内容，如果可能，目录应当尽可能详细。国外调查报告的惯例是将文字、表格和图形分别编写目录，如果读者不需要阅读某些文字，而只需要检索某一张表格，也可以很轻松地找到。

案例演示 4.26

市场调查报告目录举例

摘要 1
 一、前言 2
  1．研究背景及目的 2
  2．研究的主要内容 2
  3．研究方法 3
 二、大卖场购买人群的相关调查分析 4
  1．×××× 4
  2．×××× 6
  3．×××× 8
 三、竞争对手的调查分析 10
  1．×××× 10
  2．×××× 13
  3．×××× 16
 四、板块市场的调查分析 20
  1．×××× 20
  2．×××× 24
  3．×××× 27
 五、结论和建议 30

附录一：市场调查方案 32
附录二：调查问卷 38
附录三：竞争对手提纲 40
附录四：原始统计数据 41

4. 编写市场调查报告摘要

摘要，即调查报告的内容摘要。市场调查报告一方面是为那些没有大量时间阅读整个报告的使用者，特别是高层管理人员或不具备太多专业知识的阅读者，只想尽快得到调查分析报告的主要结论，以及进行怎样的市场操作而准备的；另一方面，是让阅读者在正式阅读报告前对整个报告的内容有一个大概的把握，增强进一步阅读的兴趣。

报告摘要具体包括的内容：简要说明调查目的，即简要说明调查的原因；介绍调查对象和调查内容，包括调查时间、地点、对象、范围、调查要点及所要解答的问题；简要介绍调查研究的方法；简要说明调查结论与建议。

一般来说，调查报告摘要的书写有以下一些要求：从内容来讲，要做到清楚、简洁和高度概括，其目的是让阅读者通过阅读摘要既了解本项目的调查全貌，又对调查结论有一个概括性的了解；从语言文字来讲，应该通俗、精练，尽量避免应用生僻的字句或过于专业性、技术性的术语。摘要一般在完成报告后写。

5. 编写正文

正文是市场调查报告的主要部分。通常在阅读报告摘要、知晓主要的结论和建议后，如果对结论和建议部分感兴趣，还会进一步了解更多的调查信息。比如，考查结果的逻辑性、在调查过程中有没有遗漏、关键的调查结果是如何得出的、是否可靠等。这时，这些人员会详细地研究调查报告的主体部分，即正文。这就要求正文部分必须正确阐明全部有关论据，包括问题的提出到引起的结论、论证的全部过程、分析研究问题的方法等。正文一般由前言、主体（数据分析）、结论和建议三部分构成。

（1）前言

前言部分的主要作用是对后面的主体部分做一个引导，对主体部分的数据来源做一个交代，证明用以论证的数据是有效的、可靠的，不是任意捏造的，从而进一步证明得出的结论和建议的可靠性，可使调查报告顺利展开，又能吸引读者。所以，前言部分虽然写作形式不同，但一般应包括调查项目的背景、调查的必要性和意义、调查的主要内容、调查的主要方式方法、调查的主要过程和调查的结果等几项内容。

案例演示 4.27

《某院汽车商务专业人才需求情况调查报告》的前言

我国高职教育正面临着前所未有的挑战，高职院校开设的专业必须能适应和满足社会需求，必须根据社会经济的发展进行调整。为了了解社会对汽车商务专业人才的需求情况，为我院开设汽车商务专业提供必要参考，特进行本次市场调查。调查内容主要集中在社会对汽车商务专业人才需求状况、学历要求、课程设置、职业资格证和校企合作意愿等几个方面。

本次调查与我院学生专业课程实训结合起来,实地调查主要由我院2021级营销专业(1)班来完成。调查采用上门访问的方式,对长沙市相关汽车经销商(包括4S店)进行调查。共调查92家汽车经销商(包括4S店),回收调查问卷92份,其中有效问卷92份,有效率为100%。

前言的撰写一般有以下几种形式:

① 开门见山,揭示主题。文章开头就先交代调查的目的或动机,揭示主题。这种开头开门见山,简明扼要,能够使阅读者对报告有总体认识。

例如,"我公司受××电视机厂的委托,对消费者进行一项有关电视机市场需求状况的调查,预测未来消费者对电视机需求量和需求的种类,使××市电视机厂能根据市场需求及时调整其产量及种类,确定今后的发展方向。"。

② 结论先行,逐步论证。先将调查的结论写出来,然后逐步论证。许多大型的调查报告均采用这种形式。其特点是观点明确,使人一目了然。这种论述方式能够逐步向读者展现原因,具有较强的阅读导向性。

例如,"我们通过对××可乐在××市的消费情况和购买意向的调查,认为它在××市不具有市场竞争力,原因主要从以下几方面阐述:"。

③ 交代情况,逐步分析。先交代背景情况、调查数据,然后逐步分析,得出结论。这种方式能够从大的背景开始,通过大量的数据和事实将阅读者引向最终的调查结果,比较符合人们的思维习惯。

例如,"本次关于'非常可乐'的消费情况的调查主要集中在北京市、上海市、重庆市、天津市,调查对象集中为中青年……"。

④ 提出问题,引入正题。用这种方式提出人们关注的问题,引导读者进入正题。中国中央电视台的很多调查分析报告都采用这种形式。这种方式主要是先给阅读者设置一个问题,通过问题激发读者的兴趣和进一步探索的欲望,从而能够较快地切入主题。

(2)主体

主体,即调查数据分析部分,包括原因分析、利弊分析、发展规律或趋势分析,一般按照调查设计的项目、内容一项项分析,从摆数据、现状分析,到得出小结论或发现问题,并进一步探寻原因,提出对策等。

主体部分必须准确阐明全部有关论据,根据收集的资料进行分析,所得结论必须客观、合理,要拿数据"说话"。数据可通过前面所学的各种图表来陈示,但一般应有多种图表的交叉配合运用,这样的报告才不会显得呆板,才会更加生动,有"节奏",激发读者的兴趣。

(3)结论和建议

调查报告的结论和建议部分说明调查获得了哪些重要结论,根据调查的结论和建议应该采取什么措施,这是阅读者最为关注的部分。主体部分进行单项或多项的结合分析得出一系列的结论,本部分要求对以上小结论进行综合、归纳,并结合企业或客户实际情况提出你的看法和建议,或得出某种启示。

结论的提出方式可用简洁、明确的语言对调查前提出的问题做明确答复,同时简要引用有关背景资料和调查结果来加以解释和论证。结论并不一定要单独列出来，一般它与调查主题有关。如果调查主题小，结果简单，可以直接与调查结果合并成一部分来写。反之，就应分开来写。

建议是针对调查获得的结论提出可以采取哪些措施、方案或具体行动步骤。

例如，媒体策略如何改变、广告主题应是什么、与竞争者抗衡的具体方法、价格、包装、促销策略等。

需要指出的是，大多数建议应当是积极的，要说明采取哪些具体的措施或要处理哪些已经存在的问题。尽量用积极的、肯定的建议，少用否定的建议。肯定的建议如"加大广告投入""将以广告理性诉求为重点变为以感性诉求为主"等建议。否定的建议如"应立即停止某一广告的刊播"，使用否定建议只让人不做什么，并没有让人做什么，所以应尽量避免使用。

结论和建议一般有以下几个形式：

① 概括全文。经过层层剖析后，综合说明调查报告的主要观点，深化文章的主题。

② 形成结论。在对真实资料进行深入、细致的科学分析的基础上，得出报告的结论。

③ 提出看法和建议。通过分析形成对事物的看法，在此基础上，提出建议和可行性方案。

④ 展望未来，说明意义。通过调查分析展望未来前景，并进行预测。结论和建议的语言要简明扼要，使读者明确题旨，加深认识。同时，应与正文部分的论述紧密对应，不可以提出无证据的结论，也不要没有结论性的建议。同时这部分内容要具有可行性、可操作性和应用价值。

案例演示 4.28

关于某慈善事业调查分析报告的结论与建议

结论：

1．消极印象并不是影响捐赠的主要因素，积极印象也不一定转化为捐赠行动。
2．非捐赠者缺少关于组织的足够信息。
3．对该组织及其所属组织缺乏了解。
4．被调查者认为该组织在管理上花费过多的捐赠资金。
5．该组织在竞争有限的捐赠资金。

建议：

1．做进一步的调查，以确定非捐赠者对该组织及其服务宗旨的了解程度。
2．向潜在捐赠者提供有关该组织的宗旨、所支持的组织、合理的管理成本等方面的信息。
3．加大在工作场所开展宣传活动的力度，运用各种方法增加公众对捐赠的了解。
4．该组织应制定适度竞争的营销策略来应对竞争对手。

6．组织附件

附件是与调查过程有关的各种资料的总和，这些内容不便在正文中涉及，但在阅读正文或者检验调查结果的有效性时，需要参考这些资料。附件应在报告正文最后列出所有附件的标题。而各附件内容则分别按顺序另起一页附在报告的最后。

4.3.5 市场调查报告的写作技巧

市场调查报告的写作技巧主要包括表达、表格和图形表现等方面的技巧。表达技巧主要包括叙述、议论、说明、语言运用四方面的技巧。

市场调研报告撰写的原则和注意事项

1. 叙述的技巧

市场调查的叙述主要用于开头部分，叙述事情的来龙去脉，表明调查的目的、过程、结果。此外，在主体部分还要叙述从调查中得来的情况。市场调查报告常用的叙述技巧有概括叙述、按时间顺序叙述、叙述主体的省略。

（1）概括叙述

市场调查报告主要用概括叙述将调查过程和情况概略地陈述，不需要对事件的细枝末节详加铺陈。这是一种"浓缩型"的快节奏叙述，文字简约，一带而过，给人以整体、全面的认识，以适合市场调查报告快速、及时反映市场变化的需要。

例如：

××花园项目市场调查报告

本报告对当前的经济环境、项目当地房地产市场供求状况、项目所在区域同类楼盘现状及客户购买行为进行调查分析，从而分析项目的市场定位。

（2）按时间顺序叙述

按时间顺序叙述是指在交代调查的目的、对象、过程时，往往用按时间顺序叙述的方法，秩序井然，前后连贯。比如开头部分叙述事情的前因后果，主体部分叙述市场的历史及现状，就体现为按时间顺序叙述。

例如：

××市居民家庭饮食消费状况调查报告

为了深入了解本市居民家庭在餐饮类方面的消费情况，特进行此次调查。调查由本市某大学承担，调查时间是 2021 年 7 月至 8 月，调查方式为问卷式访问调查，本次调查选取的样本总数是 2000 户。各项调查工作结束后，该大学将调查内容予以总结，其调查报告如下。

（3）叙述主体的省略

市场调查报告的叙述主体是写报告的单位，叙述中用第一人称"我们"。为行文简便，叙述主体一般在开头部分中出现，后面出现的各部分可以省略，并不会因此使人误解。

例如：

北京市民品牌认知程度调查报告

我们在做这项调查时没有给受访者任何提示，可微软公司还是得到了三分之一北京人的认同，而海尔公司的得分率也超过了四成。

2. 议论的技巧

（1）归纳论证

市场调查报告是在占有大量材料之后，经过分析研究，得出结论，从而形成的论证过程。这一过程主要运用议论方式，所得结论是从具体事实中归纳出来的。因此，归纳论证需要有大量的数据和事实材料作为支撑，运用科学的方法从中归纳出共性的、本质的观点，同时这也是一个逐步显现的过程。在归纳过程中要注意从调查的主题出发，运用新的视角分析不同材料和数据之间的本质联系，这样才能达到归纳论证的目的。

（2）局部论证

市场调查报告不同于议论文，不可能形成全篇论证，只是在情况分析、对未来预测中进行局部论证。比如对市场情况从几个方面进行分析，每一方面形成一个论证过程，用数据、情况等作为论据去证明其结论，形成局部论证。

3. 说明的技巧

市场调查报告常用的说明方式与技巧有数字说明、分类说明、对比说明、举例说明等。

（1）数字说明

市场运作离不开数字，反映市场发展变化情况的市场调查报告要运用大量数据，以增强调查报告的精确性和可信度。

例如：

城镇居民住房消费市场调查报告

国家统计局城市社会经济调查总队组织了一次大规模的入户抽样调查，调查显示：近七成的家庭拥有自己的产权房，户均购房金额2.6万元，户均使用面积52平方米；家庭装修已成新产业，三成多的家庭户均装修支出1.4万元；12.9%的家庭今年打算购房。以上数据表明购房已成家庭的最大消费项目。

（2）分类说明

市场调查中所获材料杂乱无章，根据主旨表达的需要，可将材料按一定标准分为几类，分别说明。例如，将调查得来的基本情况按问题性质归纳成几类，或按不同层次分为几类，在每类前加上小标题，按提要句的形式表述。

（3）对比说明

市场调查报告中有关情况、数字的说明，往往采用对比的形式，以便全面、深入地反映市场情况。在对比时要注意事物的可比性，只有在同标准的前提下，才能做切合实际的比较。

案例演示 4.29

表 4.27 为大学生留学意向国家对比数据表。

表 4.27　大学生留学意向国家对比数据表

国　　家	人数（人）	占总人数的百分比（%）
美国	166	70.9
日本	19	8.1
法国	2	0.9
英国	12	5.1
新加坡	8	3.4
加拿大	13	5.6
瑞士	1	0.4
荷兰	2	0.9

续表

国　　家	人数（人）	占总人数的百分比（%）
澳大利亚	5	2.1
德国	5	2.1
俄罗斯	1	0.4
合计	234	100

从表 4.27 中可以看出，绝大多数（70.9%）大学生留学的意向国家为美国。

（4）举例说明

为说明市场发展变化情况，举出具体、典型事例，这也是常用的方法。市场调查中会遇到大量事例，应从中选取有代表性的例子加以剖析、说明。

4. 语言运用的技巧

（1）用词方面

市场调查报告中数量词用得较多，因为市场调查离不开数字，很多问题要用数字说明。

可以说，数量词在市场调查报告中以其特有的优势，越来越显示出重要作用。市场调查报告中介词用得也很多，主要用于交代调查的目的、对象、根据等方面，如用"为""对""根据""从""在"等介词。此外，还多用专业词，以反映市场发展变化，如"商品流通""经营机制""市场竞争"等词语。为使语言表达准确，调查报告的编写者还需熟悉市场有关专业术语。

（2）句式方面

市场调查报告很多时候使用陈述句，陈述调查过程、调查到的市场情况，来表示肯定或否定判断。报告中祈使句多用在提出建议时，表示某种期望，但在提出建议时并非全部使用祈使句，也可用陈述句，要根据具体情况加以运用。

4.3.6　撰写市场调查报告的注意事项

撰写一份好的、高质量的调查报告并不是件容易的事，调查报告本身不仅显示着调查活动实施的质量，也反映了报告编写者本身的知识水平、能力水平和文字素养。在撰写调查报告时，主要注意以下几个方面的问题。

1. 了解调查报告的阅读主体

调查报告应当是为特定的读者或使用者而编写的，他们可能是企业的高层领导、管理部门的决策者，也可能是一般的用户，因此不但要考虑这些读者的技术水平、对调查项目的兴趣，还要考虑他们可能在什么环境下阅读报告，以及他们会如何使用这份报告。有时候，编写者必须适应有几种不同技术水平和对项目有不同兴趣的读者，为此可将报告分成几个不同的部分或干脆完全针对阅读对象分别撰写整个报告。最终目的是为不同的阅读主体提供切实的、具有参考价值、及时、准确和全面的信息，为决策和执行提供支持、帮助。

2. 力求简明扼要，删除一切不必要的词句

在平常的调查报告撰写过程中常常出现的一个错误是"数量决定质量""报告越长，质

量越高"。在实际工作中，在经过对某个项目长达数月的辛苦工作之后，调查者已经充满成就感，因此，他试图告诉读者他所知道的与此相关的一切，然而，将调查的所有流程、作业证明、调查得出的初步结论都写入报告当中，其最终结果是造成阅读者"信息超载"，最后只好根据需要"各取所需"。其实在报告的实际撰写过程中，如果在报告内容过多过杂、内容组织杂乱无章、内在逻辑关系较为混乱的情况下，有些阅读者甚至连看也不看。因此，一份调查报告的价值不是以报告的长短来衡量的，而是以质量、简洁与有效性来衡量的。一份高质量的调查报告，其结构应该是经过精心设计的，其内容是经过精心提炼而得来的，任何不必要的东西都不应该在报告中出现。不过，也不能为了实现报告的简洁而牺牲报告的完整性，甚至缺少核心的观点和内容。

3．行文流畅，易读易懂

市场调查报告应当是易读易懂的。报告中的材料要组织得有逻辑性，使读者能够很容易弄懂报告各部分内容的内在联系。应使用简短的、直接的、清楚的句子把事情说清楚，比用"正确的"但含糊难懂的词语来表达要好得多，并且注意尽量少用一切歧义词。为了检查报告是否易读易懂，最好请两三个不熟悉该项目的人来阅读调查报告并提出意见，经过反复修改后再呈交给报告的最终使用者或用户，这样有利于报告使用者理解报告内容。

4．内容客观，资料准确

市场调查报告的突出特点是用事实、数据说话，所以编写者应以客观的态度来撰写报告。在文体上最好用第三人称或非人称代词，如"作者发现……""笔者认为……""据发现……""资料表明……"等。行文时应以向读者报告的语气撰写，不要表现出说服读者同意某种观点或看法的意思。读者关心的是调查的结果和发现，而不是你个人的主观看法。同时，报告应当准确地给出项目的研究方法、调查结果的结论，不能有任何迎合用户或管理决策部门期望的倾向。

在对资料进行解释时，应重点注意解释的充分性和相对准确性。解释充分是指利用图、表说明时，要对图表进行简要、准确的解释。解释相对准确是指在对数据进行解释时，尽量不要引起误导。

例如，在一个相对小的样本中，把引用的统计数字保留到两位小数以上常会造成虚假的准确性。比如"有58.32%的被调查者偏好我们的产品"，这种陈述会让人觉得58.32%这个数据是非常精确的。

5．报告中引用他人的资料，应加以详细注释

在报告中引用他人的资料时应加以详细注释，这一点是大多数人常忽视的问题之一。通过注释，指出资料的来源，以供读者查证，同时也是对他人研究成果的尊重。注释应详细准确，比如被引用资料的作者姓名、书刊名称、所属页码、出版单位和出版时间等都应予以列明。

6．表格和图像的格式要求

在调查报告正文中恰当地运用统计图、统计表，将其与文字相配合，能最大限度地发挥调查所得资料的论据和论证作用。统计表必须具备表号、表头（总标题）、横标目（横行标题）、纵标目（纵栏标题）、指标数值、注释、资料来源等。表号的作用是为了在文中便于提及和查阅。一份篇幅较短的调查报告，所有的统计表可以按单一顺序一排到底。倘若篇幅较长，

表号则应分章排序，如第一章的统计表排为表 1.1、表 1.2……，第二章的统计表排为表 2.1、表 2.2……，直至最后一章。附录中的统计表可以排为 A-1、A-2……在目录中，统计表的清单排在章节清单后。

总标题要写得醒目，扼要提出本表要提供的信息内容。横标目、纵标目要简明，尽可能使用正规的指标名称、分组标志和时间分量。

如果横标目、纵标目中使用了与国家统计标准指标同名称而不同含义的指标名称、分类标准，或者使用了尚未被本行业普遍接受的名词，则应在注释部分加以注明。

统计图也要有图号和图名。它们的要求与表号和总标题相同。统计图在目录中的位置是在统计表之后。统计图中所绘几何图形（线段、矩形、扇形等）要与所表现的数值成比例，数轴要注明所表示的变量及所用计量单位。在图中对图形加以必要的标注，说明其代表的意义，以便读者不参阅任何文字材料就能读懂统计图要说明的问题。

7．附件部分的利用

在调查报告中不能不用各种统计学的分析方法，也不能没有调查的原始资料，因为这些都是论证自己的结论的证据，但是在正文中大量出现，会造成喧宾夺主的效果。调查报告的设计与撰写人员应该保留这些资料，但尽量不使它们在正文中出现，扰乱视听，可以将其归入附件之中，在正文的相应部分加以说明。例如，"此部分结果的计算过程请查阅附件3"。

8．打印成文，字迹清楚，外观美观

最后呈交的调查报告应当是专业化的报告，应使用质量较好的纸张，打印和装订都要符合装订规范。印刷格式应有变化，字体、行距的大小会对报告的外观及可读性产生很大的影响。撰写者一定要明白不合理的外观或一点小的失误和遗漏都会严重影响阅读者的信任感。干净整齐、组织得好、有专业感的报告一定会让阅读者感觉更可信、更有价值。

9．切忌将分析工作简单化

（1）在分析数据的过程中，一定要尽量从各个层面来考虑问题，也就是要透过现象看本质。从下面的案例中我们可以看出，在分析数据时，对数据层面考虑的不同，得出的结论是有显著差异的。

案例演示 4.30

某汽车企业要对 3 种广告设计进行试验，以判定哪一种广告对提高汽车的销售量最有效。在不同时间里分别在不同的 4 座城市进行了市场试验，结果如表 4.28 所示。

表 4.28　广告与销售量之间的关系表

广告	跟广告有关的销售量（辆）
A	2431
B	2164
C	1976

表 4.28 的数据表明广告 A 是最有效的。但这种分析是否充分呢？如果我们从另一个角度看，把参加试验的 4 座城市分别列出来，如表 4.29 所示。

表 4.29 不同城市的广告与销售量之间的关系

广告	城市 1 销售量（辆）	城市 2 销售量（辆）	城市 3 销售量（辆）	城市 4 销售量（辆）	合计
A	508	976	489	458	2431
B	481	613	528	442	2164
C	516	560	464	436	1976

从表 4.29 的分析结果可以看出，在城市 1、3、4 的 3 种广告的效果差不多，而造成销售量差异的是城市 2 出现了不正常的需求，不具有代表性。所以分析结果与表 4.28 形成了矛盾，但更能反映实际情况，结论更可信。

（2）数据的分析应包括 3 个层次：说明、推论和讨论，即描述、说明样本的整体情况、推论到总体并对结论做因果性分析。

① 说明。说明是根据调查所得的统计结果来叙述事物的状况、事物的发展趋势及变量之间的关系等。

② 推论。大多数的市场调查所得的数据结果都是关于部分调查对象（样本）的资料，但调查的目的往往是了解总体的情形，因此，调查者必须根据调查的数据结果来估计总体的情况，这就是推论。推论主要是考虑样本的代表性，代表性强，由样本推断总体的误差就小。

③ 讨论。讨论主要是对调查结果产生的原因做分析，讨论可以根据理论原理或事实材料对所得的结论进行解释，也可以引用其他研究资料做解释，还可以根据调查者的经验或主观的设想做解释。

案例演示 4.31

不同收入家庭的彩色电视机拥有情况如表 4.30 所示。

表 4.30 不同收入家庭拥有彩色电视机的比例

家庭彩电拥有情况	人均收入 1000 元以下家庭所占比例（%）	人均收入 1000～2000 元以下家庭所占比例（%）	人均收入 2000 元以上家庭所占比例（%）	合计
有	30	50	80	53
无	70	50	20	47

根据表 4.30 可做如下说明：调查对象中有一半左右的家庭拥有彩色电视机（事实描述）；随着家庭收入的增加，彩色电视机的拥有率也随之提高（趋势描述）；家庭收入的高低对电视机的购买有很大程度的影响（因果关系描述）。

结论：在置信度为 95%、最大允许误差不超过 3% 时，我们可以得出结论，即调查对象总体中，拥有彩色电视机的家庭占 50%～56%，得出这一结论犯错误的概率不超过 50%。

4.3.7 市场调查报告的口头汇报

除了书面报告，大多数客户还希望听到调查报告的口头汇报，口头汇报在某些情况下更能发挥作用。事实上，对某些公司的决策者来说，他们从来不阅读文字报告，只通过口头报告来了解调查结果，或者浏览书面报告。做口头报告的另一大好处是可以将多个相关人士召集在一起，通过提问来相互启发，得到一些意外发现。

1. 口头汇报的准备

在进行口头汇报之前，应该做好充分的准备，以增强表达的效果。具体准备可从以下方面入手：

（1）熟练掌握书面报告的各部分内容

在口头汇报前，认真熟悉书面报告各部分内容是成功进行口头汇报的基础。只有对书面报告从框架到内容都非常熟悉、明确，做到对其每个细节问题，特别是一些数据和客户关心的疑难之处，不仅能说出来，而且能结合书面报告的陈述，多角度、多层次进行深入剖析，才能使委托调查方理解、接受调查结果，并愿意充分利用调查成果。

（2）认真分析、听取报告对象的特征

口头汇报的主讲者要事先了解听取报告的主要对象，其身份职位、年龄结构、文化水平等基本情况，更要深入分析并听取报告对象对调查问题的熟悉程度、对书面报告的了解情况，以及他们最关心和感兴趣的点在哪里。只有充分认识听取者的特征与要求，才能为口头汇报的设计构思提供依据。

（3）精心安排口头汇报的内容

口头汇报的实质是对书面报告的介绍、解释和补充，因此其依据主要是书面报告，但在口头汇报时又不能简单地照本宣科复述书面报告，而是要根据听取报告对象的特征与要求，对报告内容进行重点选择，并形成口头汇报书面提纲，使讲解能有序进行。必要时还要配套制作相应的图片、表格来辅助说明。

（4）模拟演练口头汇报

口头汇报的主讲者为了在正式汇报时取得较好效果，必须进行多次反复的模拟演练。通过模拟演练，可以进一步熟悉报告内容，并让模拟听取报告的人提出各种问题，及时发现准备的不足之处或遗漏部分，同时还可以更好地控制汇报的节奏和时间，判断汇报形式是否理想等，从而为正式汇报做好充分准备。

（5）视觉辅助工具准备

视觉辅助工具准备是指依靠现代化的手段，如投影仪、幻灯机等为正式汇报做准备。调查者能根据听众提出的问题，展示出"如果……那么……"的假设情况。摘要、结论和建议也应该制作成可视材料，这样显得更直观、形象。

2. 口头汇报的技巧

口头汇报要实现的目的有两个：一是要形成良好的沟通；二是要说服听众。良好的沟通是指个体之间能以动作、文字或口语形式传递彼此间意图的过程。沟通的本质在于分享意图及彼此了解。为了达成良好的沟通，必须了解影响沟通的因素，如噪声、注意力集中度、选择性知觉等。在进行汇报时，尽量减少引起听众兴趣的噪声等。口头汇报的最终目的是要说服听众，但不是歪曲事实，而是通过调查的发现来强化调查的结论和建议。

（1）选择与布置好汇报现场

汇报现场的大小要适中，能容纳出席人数，既不拥挤又不显得空荡。现场的空气、温度、光线都要进行精心布置，给听取对象温馨、轻松的感觉。座次安排注意礼仪，资料准备、辅助工具准备要到位。

（2）灵活运用各种形体语言

主讲者在汇报时要充分调动形体语言，表情要丰富，要有变化。汇报时恰当地使用形体语言能帮助听众更好地理解有关信息，同时使报告生动有趣。

（3）口头表达思维清晰、流畅

虽然汇报前要求准备口头报告大纲，但并不意味着要按大纲一字不漏地念。报告人要尽量脱稿，眼睛始终与听众进行接触与交流，要学会用生动的语言、抑扬顿挫的语调来吸引听众的注意力。并且汇报时要始终保持清晰的逻辑思维，比如按这样的程序进行口头讲解：数据的真正含义是什么？我们能从数据中获得些什么？在现有的条件下，我们应做什么？将来如何做才能进一步提高这类研究水平？如何能使这些信息得到有效的运用？

【职业道德培育】偷工减料，抄袭他人的调查报告

背景与情境：某企业让市场部调查彩色电视机、冰箱、洗衣机等家电产品在未来市场的销售趋势。市场部的3位工作人员认真地制定了一个市场调查方案，对调查目标、完成时间、工作程序及整个费用都进行了详细计划和说明，企业总经理批准了他们的方案。一天，市场部的小刘在网上浏览时，正好发现某市一个和他们一样性质的企业刚好也进行了同样的调查分析活动。他把这一信息告诉了市场部王主任，王主任一看，说："好，那我们就省事多了。"事后3位工作人员象征性地对一些企业和用户进行了调查，然后就把在网上查到的那一家企业的调查报告稍做修改，交给了总经理。

问题 市场部工作人员这样的做法妥当吗？谈谈你自己的看法。

分析提示 不同企业面对的市场及环境因素不同，其未来的发展变化趋势也各不相同。因此，必须认真客观地搜集数据，严格按预定程序和方法进行市场调查，这样，才能达到比较理想的目标。而工作人员不认真搜集数据资料，抄袭别人的调查报告，并把该调查报告交给总经理，并使其作为制定经营决策的依据。这从职业道德和营销伦理角度讲都是有严重问题的，任何企业的工作人员必须坚持认真、合作、诚信的工作理念，避免任何违反营销伦理、违反职业道德的行为。

技能检测：扫描二维码进行在线测评

项目4 技能检测

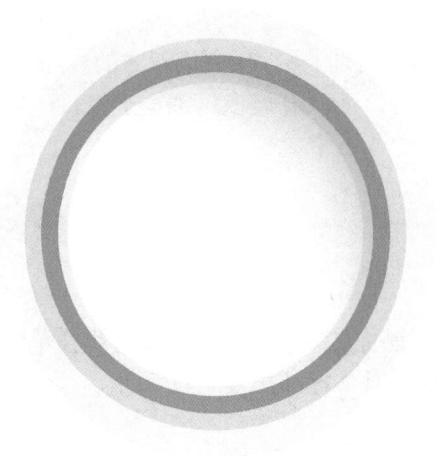

市场调查综合应用

一、实训目的

（1）使学生系统地理解与掌握市场调查的相关理论知识，融理论于实际，学会综合运用，能将一般的市场调查方法灵活运用到实际调查活动中，系统、整体、全面地认知市场调查工作。

（2）让学生针对身边或与自身生活密切相关的经济现象，独立设计市场调查方案及调查问卷，开展市场调查活动，撰写调查报告，让学生掌握市场调查的具体方法和程序，能够做到熟练运用所学的市场调查知识，提高市场调查理论的应用能力，较熟练地掌握市场调查程序、市场调查的方法与技巧，培养动手、动脑解决实际问题的能力，综合锻炼与全面提升学生的市场调查能力，使学生具备实际操作人员的基本技能。

（3）走访市场，进行市场调查项目的搜寻、沟通与洽谈，承接调查任务，培养学生发现市场机会、推销与谈判的综合营销能力。

（4）通过市场调查综合实践活动，培养学生正确的工作方法和职业习惯，培养团队合作意识与协作精神，培养组织与项目管理能力。

二、实训内容

要求各组与校外各单位、组织在进行充分沟通与交流的基础上，承接一项实际的市场调查任务，并按客户的要求认真开展市场调查工作，完成市场调查任务。包括团队的组建、项目的洽谈、方案的设计、市场信息的收集、信息的整理与分析、市场调查报告的撰写与提交。

三、实训安排

（1）时间：集中一周完成（可根据客户的要求进行适当的调整）。

（2）学生自愿或按项目需要组建市场调查团队。

（3）实训开始前走访市场，着手进行市场调查项目的搜寻、沟通与洽谈，完成双方的签约。

（4）按调查的目的和要求进行市场调查方案的沟通与设计，正式开展市场调查工作。

（5）开展实地调查，完成市场信息的收集工作。

（6）进行信息的整理与分析，撰写与提交市场调查报告。

（7）市场调查任务的评价与总结。

四、实训评价标准

实训的评价由校内和校外两部分组成，各占50%。校外评价主要由市场调查项目委托单位来完成；校内评价主要由教师、团队自评和学生互评组成，具体标准如表4.31所示。

表4.31　实训评价标准

序号	评价点	评价标准	评价方法
1	组建调查团队	1. 调查团队是否按照要求建立； 2. 队名、标志的新颖性与独特性； 3. 团队口号、理念、队歌是否符合团队管理的要求	1. 教师考核； 2. 团队自评； 3. 学生互评
2	确定市场调查主题与内容	1. 调查主题符合委托企业的调查目的； 2. 调查主题表述清晰、准确； 3. 团队宣讲调查主题时语言表述流畅、条理清晰、重点突出； 4. 点评客观、准确； 5. 考核团队合作程度； 6. 能否形成共识程度较高的调查主题	1. 教师点评； 2. 学生自评； 3. 学生互评
3	设计市场调查方案	1. 市场调查方案内容健全； 2. 市场调查方案可行性强； 3. 调查经费预算合理； 4. 调查方案撰写格式正确，语言组织流利，条理清晰； 5. 宣讲调查方案重点突出、条理清晰、表述流畅； 6. 点评客观、公正、实事求是； 7. 考核团队合作程度； 8. 能否形成共识程度较高的市场调查方案	1. 教师点评； 2. 学生自评； 3. 学生互评； 4. 查阅学生调查方案
4	市场调查问卷设计	1. 调查问卷能反映调查主题； 2. 调查问题类型、数量合理； 3. 调查问题设计合理、顺序排列符合逻辑要求； 4. 调查问卷格式完整、美观； 5. 调查问卷可操作性强； 6. 展示各团队检验性问卷调查的原始问卷； 7. 点评客观、公正、实事求是； 8. 考核团队合作程度； 9. 能否形成共识程度较高的市场调查问卷	1. 教师点评； 2. 学生自评； 3. 学生互评； 4. 查阅检验性调查的原始问卷
5	市场信息收集	1. 考核各团队问卷发放数量与回收数量； 2. 考核各团队是否在指定的调查区域开展调查； 3. 考核各团队是否能够按照调查方案要求开展调查； 4. 检查调查记录是否完整； 5. 考核各队调查中发生的突发事件是否被妥善处置； 6. 团队合作程度	1. 调查过程中的跟踪监督； 2. 检查调查记录的原始件； 3. 查阅调查问卷的回收状况； 4. 学生自评、互评； 5. 教师点评

续表

序号	评价点	评价标准	评价方法
6	市场信息整理	1. 工作中失误少； 2. 资料整理细致、认真、有条理； 3. 资料整理中能正确运用各种统计技术； 4. 图表制作正确、美观； 5. 考核团队合作程度； 6. 信息分析技术应用得当； 7. 信息分析过程严谨，无明显错误； 8. 分析结论相互印证，不自相矛盾； 9. 考核团队合作程度； 10. 点评客观、公正	1. 查阅原始资料； 2. 资料整理、统计与分析过程的跟踪监督； 3. 教师点评； 4. 学生自评； 5. 学生互评
7	撰写市场调查报告	1. 市场调查报告内容健全； 2. 市场调查报告的格式正确、版式美观； 3. 调查报告结论正确，有翔实的数据支撑； 4. 在宣讲调查报告时，PPT课件要美观、重点突出、条理清晰、表述流畅； 5. 点评客观、公正、实事求是； 6. 考核团队合作程度； 7. 能否形成共识程度较高的统一的市场调查报告	1. 查阅调查报告文本； 2. 教师点评； 3. 学生自评； 4. 学生互评
8	宣讲、提交市场调查报告	1. 宣讲材料准备充分，PPT、宣讲提纲、书面报告等资料准备得当； 2. PPT课件的设计美观大方，数据、图表清晰、翔实； 3. 宣讲人语言表述流利、礼仪得体； 4. 在规定的时间内完成宣讲； 5. 点评客观、公正； 6. 能形成共识程度较高的宣讲提纲与PPT课件。	1. 查阅宣讲提纲； 2. 教师点评； 3. 学生互评； 4. 学生自评

参考文献

[1] 毕思勇. 市场营销［M］. 北京：高等教育出版社，2020.
[2] 夏学文. 市场调查与分析［M］. 北京：高等教育出版社，2019.
[3] 马连福. 现代市场调查与预测［M］. 北京：首都经济贸易大学出版社，2006.
[4] 于翠华. 市场调查与预测（第2版）［M］. 北京：电子工业出版社，2009.
[5] 宋文光. 市场调查与分析［M］. 北京：高等教育出版社，2019.
[6] 文腊梅. 市场调查原理与实务［M］. 北京：电子工业出版社，2016.
[7] 魏玉芝. 市场调查与分析［M］. 大连：东北财经大学出版社，2007.
[8] 郑聪玲. 市场调研：任务、案例与实战［M］. 北京：人民邮电出版社，2017.
[9] 刘玉玲. 市场调查与预测（第2版）［M］. 北京：科学出版社，2010.
[10] 王晓锋，张永强，吴笑一. 零售4.0时代［M］. 北京：中信出版集团，2015.
[11] 文腊梅. 市场调查实务［M］. 长沙：湖南大学出版社，2009.
[12] 陆军，周安柱，梅清豪. 市场调研［M］. 北京：电子工业出版社，2003.
[13] 刘红. 市场调查与预测［M］. 北京：北京交通大学出版社，2010.
[14] 巩象忠. 市场调查与预测［M］. 哈尔滨：哈尔滨工程大学出版社，2011.
[15] 郝春霞. 市场调查与分析［M］. 杭州：浙江大学出版社，2013.
[16] 魏炳麒. 市场调查与预测［M］. 大连：东北财经大学出版社，2009.
[17] 杜明汉. 市场调查与预测［M］. 大连：东北财经大学出版社，2011.
[18] 袁月秋. 市场调查技能实训［M］. 北京：中国人民大学出版社，2009.
[19] 赵轶. 市场调查与分析［M］. 北京：北京交通大学出版社，2008.
[20] 赵轶，韩建东. 市场调查与预测［M］. 北京：清华大学出版社，2007.
[21] 周思勤，刘红霞. 市场调查与预测［M］. 北京：科学出版社，2005.
[22] 秦棒蔡，蒋妹蕾. 市场调查与分析［M］. 北京：高等教育出版社，2006.
[23] 肖涧松. 现代市场营销［M］. 北京：高等教育出版社，2020.